21世纪人力资源与劳动关系精品教材

U0648862

FUNDAMENTAL
of Labor Relations
Management in Enterprises

企业劳动关系
管理基础

唐镰 汪鑫 编著

东北财经大学出版社
Dongbei University of Finance & Economics Press

大连

ⓒ 唐 鑛 汪 鑫 2015

图书在版编目（CIP）数据

企业劳动关系管理基础／唐鑛，汪鑫编著 . —大连 ： 东北财经
大学出版社，2015.1
（21 世纪人力资源与劳动关系精品教材）
ISBN 978-7-5654-1728-3

Ⅰ. 企… Ⅱ. ①唐… ②汪… Ⅲ. 企业-劳动关系-管理-高等
学校-教材 Ⅳ. F272.92

中国版本图书馆 CIP 数据核字（2014）第 263791 号

东北财经大学出版社出版
（大连市黑石礁尖山街 217 号 邮政编码 116025）
教学支持：（0411）84710309
营 销 部：（0411）84710711
总 编 室：（0411）84710523
网 址：http：//www. dufep. cn
读者信箱：dufep @ dufe. edu. cn
大连雪莲彩印有限公司印刷 东北财经大学出版社发行

幅面尺寸：185mm×260mm 字数：282 千字 印张：15 1/4 插页：1
2015 年 1 月第 1 版 2015 年 1 月第 1 次印刷

责任编辑：石真珍 孙晓梅 孙 平 责任校对：贺 欣
吴 焕 王 斌
封面设计：冀贵收 版式设计：钟福建

ISBN 978-7-5654-1728-3
定价：32.00 元

总序

　　劳动关系是劳资双方在工作场所形成的用工关系，它是一种既包括权利关系又包括利益关系的社会关系。劳动关系学就是对这一特定关系进行研究的学科，其核心是雇佣关系和劳动问题的研究。在国际上，早期这一学科被称为劳资关系（industrial relations，国内也译为产业关系），也有雇佣关系（employment relations）的说法。近年来，随着工会密度下降，集体劳动关系让位于个体劳动关系，劳资关系研究的范围已经扩大到与工作相关的全部领域和问题，诸如绩效与报酬的对等承诺与对等实现、工作与生活的平衡、职业安全和健康、就业歧视、雇员满意度、工作安全以及国际劳资关系比较研究等。由于劳资关系与人力资源管理学科的研究领域如此相似，有人认为"劳资关系"的概念已经过时。但也有许多人认为应保留"劳资关系"这一称谓，因为它表达了分析一个被广泛认可的领域的研究方法。作为一种妥协，一些机构采用了比较中立的说法——雇佣关系。2006年，美国雇佣和劳动关系学会由过去的 LIRA（Labor and Industrial Relations Association）更名为 LERA（Labor and Employment Relations Association）即反映了这一发展趋势和变化。

　　比起人力资源管理、劳动经济学等相关学科，劳动关系作为一门学科有着无法替代的优势。人力资源管理的基本假设是员工与管理者的合作，劳动经济学的基本假设是各生产要素之间的竞争。假如员工与管理者是完全合作的，人力资源管理的解释框架是最合理的；假如各生产要素是完全竞争的，劳动经济学的解释框架则是最优的。但事实上，既不存在完全的合作，亦不存在完全的竞争，正是真实世界的不完美赋予了劳动关系学科无限的生命力。

　　劳动关系学科的发展也有赖于劳动关系专业人才的培养。目前，美国康奈尔大学、罗格斯大学、俄亥俄州立大学、明尼苏达大学等在不同院系中都设立了劳动关系专业；英国的剑桥大学、伦敦政治经济学院、华威大学等，加拿大的多伦多大学、蒙特利尔大学等也设立了劳动关系专业。劳动关系学科以及劳动关系人才培养在中国也愈来愈受到重视。在教育部新颁布的《普通高等学校本科专业目录（2012 年）》中，劳动关系专业正式列入管理学门类的工商管理类，全国已有 50 多所大学开始教授劳动关系专业的课程，部分院校开始设立劳动关系本科专业。近年来，中国人民大学劳动人事学院启动了包括学士、硕士和博士的劳动关系人才培养模式，并招收劳动关系方向的博士后研究人员。

正是在这样的背景下，我们精心策划和组织了本套反映中国劳动关系理论研究和实践操作的"21 世纪人力资源与劳动关系精品教材"。概括起来，本丛书与以往的同类教材相比有三个较为显著的特点：第一，整体编排的系统性；第二，教材内容的管理导向；第三，适应学科特色的跨学科融合。正因为此，我们期望本套教材的出版不仅能够反映国内劳动关系学科的发展状况，更能够推动未来我国劳动科学理论研究和实践的不断发展。

最后，我要在这里感谢各位作者投入的辛勤汗水和智慧，感谢东北财经大学出版社的大力支持，感谢他们为中国劳动关系学科的基础性建设工作做出的不懈努力！

唐 鑛

2014 年 6 月

前言

对于我国复杂的劳动关系现状，党的十八大报告明确指出："健全劳动标准体系和劳动关系协调机制，加强劳动保障监察和争议调解仲裁，构建和谐劳动关系。"因此，正确处理和协调劳动关系，已经成为我们在处理和协调各种经济社会矛盾中一项长期的中心任务，成为协调社会经济发展的重要方面，成为建设和谐社会的基础工作。

我国虽然已经建立了包括法定劳动保障基准、劳动合同、集体合同、劳动争议处理、劳动保障监察制度在内的法定劳动关系调整体系，但是我国能够运行和维护这套体系的劳动关系协调人员严重缺乏，尤其是基层调解组织和企业内部亟待加强劳动争议调解队伍建设。劳动关系协调工作责任重、专业性强，不仅要求从业人员具有认真负责的态度、客观公正的意识，更需要相应的劳动关系和劳动保障法律知识，娴熟的判断、沟通和说服技能。因此，我国在壮大劳动关系从业人员队伍的同时，必须加强劳动关系专业人才队伍的建设和培养。

面对复杂的企业用工现实和劳动争议案件，2009年，人力资源和社会保障部在其颁布的《关于加强劳动人事争议调解工作的意见》中提出，要实现建设"具有劳动人事法律知识、政策水平和实际工作能力的高素质调解员队伍"，首先应当从调解工作的实效出发，明确劳动争议调解的工作要求，对调解人员的任职素质进行科学分析，进而才能在调解人员队伍建设的过程中，不断强化其有利于调解工作成功开展的素质特征，提升调解人员选聘与管理过程中的合理性和有效性。2012年，我们以北京市132家大中型企业中的劳动关系从业人员为对象，进行了劳动关系从业人员的素质特征研究。我们的研究以 O * NET 工作分析为基础，结合行为事件访谈，构建了企业劳动争议调解人员素质模型。我们发现，劳动关系从业人员的素质直接影响劳动争议调解工作的成效。

正是在这种现实需求和理论指导下，2012年人力资源和社会保障部劳动科学研究所与中国人民大学劳动人事学院共同编写了国家职业资格培训鉴定教程《劳动关系协调员》。在总结该教程编写经验的基础上，针对工商管理门类的劳动关系专业大一和大二学生的学习需求，我们编写了《企业劳动关系管理基础》。该书包括四个部分：第一部分，企业劳动关系管理导读；第二部分，企业劳动关系管理基础必备；第三部分，企业劳动关系管理专业必备；第四部分，企业劳资冲突管理系统建设。我们认为，这四部分的知识点完全可以覆盖劳动关系从业人员应具备的基础知识，为他们提升专业素质，尤其是谈判、说服、社交洞察、主动聆听、合作、关怀他人等六项鉴别性素质特征的养成提供坚实的基础。

虽然劳动关系学科的建设和专业推广在我国目前的社会经济背景下正在全面开展，劳动关系专业教学培训工作的开展也如火如荼，呈燎原之势，但是我们必须清醒地认识到，具有中国特色的社会主义劳动关系理论体系和教研体系的构建还处于探索之中。因此，《企业劳动关系管理基础》难免存在许多不足之处，我们殷切地期望人力资源与劳动关系领域的专家、学者和从业人员给予批评和建议，以便我们进一步改进和完善。

唐鑛　汪鑫

2014 年 9 月

▌目录

第一部分　企业劳动关系管理导读

第 1 章　劳动关系概述

1.1　劳动关系的含义

1.1.1　劳动关系概念及特征

劳动关系是指劳资双方在工作场所中形成的用工关系（employment relations）。一般而言，劳资双方基于劳动合同而形成的用工关系属于个别劳动关系，劳资双方基于集体合同而形成的劳动关系是集体劳动关系。

劳动关系是劳资双方在劳动过程中形成的一种社会关系，包括权利关系和利益关系两个方面，劳动争议中涉及的劳动关系是权利和利益兼有的关系。劳动关系管理是一种对劳动关系建立、维系和终止的管理活动，包括招募、培训、薪酬、考核、晋升、轮岗、调动、降职、解雇、退休等。劳动关系管理不是简单的法律问题、管理问题或经济问题，劳资冲突管理的预防、协商、调解、仲裁和诉讼均需要从多个学科领域进行战略性思考。

劳动关系包括三个范畴，即学术建设、解决实际问题、道德规范。在学术建设方面，劳动关系作为社会科学的分支，尝试通过严谨高质的研究去理解雇佣关系。在学术上，劳动关系与其他学科相交叉，包括劳动经济学、人力资源管理、法学、政治学、产业社会学。在解决实际问题方面，劳动关系尝试通过宏观制度与政策设计和微观管理实践来使雇佣关系的运行更加良好。劳动关系的典型特征之一就是具有强烈的问题导向，定位于解决实际问题。这就要求其拒绝古典经济学对劳动问题自由放任的解决方法和激进主义阶级斗争的方案。这种定位在很大程度上影响了美国的新政立法，具体例子就是美国的《国家劳动关系法》（National Labor Relations Act）和《公平劳动标准法》（Fair Labor Standards Act）。

在道德规范方面，劳动关系对于员工行为和雇佣关系有较强的规范原则，特别是反对劳动力的商品化、强调员工"人"的属性和工人人权、强调劳资双方的依存关系、强调劳资双方的相互尊重、强调劳动关系管理的终极目标是实现员工与组织的共同发展。

劳动关系具有以下两个基本特征：

第一，平等性。劳动关系的平等性体现在劳动关系双方当事人必须是平等的，一方不能强迫另一方。这种平等性具体体现在劳资双方劳动关系的建立、变更、解除和终止应该符合法律的相关规定或双方必须平等协商一致。比如企业不能强迫员工建立劳动关系，员工也不能在未付出劳动的情况下强迫企业给自己发工资，这些都违背了劳资双方的平等性。

第二，隶属性。虽然劳动关系是建立在平等自愿、协商一致的基础上，但劳动关系具有隶属性。劳动关系一旦建立，员工就成为企业的一员，企业就要对员工进行管理。在劳动关系存续期间，员工必须遵守企业内部的规章制度，接受企业的管理。这个具体的管理过程也就体现为劳动权利义务的履行过程。

1.1.2　劳动关系与劳务关系

劳务关系是指两个或两个以上平等主体之间就劳务事项进行等价交换而形成的一种经济关系。一方提供劳动活动，另一方支付约定报酬，双方是完全平等的民事法律关系。

劳动关系与劳务关系的区别具体表现在以下三个方面：

1. 法律依据不同

劳动关系由《中华人民共和国劳动法》（以下简称《劳动法》）和《中华人民共和国劳动合同法》（以下简称《劳动合同法》）进行调整和规范；劳务关系则通过《中华人民共和国民法通则》和《中华人民共和国合同法》（以下简称《合同法》）加以调整。订立劳务合同的法定形式除了书面形式以外，还可以是口头形式或者其他形式。

2. 主体不同

劳动关系的主体一方是符合法定条件的用人单位，而另一方只能是自然人；劳务关系的主体可以是两个或两个以上平等主体，既可以是法人之间的关系，也可以是自然人之间的关系，还可以是法人（非法人组织）与自然人之间的关系。

劳动关系的主体之间不仅存在财产关系，即经济关系；还存在人身关系，即隶属关系。劳务关系的主体之间只存在财产关系，双方在地位上是平等的。

3. 待遇不同

在劳动关系中，用人单位向劳动者支付的工资应遵循按劳分配、同工同酬的原则，且符合当地对最低工资标准的规定；劳动者除获得工资报酬外，还有权获得用人单位提供的社会保险和其他福利。在劳务关系中，一方当事人向另一方支付的报酬完全由双方协商确定，且一方当事人不存在必须承担另一方当事人社会保险的义务。

1.1.3　劳动关系的历史发展

不同历史时期资本主义社会经济结构的具体特点不同，决定了劳动关系的表现方式和内容特征也有所不同。①

1. 资本主义原始积累时期

资本主义原始积累时期是资本主义劳动关系的形成阶段，劳动关系表现为直接的剥削，充斥着暴力与强制。封建贵族、商人通过原始积累蜕变为资本家，而劳动者则在圈地运动、殖民掠夺和奴隶贸易的暴力手段中变得一无所有。

2. 自由竞争资本主义时期

从产业革命开始至19世纪上半叶为自由竞争资本主义时期，这一时期劳动关系的特点表现为尖锐的阶级对抗和激烈的阶级冲突。劳资双方成为直接对立的两大阶级，斗争的焦点集中在劳动者最基本劳动条件的改善上。劳工运动总体上处于分散、个别、局部的状态，尽管在一些行业中出现了最初的工人组织，但它们受到雇主和政府的强烈镇压。

3. 垄断资本主义时期

在垄断资本主义时期，政府对劳资关系采取了国家干预政策。随着工人力量的增强和工会运动的发展，劳资力量对比发生变化，集体谈判制度开始出现，并成为解决劳资矛盾的有效途径。大量劳工立法出现，劳资矛盾有所缓和。

4. 当代资本主义时期

在第三次科技革命和社会改革浪潮的推动下，劳动关系总体态势呈现缓和趋势。民主参与成为劳动关系的重要内容，三方格局的形成，立法体系、社会保障制度的不断完善为稳定劳资关系创造了有利条件，劳资争端的解决趋于制度化、法律化。

1.1.4　劳动关系研究的基本视角

根据劳动关系学者对工作场所的理解不同，劳动关系研究主要存在三种基本视角：一元论视角、多元论视角和激进主义视角。

1. 一元论视角

在一元论视角中，组织被认为是完整和谐的整体，是"一个幸福的家庭"，组织成员有共同的目的，强调相互合作。此外，一元论视角倾向于家长式的管理方法，即要求所有员工忠诚，对忠诚的强调和应用成为管理实践的主导模式。因此，一元论者认为工会是非必要的东西，因为工人和组织间的忠诚具有相互的排

---

① 这里主要介绍资本主义制度诞生后的劳动关系历史发展。主要参考整理自：常凯. 劳动关系学[M]. 北京：中国劳动社会保障出版社，2005：34.

他性，产业并不具有两面性。一元论者认为冲突是煽动者、人际摩擦和沟通失败的非理性结果，具有破坏性。

2. 多元论视角

在多元论视角中，组织被视为一个由多个权利强大的子群组成，每个子群都有自己合法的忠实拥趸，有自己的目标体系和领导者。在多元论视角下，管理者和工会是两个主要的子群。因此，管理更多倾向于劝说和协调，较少倾向于强制和控制。工会被视为职工的合法代表，劳资冲突是通过集体谈判来解决的，而且冲突不一定就是坏事，如果能够有效地进行冲突管理，就可以把劳资冲突引导成一种积极的力量，从而促进组织变革并使组织制度更加合理。

3. 激进主义视角

激进主义视角着眼于资本主义社会的本质，即资本与劳动的利益有着根本的区别。激进主义者认为权利和财富的不平等是根植于资本主义经济体系的，因此劳资冲突是不可避免的，而加入工会是工人对他们被资本剥削的自然反应。激进主义者的观点有时候也被归入"冲突模式"理论，主要是因为多元论视角也倾向于把冲突认为是工作场所内生或者固有的。激进主义的理论并不仅限于马克思主义的范畴，但激进主义的理论经常被等同于马克思主义理论。

考虑到诸多原因，国外当代劳动关系正处于危机之中。在学术界，其传统地位一方面受到占主导地位的主流经济学和组织行为学的威胁，另一方面受到后现代主义的冲击。在对政策制定的影响方面，鼓吹自由放任的新自由主义学者盖过了主张制度干预的劳动关系学者。在实践中，工会的力量也越来越弱，去工会化现象越来越严重，仍具有传统劳动关系特征的企业越来越少。在劳动关系的学术研究领域，项目数量也大幅度萎缩，学者们离开这一领域转投其他研究领域，大多数都去从事人力资源管理和组织行为学领域的研究。然而既往劳动关系的经验教训仍然至关重要，当代劳动关系的重要性比以往任何时期都更高了。当代劳动关系面临的巨大挑战是如何重新建立与学术研究、政策制定和管理实践之间更为广泛的联系。深刻认识这个问题的重要性对我国劳、资、政各方来讲都具有非常重要的现实意义和紧迫性，在我国现阶段及今后一个较长的时期我们对这个问题都不能掉以轻心。

我国关于劳动关系的学术研究是从 20 世纪 80 年代中期开始的，当时主要是针对政策问题和实际问题进行研究。90 年代以后，面对日益突出的劳动关系问题，学界开始有人借鉴和引进市场经济的劳动关系理论和方法，试图对中国的劳动关系问题进行系统的理论分析。2000 年前后，随着劳动关系问题的日益加剧，劳动关系开始成为学界的关注问题，其研究不再局限于劳动部门或工会部门，而成为许多高等院校和研究机构的研究对象。在这一阶段，一批劳动关系译著和著述得以出版，更多地介绍西方市场经济国家的劳动关系理论和制度，研究的视野逐步放宽，研究的内容也逐渐深入。随着《劳动合同法》和《中华人民共和国劳动争议调解仲裁法》（以下简称《劳动争议调解仲裁法》）的制定和实施，劳动关系成为学界研究的热点问题。不同的学科，如经济学、法学、政治学、社会学、管理学等，都在用自己的研究范式和研究方法研究劳动关系问题。应该说，中国劳动关系研究正处于一个方兴未艾的时期。

1.1.5 战略劳动关系管理

战略劳动关系管理是企业为实现企业与员工的共同发展所进行的一系列有计划、具有战略意义的劳动关系部署和管理。在经济全球化和我国经济结构战略调整的新形势下，企业应从战略高度思考劳动关系管理问题。

战略劳动关系管理的核心问题是如何通过对企业劳动关系的有效管理，实现劳动关系与组织目标的纵向契合与横向匹配，获取竞争优势，改善组织绩效，最终实现企业与员工的共同发展。

要实现战略劳动关系管理，应立足于合法、合情、合理三个层面[①]。合法层面是指企业劳动关系管理应遵守现行的劳动法律法规；合情层面主要是指劳动关系管理实践要在劳资双方相互依存和相互尊重两大核心理念的基础上，以人为本，把员工视为企业利益相关者，进行动态的人性化管理，确保企业用工过程的平滑性和可预见性，实现劳动关系的健康和谐，化解劳动争议，避免劳资冲突；合理层面是指企业应通过科学的劳动关系管理，提高经济运行效率，获取竞争优势，实现企业的可持续发展。

1.2 劳动关系的建立、维系和终止

劳动者通过招聘环节进入企业，双方签订劳动合同，或者劳动者开始为企业提供劳动，标志着劳动关系的建立，劳动者成为企业的一名员工。员工在企业工作期间，企业通过各种管理环节满足员工需求，激励员工进取，维系双方的关系，具体环节包括岗位设定、技能培训、薪酬支付、绩效考核、晋升发展等。员工因退休或离职离开企业，要经过必要的离职面谈、工作交接、手续办理，双方之间的劳动关系终止。这三个阶段涉及企业和员工双方的合法权益，企业和员工应从共赢的角度出发处理问题，避免劳动争议，促进共同发展。

1.2.1 劳动关系的建立

《劳动合同法》第七条规定，用人单位自用工之日起即与劳动者建立劳动关系。

从法律法规角度来看，法律对劳动关系成立的界定比较明确。例如劳动和社

---

① 唐镛. 战略劳动关系管理［M］. 上海：复旦大学出版社，2011.

会保障部2005年5月25日颁布的《关于确定劳动关系有关事项的通知》第一条明确规定，用人单位招用劳动者未订立书面劳动合同，但同时具备下列情形的，劳动关系成立：（1）用人单位和劳动者符合法律法规规定的主体资格；（2）用人单位依法制定的各项劳动规章制度适用于劳动者，劳动者受用人单位的劳动管理，从事用人单位安排的有报酬的劳动；（3）劳动者提供的劳动是用人单位业务的组成部分。

从企业劳动关系管理角度来看，劳动关系建立的关键问题是劳动关系的认定标志。所谓劳动关系的认定标志，是劳动关系特征的一种外化形式。根据不同标志在认定劳动关系中的作用，可以将认定标志划分为核心标志与形式标志。核心标志是认定劳动关系是否存在的决定性因素，是劳动关系本质特征的外化，具体包括：劳动力由他人使用，劳动组织关系，组织从属性，人身关系。一般而言，上述核心标志只要具备一个就同时具备了其余三个。若某种社会关系具备了劳动关系的核心标志，就可认定当事人之间成立劳动关系。形式标志是认定劳动关系是否存在的辅助性因素，对这类特征的归纳概括主要是为了方便司法操作。形式标志主要有：劳动者资格，雇主资格，书面劳动合同，劳动给付，工资性报酬等。如果某种社会关系只具备劳动关系的形式标志，并不能当然地认定当事人之间存在劳动关系，还需要进一步剖析其是否具备核心标志。当然，核心标志与形式标志一般是统一的，有形式标志就有核心标志，但也不排除二者分离。我们认为，无形式标志的，或者形式标志与核心标志不一致的，依核心标志认定。

遗憾的是，在实践中，企业与劳动者往往重形式标志而轻核心标志，甚至唯形式标志是从。在认定劳动关系中，只要看到"工资条"、"书面劳动合同"等形式标志，在不进一步探究核心标志的情况下就武断地认定。一个可能的原因是错误地理解了劳动和社会保障部2005年5月25日颁布的《关于确定劳动关系有关事项的通知》第二条。该条规定，认定双方存在劳动关系时可参照下列凭证：（1）工资支付凭证或记录（职工工资发放花名册）、缴纳各项社会保险费的记录；（2）用人单位向劳动者发放的"工作证"、"服务证"等能够证明身份的证件；（3）劳动者填写的用人单位招工招聘"登记表"、"报名表"等招用记录；（4）考勤记录；（5）其他劳动者的证言等。不可否认，这条规定确实增加了实践工作的方便性，但也在一定程度上误导了企业管理人员和劳动者。遇到一般案件尚可应付，但是遇到特殊疑难案件，如果还是固守这一规定，便很容易将问题简单化，得出错误的结论。因此，认定劳动关系的关键仍然在于深入、正确地理解上文列出的四项核心标志。

1.2.2 劳动关系的维系

1. 岗位管理

岗位管理就是对员工成长舞台的设计和管理，包括岗位设计、岗位分析和岗位评价三方面。在此之前，在填充人员到某岗位时，还必须遵守双向选择和公平公正原则，选择那些有能力又有兴趣到该岗位任职的合适人员，力争做到人尽其才。岗位管理需要告知员工的信息主要包括工作概要、工作关系、工作相关设备等。其中，工作概要主要是该岗位所属部门、职务名称、工作性质、工作内容、时间分配、权限等；工作关系包括受谁监督，监督谁，可晋升、可转换的职位及可升迁至此的职位，与哪些职位有联系等；工作相关设备是帮助员工完成工作任务的机器设备以及相关信息。此外，工资水平，工作结果的考核频率、方式，相应的奖惩措施也应明确告知员工。

严谨有效的岗位管理有利于员工正确把握岗位职责、任务要求等内容，对工作充满信心，主动发挥能动性，保持较高的工作积极性，这些都是员工取得工作成绩的重要保证。可以说，岗位管理是维系劳动关系的首要方式，也是重要基础。

2. 激励制度

企业的激励制度是企业通过多种方式激发员工的潜能，引导员工的努力动机，使其个人发展的目标与企业战略相一致，增加员工的满足感，从而激发员工工作的积极性和创造性，使其产生实现组织目标的特定行为的过程。在此过程中，也能实现员工的个人发展。因此，企业的激励制度是激发员工工作积极性、维持良好劳动关系的重要途径之一。激励制度能否真正发挥作用，与企业设计激励制度的原则、内容密不可分。

企业在设计激励制度时，应遵循公平性原则、物质利益性原则、差异化原则。具体的设计过程要结合企业特点、企业文化等软硬件水平，选择适当的激励手段，将物质激励与精神激励结合起来，并注重物质激励的有效性；注意激励机制的层次性，并结合员工的个体差异，设计差异化的激励方式。设计具体的激励方式时，应注重科学性。此外，企业还要注意，激励制度实施之后，要评价其效果，为提高激励制度的有效性提供意见和建议。

3. 技能培训

当员工的个人能力与岗位要求脱节时，员工的工作积极性必然会下降，工作业绩也会变差。此时如果不及时维护，劳动关系很可能恶化。解决此问题最有效的方式莫过于技能培训。

技能培训是员工提高知识、能力、技能等任职资格水平的途径，是企业根据实际工作需要对员工实施的培养和训练。通过技能培训，员工的素质、能力和工作积极性得到提高，其求知的要求得到满足，这都有利于提高生产效率和工作质量。企业设计技能培训方案时，首先要站在企业战略层面，保证培训目标与企业的发展战略相一致；其次要依据工作分析、员工绩效考核结果以及员工个人特点，进行"因岗施教、因人施教"，确定具体的培训内容、时间、方式。总之，维护劳动关系的技能培训制度应当遵循企业需要什么、员工缺什么就培训什么，摒弃形式主义，讲求实效，员工能够学以致用的原则。

4. 职业发展

构建企业与员工之间长期、和谐的劳动关系，企业需要建立完善的员工职业发展制度，为员工量身定制其个人职业发展规划，实现企业和员工长期共赢的局面。

完善的职业发展规划包括六个步骤：自我评估、环境分析、职业定位、目标确定、策略实施、评估与校正。在企业的支持和帮助下，随着这六个步骤的进行，员工充分认识自己，客观分析环境，正确选择职业，科学树立目标，并运用适当的方法、采取有效的措施，应对职业生涯中的变数，以获得事业的成功。自我评估是员工对自身做出全面的分析，了解自己的优势和不足，对自己形成客观、全面的认识和定位。环境分析是员工分析自己所处的环境对个人发展的有利条件和不利条件，充分利用有利条件，避开不利条件。职业定位是员工根据自我评估和环境分析的结果，为自身潜能和主客观条件谋求最佳匹配，确定自身的职业目标。目标确定是员工根据职业目标确定人生目标，包括长期目标、中期目标与短期目标等可具体执行的目标。目标确定后，员工需要制订相应的行动方案来实现目标，例如积极地投入工作，努力提高自身素质、能力，构建良好的人际关系等。员工在职业发展过程中，总会遇到一些不确定因素，使得行动偏离最初的目标，此时需要及时进行评估和调整，以实现职业发展的最终目标。

1.2.3 劳动关系的终止

劳动者辞职及退休，企业实行买断工龄计划、裁员计划以及解雇劳动者等行为都会使劳动关系终止。劳动关系终止的外在表现是劳动合同的解除和终止，它受到劳动法律法规，尤其是《劳动合同法》的约束。为了保护劳动者和企业双方的合法权益，劳动者和企业在终止劳动关系时，务必履行合法原则，在不违法的前提下保证双方利益最大化。

1. 辞职

辞职是指劳动者单方解除劳动合同的行为。根据劳动者辞职前是否提前告知企业，辞职可分为预告辞职和即时辞职。预告辞职是劳动者单方面的意思表示，不受企业的制约，无须企业同意，是其依法享有的权利，但须经过一个程序，即提前30日以书面形式通知企业。与此相反，即时辞职是劳动者不提前向企业预告，可以在任何时候辞职的行为。劳动者行使该权利受到一定的限制，一般是在企业有重大过错的情况下，劳动者可即时辞职。这是法律法规保护劳动关系双方当事人宗旨的体现。

2. 退休

退休是指劳动者因为年老或者因工、因病致残而完全丧失劳动能力进而退出工作岗位。我国规定的法定退休年龄为男年满60周岁，女工人年满50周岁、女干部年满 55 周岁，在基本养老保险覆盖范围并且参加保险缴费期限满 15 年，即可在退休时开始领取养老金。

3. 解雇

这里所说的解雇是指企业解雇单个劳动者的行为。企业解雇员工也可分为预告解雇和随时解雇。预告解雇是在法律法规规定的几种情形①下，企业必须向员工预告后才能将其解雇，以终止劳动关系。预告解雇的形式是企业提前 30 日以书面形式通知劳动者本人，或者额外支付劳动者一个月的工资。预告解雇的特点主要有：第一，单方解除；第二，有预告期；第三，规定了许可性条件，即仅限于几种情形。随时解雇是指企业无须向对方预告就可随时通知解除劳动合同，终止劳动关系。其法定许可性条件一般为劳动者经试用不合格，或者劳动者违纪、违法达到一定严重程度。随时解雇属于过失性辞退，即在劳动者有过错的情况下，无须提前 30 日通知可即刻辞退劳动者②。因此，随时解雇的特点主要有：第一，用人单位单方解除；第二，无须预告期；第三，有限制性条件，即劳动者必须具有过失才可为之。

4. 买断

在我国，买断通常是"买断工龄"或"买断身份"的简称，最早出现在改革开放初期国有企业改革过程中（可能也是出现最多的），政府与国有企业按照职工工作时间长短，向职工进行经济补偿（通常是一次性地补偿一笔现金或者非现金资产），以解除职工与原国有企业的劳动关系，是一种政策性行为。因此可以说，买断是为了抵偿企业解雇老员工所获得的法律收益、经济收益及社会效益而出现的。

5. 裁员

这里所说的裁员主要是企业大批解雇劳动者的行为，区别于解雇单个劳动者的行为。裁员是因企业单方面的原因，例如经营状况恶化、调整内部结构以提供新产品或服务、保证人力资源的质量等，而集中辞退员工的行为。很显然，因裁员而离开企业的员工，其与企业之间的劳动关系随即终止。

根据企业裁员的目的与动机，裁员分为经济性裁员、结构性裁员和优化性裁员。经济性裁员是指企业在经营状况恶化、盈利能力下降、生存和发展面临挑战的情况下，为降低运营成本、缓解经济压力而被迫采取的裁员行为。结构性裁员是指企业在业务方向或者所提供的产品（或服务）发生变化的情况下，为进行

---

① 《劳动合同法》第四十条规定，有下列情形之一的，用人单位在提前 30 日以书面形式通知劳动者本人或者额外支付劳动者一个月工资后，可以解除劳动合同：（一）劳动者患病或者非因工负伤，在规定的医疗期满后不能从事原工作，也不能从事由用人单位另行安排工作的；（二）劳动者被证明不能胜任工作，经过培训或者调整工作岗位，仍不能胜任工作的；（三）劳动合同订立时所依据的客观情况发生重大变化，致使劳动合同无法履行，经用人单位与劳动者协商，未能就变更劳动合同内容达成协议的。

② 《劳动合同法》第三十九条规定，劳动者有下列情形之一的，用人单位可以解除劳动合同：（一）在试用期间被证明不符合录用条件的；（二）严重违反用人单位的规章制度的；（三）严重失职，营私舞弊，给用人单位的利益造成重大损害的；（四）劳动者同时与其他用人单位建立劳动关系，对完成工作任务造成严重影响，或者经用人单位提出，拒不改正的；（五）因本法第二十六条第一项规定的情形致使劳动合同无效的；（六）被依法追究刑事责任的。

组织结构的重组、分立或撤销而进行集中裁员的行为。优化性裁员是指企业为保持人力资源的质量，根据绩效考核结果解聘不合格员工的裁员行为。

在裁员过程中，劳动者处于弱势地位，为了体现保护劳动者合法权益的法律精神，法律法规对企业的裁员行为，尤其是经济性裁员行为，进行了适当的约束。例如《劳动合同法》第四十一条规定，企业发生四种情形①之一，企业需要裁减人员 20 人以上或者不足 20 人但占企业职工总数 10% 以上的，企业应提前 30 日向工会或者全体职工说明情况并听取工会或职工的意见，将裁减人员的方案报当地劳动行政部门后，可以裁减人员。裁员过程中应当优先留用与企业签订较长期限或无固定期限劳动合同的人员，以及家庭无其他就业人员，有需要扶养的老人或者未成年人的员工。若企业裁员后，在 6 个月内重新招聘人员，应当通知被裁减的人员，并在同等条件下优先招用被裁减的人员。

---

① 这四种情形包括：（一）依照企业破产法规定进行重整的；（二）生产经营发生严重困难的；（三）企业转产、重大技术革新或者经营方式调整，经变更劳动合同后，仍需裁减人员的；（四）其他因劳动合同订立时所依据的客观经济情况发生重大变化，致使劳动合同无法履行的。

第 2 章 劳动关系管理

2.1 劳动关系与人力资源管理

2.1.1 劳动关系管理的演变历史

1. 劳动关系管理概述

劳动关系管理是对劳资双方在工作场所形成的用工关系的管理，包括微观劳动关系管理和宏观劳动关系管理两个方面。微观劳动关系管理主要指基于工作场所的企业劳动关系管理；宏观劳动关系管理则主要包括行业劳动关系管理、区域劳动关系管理和国家劳动关系管理三个方面。

2. 劳动关系管理的演变历史

劳动关系起源于工业革命，工业革命通过自由的劳动力市场和具有数千工人的大规模工业组织创造出现代雇佣关系。从学术上看，劳动关系理论起源于 19世纪，韦伯夫妇（Sidney Webb and Beatrice Webb）的《产业民主》（1897）成为劳动关系领域早期重要的学术著作。韦伯夫妇倡导的产业民主包括从产业基层民主到与其配合的政治宏观民主，即一方面员工通过劳资团体（如工会）参与国家社会经济政策和规则的制定，此为宏观工业民主；另一方面员工参与企业内部管理，此为微观工业民主。这时的劳动关系理论既反对古典经济学中将劳动力看成一般商品和完全竞争市场的假设，也反对激进学派中关于劳动力与资本间矛盾不可调和的假设，相信阶级斗争无须通过一个阶级对另一个阶级的消灭而最后终止。从组织建设层面上看，劳动关系研究则是由康芒斯（John R. Commons）开始，标志是他于 1920 年在威斯康星大学创建了第一个产业关系学术项目。此项目得到了洛克菲勒（John D. Rockefeller）的资金支持，他支持该项目的原因在于其家族拥有的煤矿发生了暴力罢工。在英国，另一位实业家伯顿（Montague Burton）于 1930 年在利兹大学、卡迪夫大学和剑桥大学捐赠设立了劳动关系教席，同时随着牛津学派的逐渐形成，劳动关系课程体系于 20 世纪 50 年代逐步形成。

现代意义上的劳动关系、人力资源管理等相关概念是在 1910—1920 年的北美地区，主要是美国产生的。最初，无论是学者还是商界人士使用的概念都比较繁杂，主要有劳动关系（labor relations）、劳资关系（industrial relations）、雇佣关系（employment relations）等。人力资源管理的说法在这时尚未出现，康芒斯在 1919 年讨论国家劳动投入的时候曾经使用了人力资源这一说法，但此时的人力资源还不具备现代人力资源的含义。

20 世纪 20 年代劳动关系和人力资源管理相关领域的概念慢慢发生了变化，劳资关系（industrial relations）概念开始得到广泛的运用，人们对其内涵的理解也逐渐达成了共识，此时的劳资关系概念囊括了与工作生活相关的所有领域。随后，劳动关系和人事管理两个概念作为劳资关系的组成部分逐渐被采纳。其中，劳动关系主要是从员工的视角考虑产业关系中出现的问题，其重点关注的是员工的目标和需求，并希望通过集体谈判来谋求工人与雇主力量的平衡。人事管理则是从雇主的角度考虑企业管理，其关注的重点是员工的招聘、晋升和流动等。这种现象一直持续到 20 世纪 60 年代。

20 世纪 60 年代之后，出现了两个明显的变化。

第一个变化就是人力资源和人力资源管理概念的兴起及其对人事管理概念的逐步替代。人力资源管理实践在中小企业的成功更促使了人力资源管理概念对人事管理概念的替代，20 世纪 90 年代之后，无论是在商界还是学术界，人力资源管理的理念和思想已经完全突破并取代了人事管理概念的内涵和外延。

20 世纪 60 年代之后的另一个显著变化是人们对劳资关系理解的变化。之前的劳资关系被认为是包含了与工作场所相关的所有方面的内容，但是现在劳资关系的内涵和外延正在不断萎缩。很多佩戴着"劳资关系"标签的研究专家们认为集体谈判才是劳资关系的核心内容，他们逐步将其研究的重点转向了工会、集体谈判和劳工政策等，而缺乏对非工会企业、微观层面企业制度的研究。这些现象使得在一般的理解范围内，劳资关系的概念越来越接近于原有的劳动关系范畴。而人力资源管理实践和理论的盛行更使得人力资源管理有逐渐从劳资关系中脱离出来，成为与劳资关系并驾齐驱的一个学科的趋势。话虽如此，但仍有一些劳资关系的学者们坚守着劳资关系研究的传统阵地，他们的研究范围不仅包含了集体谈判及劳动政策等传统劳动关系的范畴，还触及到了与工作场所相关的各个领域。

鉴于对劳资关系概念认识的普遍变化，20 世纪末 21 世纪初，有研究者提出了用新的雇佣关系来替代原来的劳资关系概念，试图重新将工作场所中与劳动问题相关的全部研究领域都包含在内。目前雇佣关系的概念在美国和欧洲有了一定的支持者，但还没有成为主流。劳资关系的概念是否能够重建？人力资源管理能否异军突起？未来劳资关系、人力资源管理的概念到底向何处发展，还需要历史给出答案。

2.1.2 劳动关系管理与人力资源管理的区别和联系

人力资源管理这个概念是在 20 世纪 80 年代才被广泛使用开来的，人力资源管理从 20 世纪 90 年代开始在中国企业受到广泛的关注和应用。美国学者加里?德斯勒认为："人力资源管理是指为了完成管理工作中涉及的人或人事方面的任务所需要掌握的各种管理和方针政策。具体来说，就是聘用、培训、评估、鼓励和为员工提供一个安全公平的工作环境。"关于人力资源管理这个术语还有一些其他的定义，但是无论是何种定义，这个术语都被解释为各种更为现代化的管理策略，作为一种强调无工会的劳动关系调整方式，它对劳动关系的影响足以形成一种独特的劳动关系调整模式。

除了定义上的区别，人力资源管理和劳动关系管理在研究假设上也存在很多不同之处，表 2-1 列出了关于人力资源管理和战略劳动关系管理的不同研究假设。

表 2-1　　　**人力资源管理和战略劳动关系管理的不同研究假设**

	广义的人力资源管理		战略劳动关系管理
	传统人力资源管理	人力资本经营	
对雇佣关系的理解	一元的	一元的	多元的
研究的问题	人和职位匹配	员工的差异化管理	人和组织的不匹配
管理手段	劳动分工、流水线	雇主控制、员工参与	平衡相关各方利益
关注的实质性焦点	激励/组织绩效	激励/投资收益	组织和谐与稳定
对规章制度、信任和冲突的理解	小的管理问题	风险控制的重要问题	雇佣关系的基本问题
认为员工参与的重要性	较小	很重要	基本且必需
认为政府的作用	很小	很小	很大

资料来源　改编自 DELANEY J T, Godard J. An industrial relations perspective on the high-performance paradigm [J]. Human Resource Management Review, 2001, 11 (4)：395.

劳动关系管理和人力资源管理有着很多相通的地方，自从雇佣现象产生开始，劳动关系管理和人力资源管理对工作场所问题的研究就都包含了雇主、员工和社会这三种视角，只是其侧重点不同。人力资源管理偏向于雇主的立场，维护企业利益是其价值出发点。人力资源管理主要从雇主角度出发寻找解决方案，目标在于提高组织效率。劳动关系管理是以上三种解决途径的一个总和，客观中立是劳动关系管理的价值出发点。劳动关系管理既承认组织效率是一个重要目标，也强调保护和提高员工的利益。因此，劳动关系管理虽然把雇主看做雇佣关系的重要主体，但是它非常关注工会和集体谈判等调整雇佣关系的"员工视角"，同时也关注通过劳动立法和社会保障来调整雇佣关系的"社会视角"。

人力资源管理是以一元论的视角研究雇佣关系。尽管它认识到雇员与雇主在利益上的分歧，但并不强调这些分歧内在的冲突性，研究层面主要是个人和小组水平的雇佣关系，较少关注工会和集体谈判的作用。相反，战略劳动关系管理则以多元论的视角研究雇佣关系，认为雇员和雇主有许多重要的利益共同点，双方都希望组织健康发展，但是两者的利益明显不同并经常发生冲突，因此要求双方通过正式或非正式的谈判解决冲突。权力在谈判中至关重要，因为它在根本上决定各方应该索取和给予多少的问题，而雇员通常在这个过程中处于劣势，所以劳动关系管理强调集体劳动关系，尤其是工会、劳动法律以及集体谈判等的职能，并认为工会能使雇员在面对雇主时或多或少具有平等的地位，工会可以为雇员提供工作场所的民主权利和保护。

不管人力资源管理和劳动关系管理之间有多少不同，最起码人力资源管理和劳动关系管理都是为了分析和解决工作场所的雇佣关系问题，因此，人力资源管理和劳动关系管理之间在调整劳动关系方面至少是一种互补的关系，越来越多的学者甚至把"人力资源与劳动关系"作为一个单个的词来描述工作场所的雇佣关系。

2.1.3 在劳动关系调整中人力资源管理的作用

人力资源管理与企业劳动关系的状态存在内在的关联，人力资源管理具有天然地调整劳动关系的内在功能。虽然和谐劳动关系不是人力资源管理追求的目标，但是人力资源管理本身就能够在一定程度上有效促进劳动关系的和谐与稳定。同时，某种特征的劳动关系也决定了人力资源管理所采用的具体手段、方法或技术。

一般的，企业的人力资源管理实践主要包括三个层面的内容，分别是实施人力资源管理职能、使企业与员工达成一致以及间接改善和协调劳动关系，如图2-1所示。

1. 实施人力资源管理职能

在企业具体的人力资源管理实践中，人力资源管理的所有管理决策和行为都会影响劳资双方的雇佣关系。企业管理者进行的自我约束和自我规范表现出了其营造和谐劳动关系的愿望，这本身就体现了把人本管理贯穿于劳动关系协调过程的思想。因此，从本质上说，人力资源管理具有潜在地发展成为追求双赢劳动关系管理模式的可能。

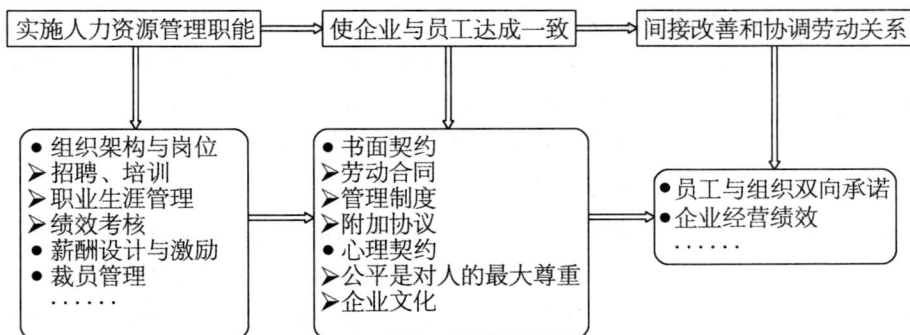

图2-1 人力资源管理调整劳动关系的一般机理

企业实施人力资源管理的途径主要包括人力资源规划、组织架构设计与岗位管理、员工培训、绩效管理与薪酬设计、裁员管理等。这些途径强调了企业的所有管理人员，尤其是直线经营管理人员在人力资源管理中的作用，使得人力资源管理能够更有效地发挥沟通、协商、参与等方面的独特功能，这在无形中也促进了企业劳动关系的和谐发展。

2. 使企业与员工达成一致

通过实施人力资源管理的一系列职能，企业人力资源管理对劳动关系的调节作用就进入第二个层面，即促使组织和员工达成书面契约和心理契约的一致。

（1）书面契约

书面契约是指企业与员工达成一致并共同遵循的外显的、受法律保护的书面协议，其主要形式包括劳动合同、劳动合同附加协议、企业规章和管理制度等。

劳动合同及其附加协议作为书面契约的最主要形式，它建立在企业和员工协商一致的基础上，明确了企业与员工双方的权利与义务，是产生和形成劳动关系的根据。

根据《中华人民共和国公司法》（以下简称《公司法》）第十八条第三款的规定，公司研究决定改制以及涉及经营方面的重大问题、制定重要的规章制度时，应当听取公司工会的意见，并通过职工代表大会或者其他形式听取职工的意见和建议。因此，企业规章和管理制度是建立在企业与员工协商一致的基础上达成的书面协议，也可以看做一种书面契约。

（2）心理契约

心理契约（psychological contract）是指雇主和雇员在签订书面契约之外存在的非正式的、隐含的、知觉性的不受法律保护的期望。从本质上看，心理契约是以人为本的企业文化的具体体现。与书面契约不同，心理契约的内容不会采用书面的方式表达，通常也不会明确表述出来，它可以看做存在于员工与企业之间的隐性契约，需要企业和员工双方达成一致并共同遵守。因此，企业需要坚持以人为本，形成尊重和关心员工的企业文化。

3. 间接改善和协调劳动关系

当企业和员工的书面契约和心理契约达成一致后，人力资源管理对劳动关系的调整机理就进入第三个层面，即通过间接途径实现工作场所劳动关系的协调与稳定。人力资源管理间接改善和协调劳动关系的途径主要有两个：一是通过员工与组织双向承诺，二是通过企业经营绩效。

员工与企业的双向承诺是指员工对企业的组织承诺与企业对员工的雇主承诺这两种合力交互作用下的承诺情况。具体来看，组织承诺通常是指员工随着对组织单方面的投入增加，而在工作上愿意充分投入的一种态度或心理倾向，往往强调员工对企业的组织承诺；而企业对员工的雇主承诺表现为企业满足员工需求、给予员工支持的程度。一方面，企业期望员工能为组织的利益付出更多的努力；另一方面，员工期望能够得到企业更多的支持和回报。若双方的期望能够积极互动，便产生了员工与组织的双向承诺。企业通过建立、维持和强化员工对组织的承诺与组织对员工的责任，使得员工与企业的劳动关系不仅仅建立在交换关系和劳动契约上，更升华为企业和员工共同发展的内在共识。

企业经营绩效一般是指一定经营期间的企业经营效益和经营者业绩。长期来看，企业经营绩效会对企业的激励机制、薪酬福利水平等产生影响，同时也会影响员工对企业的期望，进而间接影响到劳动关系的和谐度。因此，通过提高企业经营绩效，也能够间接地改善和协调企业和员工的劳动关系。

2.1.4　在劳动关系调整中人力资源管理的地位及其局限

1. 人力资源管理方法在劳动关系调整中的地位

人力资源管理的对象是劳动关系的主体一方，因此人力资源管理不可能回避劳动关系问题，相反劳动关系问题应该是企业人力资源管理所面对的基本问题。因此，人力资源管理调整劳动关系的基本原则是在帮助员工实现自身价值的基础上实现组织目标。

在欧美国家，人力资源管理的重要目标之一是通过人力资源管理的方式阻止工会的成立，使企业运行无工会化，因此企业不可避免地要通过各种人力资源管理方式"讨好"和分化雇员，实际上这也在一定程度上协调和解决了部分劳动关系中的矛盾。因此，虽然人力资源管理以企业绩效为终极目标，但是协调和解决劳动关系问题也是其必备的重要职能。现代人力资源管理理论反复强调，企业人力资源管理部门的重要职责之一就是维护员工利益。

2. 人力资源管理方法的局限

作为一种劳动关系调整方法，人力资源管理存在天然的局限性。它是一种雇主主导型的劳动关系调整模式，这种调整模式假设雇主能够遵照员工的利益，并通过人力资源管理手段实现企业绩效和员工利益的双赢。但是这种劳动关系是雇主单边控制下的个别劳动关系，是一种极不平衡的劳动关系状态，非常容易产生大量不利于员工一方的冲突。近年来，中国企业劳动争议案件数量不断上升与中国现存劳动关系调整模式过分倚重企业人力资源管理关系很大。

另外，人力资源管理方法强调的是企业微观层面的劳动关系调整，但是这种微观层面的劳动关系协调并不等同于行业和社会层面的劳动关系和谐，甚至有时候部分企业在协调自身内部劳动关系的时候存在诸多破坏宏观国家劳动关系的行为。因此，通过工会、集体谈判、劳动立法和社会保障等方式从宏观层面进行劳动关系调整是非常必要的。反过来，宏观层面的劳动关系协调将影响企业的人力资源管理，它将成为人力资源管理的框架。例如，政府发布的劳动标准和准则是每个企业在人力资源管理过程中不能够违背的，同时这些标准和准则又会影响到人力资源管理的具体操作方法。

虽然企业贯彻现代人力资源管理理念，在一定程度上实现了企业范围内的劳动关系和谐，但是，人力资源管理在调节劳动关系时也存在两个方面的局限：一方面，部分企业在应用人力资源管理方法的时候存在着随意性；另一方面，人力资源管理存在天然的雇主导向和微观局限，特别是在劳动关系双方力量严重不对等的情况下，实行单纯的人力资源管理或者以人力资源管理为主的劳动关系调整方法是无法实现整个社会劳动关系的和谐的。我国现阶段人力资源管理有必要对工作场所的劳资冲突、各种新的雇佣模式、文化力量、工会以及政府的角色给予更多的重视。

2.2 战略劳动关系管理的冰山模型

2.2.1 战略劳动关系管理

1. 企业以人为本的雇佣关系管理

对于工作场所雇佣关系的认识有不同的视角，从雇主的角度来看，由于资源是有限的，其目的是有效运用有限的资源，从而实现利益和效率的最大化。从雇员的角度来看，其追求的是公平的就业机会、待遇以及满意的劳动标准，这就涉及企业薪酬和福利的分配管理以及最低工资、最高工时、劳动安全、休息休假等问题的管理。如果企业在工作场所的雇佣关系管理仅仅以利益为支点，则缺少可持续发展的基础，因此，在效率和公平之外还需要增加一个工作场所更重要的指标——参与权和发言权。参与权和发言权是指员工在企业实际决策中直接或间接参与决策过程，并提出有益见解的能力和权利。

此外，企业在进行雇佣关系管理时，还应遵循以人为本的思想，即在实施雇佣关系管理时必须考虑人的尊严。企业通过以人为本的雇佣关系管理，才能实现效率、公平和参与权这三个指标的动态平衡，从而构建起可持续发展的和谐雇佣关系，如图2-2所示。

参与权 / 合法

效率 / 合理　　　　　　　　　　　　　　　公平 / 合情

公平不只是经济回报分配的公平，　　　　依靠自由市场能在多大程度上
还包括雇佣政策管理上的平等　　　　　　达到工作场所的效率要求

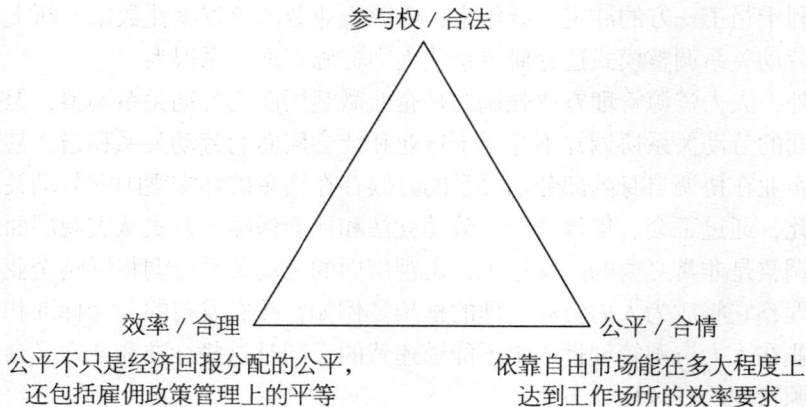

图 2-2　雇佣关系管理目标的"铁三角"：效率、公平、参与权

资料来源　改编自巴德. 人性化的雇佣关系 [M]. 解格先，马振英，译. 北京：北京大学出版社，2007：44.

2. 企业社会责任视角下的战略劳动关系管理

企业社会责任（corporate social responsibility，CRS）的本质就是企业在创造利润和价值并对股东承担法律责任的同时，还要向企业利益相关者承担一定的责任。这些利益相关者包括投资者、债权人、员工、客户、供应商、环境、政府和社区居民等。

新制度经济学关于公司治理结构的研究有三条主线：第一条是从信息不对称和企业家能力的专有性出发，研究道德风险带来的委托代理问题；第二条主线是研究不对称信息条件下资本结构的激励理论、信号传递理论和控制权理论，从而将公司的资本结构与公司治理结构有机地联系起来；第三条主线是近年来在前两条主线的基础上发展起来的"利益相关者"治理模型，这种理论认为随着大型公司的股权普遍分散化，公司治理结构开始倾向于注重股东以外的其他利益相关者——"已向公司贡献了专用化资产，而这些资产又在企业中处于风险状态的集团和人"。第三条主线已经突破了单一的股东主权模式，提出企业的"状态所有权"概念，要求在公司治理结构中，股东、经营管理者、债权人和职工的利益都应实现均衡分配。根据利益相关者理论，企业必须对员工、供应商、消费者、投资者、债权人、社区环境、政府等利益相关者承担一定的企业社会责任，只有当企业对利益相关者承担起足够的社会责任时，企业才能顺利发展，才能获得长期的竞争优势，才能在市场经济中变得越来越强大。

在关于企业社会责任的研究中，基于利益相关者的企业社会责任理论是目前该领域最完善和最具解释力的主流理论，它为企业社会责任理论的发展奠定了一个良好的基础，并为企业劳动关系管理实践提供了比较好的指导。该理论清楚地表明企业是各利益相关方实现共同利益并进行利益交换的平台，劳资双方在企业中是一种谁也离不开谁的相互依存关系。企业对员工的责任主要表现为保证员工

的合法权益，企业承担对员工的责任是企业社会责任的重要组成部分。企业员工既是企业战略的直接执行者，又是企业利益的直接相关者，在共同利益的基础上企业员工才能实现自己的全面发展。

在经济全球化和我国经济结构大变化的新形势下，我们的企业需要从战略高度思考劳动关系管理和承担社会责任的问题。企业战略劳动关系管理就是企业为能够实现战略目标所进行和所采取的一系列有计划、具有战略性意义的劳动关系部署和管理行为。战略劳动关系管理研究的核心问题是平衡效率、公平和参与权，促进企业与员工共同发展。效率、公平和参与权这三大目标在企业劳动关系管理中也就具体体现为"合理"、"合情"、"合法"三个层面的内容。战略劳动关系管理具有两大核心价值观念：一个是强调劳资双方的互为依存是劳资关系的客观存在；另一个就是强调劳资双方相互尊重是劳资关系和谐的基本前提。

企业社会责任视角下的战略劳动关系管理清楚而具体地告诉我们作为经济范畴的企业，要按照效益比较、理性决策的原则，努力追求股东和其他利益相关者价值的最大化；作为道德范畴的企业，要坚持人性化的管理原则，努力优化企业的劳动关系管理实践；作为法律范畴的企业，要坚持底线原则，努力去做一个遵纪守法的企业公民。战略劳动关系管理的"合理"、"合情"、"合法"用工既是企业节约人工成本、提升雇主品牌的最优选择，也是企业开发组织人力资源、促进员工全面发展的最优选择。可见，企业通过战略性的劳动关系管理，可以实现劳动关系与组织目标的纵向契合与横向匹配，获取竞争优势，改善组织绩效，最终实现企业与员工的共同发展。

2.2.2 劳动关系管理的"冰山模型"

在企业社会责任的各种阐释中都无一例外地将企业的经济责任放在了首位，同时也将员工的利益，诸如员工的工资报酬、劳动时间、社会保障、职业安全等纳入其分析框架并将它们作为重要内容涵盖其中。在卡罗尔提出的"企业社会责任金字塔"（the pyramid of CSR）模型中，第一层次的经济责任所占权重为4；第二层次的法律责任为3；第三层次的伦理责任（ethical）为2；第四层次的慈善/自愿责任（philanthropic）为1。这就是企业社会责任理论中著名的4-3-2-1卡罗尔结构。依据卡罗尔的这一划分，第一和第二层次的企业社会责任被看做企业赖以生存的社会责任底线，也可以说是企业最基本的社会责任。卡罗尔的企业社会责任金字塔模型告诉我们：一个没有盈利的企业最终是不可能存活下去的，一个不遵守社会法律的企业最终是无法立足的，一个不能保证员工基本利益的企业最终是不可能发展壮大的。可见，企业社会责任的实质就是企业可持续发展的伦理学基础，它应该包括两个方面：一是在组织内部，企业要为投资者创造利润，为员工提供安全劳动环境和合理的薪酬福利待遇，实现企业和员工的共同发展；二是在组织外部，企业要向社会提供物质产品和服务，依法纳税，不得侵害消费者的合法权益，主动承担对自然环境和其他社会利益相关者的义务。

基于利益相关者的企业社会责任理论是目前该领域的主流理论，它强调企业要对股东、员工及其他相关者承担责任。然而始终困扰大家的一个现实问题就是企业如何把握承担这些责任的比例，虽然卡罗尔结构提供了一种"4-3-2-1"的方案，认为经济责任和法律责任是企业应承担的社会责任底线，但是在此基础之上，如果员工的基本利益不能得到很好的保证，那么企业最终是不可能持续发展的。

正是基于以上分析，我们提出企业劳动关系管理的"冰山模型"，该模型包括了劳动关系管理中的"合法"、"合情"、"合理"三个层面的内容，如图2-3所示。

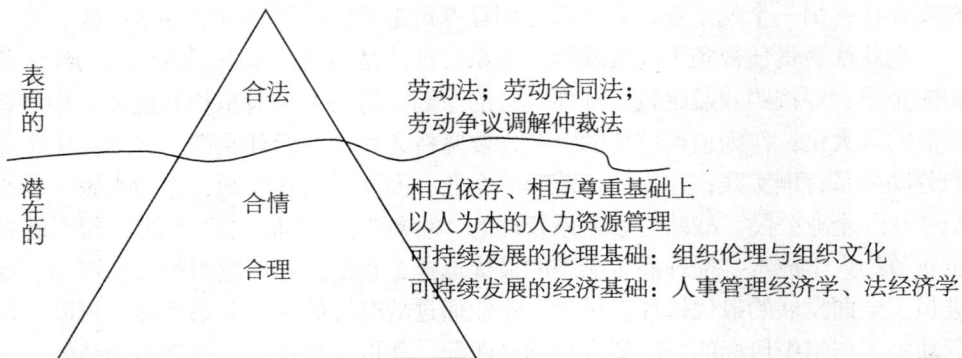

图2-3 战略劳动关系管理的冰山模型

模型中的"合法"主要是指企业劳动关系管理要遵守现行的以《劳动法》、《劳动合同法》和《劳动争议调解仲裁法》为代表的各种劳动法律法规，尽管企业担负社会责任的内容、方式以及所指向的对象不尽相同，但企业首先必须要合法地获取利润，自觉承担起对企业员工的责任，特别是对员工工资报酬的责任和义务。一方面能够让员工获得与其贡献相匹配的经济收入，从而保障员工自身的生存与发展，维护员工的正当权益；另一方面也能够让员工体面地、有尊严地继续从事生产活动，从根本上改善劳动关系，实现劳动关系的和谐发展。这是企业劳动关系管理"冰山模型"浮在水面部分的主要内容。

模型中的"合情"主要是指企业的劳动关系管理实践要在相互依存和相互尊重的基础上，以人为本，把员工视为企业的利益相关者，进行动态的人性化管理，其目的是确保企业用工过程的平滑性和可预见性，实现劳动关系的健康和谐，化解劳动争议，避免劳资冲突。企业只有通过劳动关系管理的最优实践，把企业劳动关系的政策、实践、方法、手段等构成一种控制系统，并将该系统纳入组织的发展战略，才能最终实现企业和员工的共同发展。"合情"层面的小部分内容也可以归入"冰山模型"浮在水面上的部分。

冰山模型中最深层的"合理"部分主要是指企业通过科学的劳动关系管理，

提高企业的经济运行效率，获取竞争优势，实现企业的可持续发展。企业劳动关系管理尤其强调可持续发展的两大基础，即可持续发展的伦理基础和可持续发展的经济基础两个方面的共同发展。"合情"层面的大部分内容与这里的"合理"部分共同构成冰山模型的水下部分，而企业作为理性人，冷静的"合理"动机才是企业一切社会行为的天然本能。①

企业劳动关系管理的"冰山模型"清楚而具体地告诉我们作为法律范畴的企业，要坚持底线原则，努力去做一个遵纪守法的企业公民；作为道德范畴的企业，要坚持人性化的管理原则，努力优化企业的劳动关系管理实践；作为经济范畴的企业，要按照效益比较、理性决策的原则，努力追求股东和其他利益相关者价值的最大化。"合情"、"合理"、"合法"用工既是企业节约人工成本，提升雇主品牌的最优选择，也是企业开发组织人力资源，促进员工全面发展的最优选择。

在经济全球化和我国经济结构大变化的新形势下，我们的企业需要从战略高度思考劳动关系管理和承担社会责任的问题。企业战略劳动关系管理就是企业为实现战略目标所进行和所采取的一系列有计划、具有战略性意义的劳动关系部署和管理行为。战略劳动关系管理是雇主、员工和社会三种解决途径的一个总和，客观中立是企业劳动关系管理的价值出发点。战略劳动关系管理具有两大核心价值观念：一个是强调劳资双方的互为依存是劳资关系的客观存在；另一个就是强调劳资双方相互尊重是劳资关系和谐的基本前提。战略劳动关系管理研究的核心问题是如何通过对企业劳动关系的有效管理，提高企业绩效，和谐劳动关系。可见，企业通过战略性的劳动关系管理，可以实现劳动关系与组织目标的纵向契合与横向匹配，获取竞争优势，改善组织绩效，最终实现企业与员工的共同发展。

---

① 唐镳. 金融危机形势下的战略性劳动关系管理［J］. 新华文摘，2010（6）.

第二部分　企业劳动关系管理基础必备

第3章 劳动保障法律常识

3.1 劳动保障法律与政策概论

3.1.1 法律与政策

1. 法律的概念

法律是指由国家专门机关制定或认可，并由国家强制力保证实施的行为规范的总称。在我国，法律有广义和狭义之分。狭义的法律仅指全国人大和全国人大常务委员会制定的规范性文件；广义的法律除了包括狭义的法律外，还泛指一切由国家制定或认可，并由国家强制力保证实施的行为规范。

2. 政策的概念

政策，即政治策略，通常是指一定政党、国家以及其他社会主体，为达到一定政治目标，处理国家事务、社会公共事务而提出并贯彻的路线方针、规范和措施的总称。

政策可以由国家机关、政治团体、组织和政党等不同的主体提出。在我国，权威的政策有执政党的政策和国家（政府）的政策。这两种政策的来源或主体不同，但是很多政策既是党的政策也是政府政策。无论党的政策还是政府政策都有中央政策和地方政策之分，前者适用于全国，后者仅适用特定地区，但是地方政策必须符合中央政策。

3. 法律与政策的区别

法律和政策，从根本上是一致的，即都是社会主义上层建筑组成部分，都服务于社会主义现代化，都以马列主义、毛泽东思想和中国特色社会主义理论体系为指导思想，但是二者在很多方面又有区别。

（1）制定的组织和程序不同

法律应由有权的国家机关制定，按照《中华人民共和国立法法》的规定，不同国家机关制定规范性法律文件的权限区分非常明显，且必须遵守严格的立法程序，绝不允许超出法律规定的范围。制定政策的主体则范围更广，除了国家机关外，还包括执政党，且没有严格的程序限制，有些政策既是国家政策又是党的政策。

（2）实施方式不同

法律通过国家强制力保证实施，这是法律和其他社会规范最本质的区别。政策则主要通过宣传、教育等手段来实施。

（3）调整的范围不同

法律和政策的调整范围有很多交叉，但并不完全一致。有的问题只能由法律来规定，而有的问题不适合立法，只能通过政策来调整。

（4）稳定程度不同

法律的制定和实施都比较规范，且具有较高的稳定性和权威性，通常不会朝令夕改。政策在制定和实施过程中都具有更大的灵活性，能够随着形势的变化而迅速做出调整，故其稳定性通常不如法律。

4. 法律与政策的联系

（1）政策指导法律

从立法精神和立法内容来看，政策尤其是党的政策不仅指导法的创制，还指导法的实施。执政党往往把自己推行的已经成熟的政策通过法定程序上升为国家意志，将政策转化为法律。法律是政策的定型化、规范化，又成为进一步实现政策的重要手段。广大人民，特别是国家机关及其工作人员，只有真正掌握党的政策的精神实质，才能有效地执行和实施法律或监督法律的施行。

（2）法律制约政策

从法律的实施来看，政策应当受到法律的制约，不能违背法律。《中华人民共和国宪法》（以下简称《宪法》）明确规定："一切国家机关和武装力量、各政党和各社会团体、各企业事业组织，都必须遵守宪法和法律，一切违反宪法和法律的行为，必须予以追究。"当然，法律对政策的作用不仅仅体现在对政策的制约，还体现在通过法律的有效实施有力地促进和保障政策的施行。

3.1.2 劳动保障法律规范

劳动保障法律规范是一个庞大的体系，由于创制机关的不同，不同劳动保障法律规范的效力层级也不一样，具体表现为以下几种形式：

1. 宪法中的有关规定

宪法是国家的根本大法，由国家最高权力机关全国人民代表大会制定，规定国家的根本经济制度、政治制度和公民的基本权利和义务，在国家的法律体系当中具有最高的法律效力，一切法律、行政法规、地方性法规、规章等规范性法律文件都不得与宪法抵触。

我国宪法中多个条文涉及劳动保障的内容，这些规定既是劳动保障立法的最高法律依据和立法基础，也是劳动保障法律的首要表现形式。我国宪法全面规定了劳动者的基本权利，如劳动权、获得报酬权、休息休假权、劳动安全卫生保护权、物质帮助权、培训权、结社权等。

2. 狭义的劳动保障法律

在我国，由全国人民代表大会及其常委会负责制定狭义的法律，其效力仅次于宪法。劳动保障法领域中，最重要的是 1994 年 7 月 5 日颁布、1995 年 1 月 1 日施行的《劳动法》，这是我国有关劳动问题的基本法，是调整劳动关系的准则。除此以外，《中华人民共和国工会法》（以下简称《工会法》）、《劳动合同法》、《中华人民共和国就业促进法》、《劳动争议调解仲裁法》、《中华人民共和国社会保险法》（以下简称《社会保险法》）、《中华人民共和国矿山安全法》（以下简称《矿山安全法》）、《中华人民共和国职业病防治法》（以下简称《职业病防治法》）等都是劳动保障领域的重要法律。

另外，还有一些法律虽然其本身并不归属于劳动保障领域，但其中也包含了调整劳动关系以及与劳动关系密切联系的其他社会关系的规范，也可以作为劳动保障法律的表现形式。例如，《中华人民共和国妇女权益保障法》（以下简称《妇女权益保障法》）、《中华人民共和国中外合资经营企业法》等法律中有关劳动保障领域的法律规范。

3. 劳动保障行政法规

行政法规是国务院为领导和管理国家各项行政工作，根据宪法和法律，并且按照《行政法规制定程序条例》的规定而制定的各类规范性法律文件的总称。行政法规一般以条例、办法、实施细则、规定等形式发布。它的效力次于法律，高于部门规章和地方法规。国务院颁布了大量的劳动保障行政法规，是我国当前调整劳动保障领域内各种关系的重要依据。如《女职工劳动保护规定》、《失业保险条例》、《工伤保险条例》、《劳动保障监察条例》、《全国年节及纪念日放假办法》、《职工带薪年休假条例》等，这些都是劳动保障法律规范的重要表现形式。

4. 劳动保障部门规章

部门规章是指国务院各组成部门以及具有行政管理职能的直属机构根据法律和国务院的行政法规、决定、命令，在本部门权限内按照规定程序制定的规范性文件的总称。劳动保障领域的部门规章，也是劳动保障法律规范的重要表现形式。这些劳动保障领域的规章绝大多数是劳动保障行政部门制定的，如《集体合同规定》、《社会保险基金财务制度》、《企业职工患病或非因工负伤医疗期规定》、《社会保险登记管理暂行办法》、《最低工资规定》等，这些都是劳动保障领域操作性很强的规范性文件。

5. 劳动保障地方性法规

在我国，依据宪法规定，由省、自治区、直辖市以及国务院规定的较大的市的人民代表大会及其常委会在不同宪法、法律、行政法规相抵触的前提下，可以制定地方性法规，报全国人民代表大会常务委员会备案。民族自治地方的人民代表大会有权依照当地民族的政治、经济和文化的特点，制定自治条例和单行条例，报全国人民代表大会常务委员会批准后生效。上述这些适用于本地区的地方性法规中涉及劳动保障内容的法规，也都属于劳动保障法律规范的重要表现形式。

6. 劳动保障地方规章

地方规章，是指省、自治区、直辖市人民政府，省会及自治区政府所在地的市，经国务院批准的较大的市的人民政府根据法律、行政法规、地方性法规所制定的普遍适用于本地区的规范性文件的总称。我国存在着数量庞大的劳动保障地方规章，在各行政区域内发生法律效力，对于调整当地的劳动关系起到了重要作用。

7. 劳动保障法律解释

正式的法律解释包括立法解释、司法解释和行政解释，可以保证相关法律法规在适用过程中不产生歧义，具有更强的可操作性。如《最高人民法院关于审理劳动争议案件适用法律若干问题的解释》、《最高人民法院关于审理劳动争议案件适用法律若干问题的解释（二）》、《最高人民法院关于审理劳动争议案件适用法律若干问题的解释（三）》就是劳动保障法律领域非常重要的司法解释。

8. 劳动保障国际立法

有关国际组织按照法定程序制定或通过的国际公约、决议涉及劳动关系或劳动标准的内容，都属于劳动保障国际立法的范畴。凡经我国批准的国际劳动公约，除我国声明保留的内容外，我国有义务在国内实施。目前，我国已批准了一部分国际劳动公约，包括《消除就业和职业歧视公约》、《同工同酬公约》等。

3.1.3 劳动保障政策

1. 劳动保障政策的制定

在我国，劳动保障政策主要由各级劳动保障行政部门制定并实施。制定劳动保障政策应遵循党和国家的总体方针政策，其主要目的在于针对灵活多变的劳动保障领域客观情况，弥补法律实施的空白，并将政策实施的效果作为劳动保障立法的重要依据。国家将适时把经过实践检验行之有效的政策上升为法律规范。

2. 劳动保障政策的主要内容

常见的劳动保障政策主要包括以下几个方面的内容：

（1）劳动就业政策

国家把就业放在经济社会发展的突出位置，并确立了"劳动者自主择业、市场调节就业、政府促进就业"的总体方针。各级劳动保障行政部门根据这一方针，采取积极创造就业机会、开展就业培训、介绍指导就业、对失业人员进行登记和救济等多种措施，组合成为积极的就业政策。

（2）社会保障政策

我国幅员辽阔，地区经济发展很不平衡。社会保障法律只能从总体上做一些原则的规定，社会保障制度的具体实施主要依靠各地制定的政策。各地根据自己的实际情况，在社会保障项目的开展、适用范围、费用征集、待遇支付方面都有一定的差异，使社会保障制度更好地发挥作用。

（3）劳动关系政策

劳动关系管理是劳动保障行政部门的一项重要职能。各级劳动保障行政部门拟定劳动合同和集体合同相关政策，并组织实施；落实工时、休息休假标准，拟定相关政策并组织实施；拟定消除非法使用童工政策和女工、未成年工的特殊劳动保护政策。这些措施的采取使相关法律的实施进一步落到实处。

（4）收入分配政策

收入分配政策一方面体现在国家在经济发展的基础上逐步提高工资水平，正确处理积累和消费的关系，保持工资水平与经济发展相协调，形成一种适应社会主义市场经济并能促进经济发展的工资增长机制；另一方面体现在国家对工资总量进行适度的宏观调控，维护制约企业的分配自主权，保护劳动者的经济权益，保持经济总量平衡。当前，国家积极倡导开展工资集体协商，加快建立最低工资标准评估机制，探索发布重点行业工资指导线，完善人力资源市场指导价位和行业人工成本信息制度，这些都是收入分配政策的具体体现。

（5）其他劳动保障政策

其他劳动保障政策还包括职业能力建设政策、公共人事管理政策、人才队伍建设政策等内容。

3.2 劳动保障法律关系

3.2.1 劳动保障法律关系概述

1. 法律关系的概念

法律关系是指法律规范在调整社会关系过程中所形成的法律上的权利义务关系。各种法律关系均由主体、客体、内容三个要素组成。形成法律关系的前提条件是法律规范的存在，如果没有相应的法律规范，就不可能形成法律意义上的权利义务关系，这就意味着法律关系的建立必须有现实存在的法律规范作为依据。

法律关系是一种特殊的人与人之间的意志关系，被现实存在的法律规范所调整的意志关系，有国家意志和强制性特征，是具有权利义务内容的特殊的社会关系。

2. 劳动保障法律关系的内涵

劳动保障法律关系是指劳动保障领域中当事人依据劳动保障法律法规而形成的权利和义务关系，包括劳动法律关系、劳动行政法律关系和劳动服务法律关系。其中，劳动法律关系是基础关系，居于核心层次，劳动行政法律关系、劳动服务法律关系属于附属法律关系，居于辅助地位。

3.2.2 劳动法律关系

1. 劳动法律关系的概念

劳动法律关系是指劳动关系当事人之间在实现劳动过程中依据劳动法律规范所形成的劳动权利和劳动义务关系，它是劳动关系在法律上的表现，是劳动关系为劳动法调整的结果。

劳动法律关系与劳动关系的联系在于，劳动关系是劳动法律关系的现实基础，是劳动法律关系存在的客观依据和内容本身。也就是说，只有实际存在劳动关系才需要制定劳动法律，经过法律调整才形成权利义务关系。

劳动法律关系与劳动关系的区别在于：第一，劳动关系是一种社会物质关系，属于经济基础范畴，劳动法律关系是一种意志关系，属于上层建筑范畴。第二，劳动关系的形成以劳动的存在为前提，劳动法律关系的形成以劳动法律规范的存在为前提。第三，劳动法律关系的内容是权利和义务，没有被劳动法律规范所调整的劳动关系只是一种客观存在的劳动关系，只有被劳动法律规范调整的劳动关系才具有权利义务的内容。

2. 劳动法律关系的特征

（1）劳动法律关系的主体具有特定性

劳动法律关系的主体一方是劳动者，另一方是用人单位。劳动者必须是自然人，用人单位必须是依法成立的组织。劳动者与劳动者之间无法建立劳动法律关系，用人单位与用人单位之间也无法建立劳动法律关系。

（2）劳动法律关系的主体双方具有平等性和隶属性

劳动法律关系主体双方，即劳动者与用人单位之间在法律上是平等的，双方应平等地享有权利和履行义务。但是除了平等性之外，劳动法律关系主体双方还有管理与被管理的关系，即劳动者一方作为用人单位一方的成员，必须服从用人单位的管理，遵守用人单位的规章制度。

（3）劳动法律关系的内容具有较强的国家干预性

劳动法律关系是双方当事人之间在平等自愿、协商一致的基础上建立的，因此，劳动法律关系的内容主要体现了双方当事人的意志，但是由于劳动法律关系的特殊性，双方当事人在确定其劳动权利和义务时，不能违反国家法律的强行性规定，否则不能产生双方预期的法律后果。

（4）劳动法律关系在社会劳动过程中形成和实现

劳动法律关系的基础是劳动关系，只有劳动者与用人单位提供的生产资料相结合，进行社会劳动，劳动法律关系才得以形成。社会劳动的实现过程，也是劳动权利和义务的实现和履行过程。

3. 劳动法律关系的要素

劳动法律关系的要素是指构成劳动法律关系不可或缺的组成部分。任何一种劳动法律关系都存在三个构成要素：劳动法律关系的主体、劳动法律关系的内容、劳动法律关系的客体。这三个要素缺一不可。

（1）劳动法律关系的主体

劳动法律关系的主体是指在实现社会劳动过程中依照劳动法律享有权利和承担义务的人。劳动法律关系的主体是构成劳动法律关系的第一要素，包括劳动者和用人单位。

①劳动者。劳动者作为劳动法律关系的主体一方，是指在法定劳动年龄内、具有劳动能力的公民，包括我国公民、外国公民和无国籍人。

劳动者作为劳动法律关系的主体必须具备劳动权利能力和劳动行为能力。劳动权利能力，是指劳动者根据劳动法的规定，能够享有劳动权利和承担劳动义务的能力。劳动行为能力，是指劳动者能够以自己的行为行使劳动权利和承担劳动义务，从而使劳动法律关系产生、变更和消灭的能力。

根据我国法律规定，劳动者的劳动权利能力和劳动行为能力开始于公民16周岁，是统一的、不可分割的，只有年满16周岁的公民才具有劳动权利能力和劳动行为能力，成为某一用人单位的职工，禁止用人单位招用未满16周岁的未成年人，文艺、体育和特种工艺单位确需招用未满16周岁的未成年人，须得到政府有关部门批准。劳动者的劳动权利能力和劳动行为能力具有典型的人身属性，只能由劳动者本人实现，法律不允许他人代理劳动者行使劳动权利能力和劳动行为能力。

②用人单位。用人单位作为劳动法律关系主体的另一方，包括企业、个体经济组织、国家机关、事业单位、社会团体、民办非企业单位等组织。

用人单位作为劳动法律关系的主体也必须具备一定的条件，即必须具备用人权利能力和用人行为能力。用人权利能力，是指法律赋予用人单位享有用人的资格；用人行为能力，是指用人单位依法行使招收录用劳动者，变更、解除和终止劳动关系等行为的能力。

用人单位的用人权利能力和用人行为能力也是统一的、不可分割的。用人单位行使用人权利能力和用人行为能力，必须符合法律法规的规定，例如：用人单位应当依法成立，能够依法支付劳动者工资、缴纳社会保险费、提供劳动保护条件，并能够承担相应的民事责任等。

（2）劳动法律关系的内容

劳动法律关系的内容，是指劳动法律关系双方依法享有的权利和承担的义务。它是劳动法律关系的基本要素，是劳动法律关系的核心和实质，没有劳动法律关系的内容，劳动法律关系就失去了实际意义。

劳动法律关系主体依法享有的权利，是指劳动法律规范确认的主体享受权利和获得利益的可能性，具体表现为主体有权依法做出一定的行为和不做出一定的行为，或者要求他人做出或不做出一定的行为。劳动法律关系主体依法承担的义务，是指负有义务的主体依照劳动法律规范，为满足权利主体的要求，履行自己应尽义务的必要性，具体表现为义务主体依法做出一定的行为和不做出一定的行为，以保证权利主体的权利和利益能够实现。

劳动法律关系主体的权利和义务具有统一性和对应性。劳动法律关系主体的权利和义务是相辅相成、互相联系的，共同存在于劳动法律关系中，二者是统一的、不可分割的整体。不存在只享有权利不承担义务的主体，也不存在只承担义务不享有权利的主体。劳动法律关系主体双方的权利义务具有对应性，一方的权利是另一方的义务，一方的义务是另一方的权利。劳动者依法享有的权利，就是用人单位对劳动者应尽的义务；劳动者应当承担的义务，就是用人单位享有的权利。

（3）劳动法律关系的客体

劳动法律关系的客体，是指劳动法律关系双方的权利义务共同指向的对象。主体双方的权利义务必须共同指向同一对象，才能形成劳动法律关系。具体而言，劳动法律关系的客体是指劳动法律关系双方共同指向的劳动行为。

对劳动者而言，劳动法律关系的客体即劳动者通过用人单位组织的各种劳动行为，实现劳动权利和履行劳动义务，从而为本人及其家庭成员获得基本生活保障，为国家和社会创造物质财富和精神财富。对用人单位而言，劳动法律关系的客体即通过组织劳动，合理配置劳动力资源，提高劳动生产率，发展经济，并在经济发展的基础上，不断完善劳动管理制度，改善劳动条件，提高劳动者的生活水平，推动社会经济的发展。

4. 劳动法律关系的产生、变更和消灭

（1）劳动法律关系产生、变更和消灭的条件

劳动法律关系和其他社会关系一样，其产生、变更和消灭是有一定规律的，需要具备的主要条件有两个：一个是劳动法律规范；另一个是劳动法律事实。

劳动法律规范是劳动法律关系产生、变更和消灭的法律依据，但劳动法律规范只是表明劳动法律关系主体依法享受权利和承担义务的资格和可能性，并不是现实劳动法律关系本身。劳动法律事实，是指劳动法律规范所规定的，能够引起劳动法律关系产生、变更和消灭的客观情况或现象。

劳动法律规范、劳动法律事实和劳动法律关系之间的联系是：劳动法律规范

是确认劳动法律事实的依据；劳动法律事实是劳动法律关系产生、变更和消灭的直接前提条件，是劳动法律规范与劳动法律关系联系的中介；劳动法律关系是劳动法律事实引起的结果。

（2）劳动法律事实的种类

根据我国劳动法的规定，能够引起劳动法律关系产生、变更和消灭的劳动法律事实是多种多样的。按照其发生是否以行为人的意志为转移来划分，可以将其分为行为和事件两大类。

①行为。劳动法律事实中的行为是指劳动法规定，能够引起劳动法律关系产生、变更和消灭的人的有意识的活动。按照行为是否符合法律规定，可以将行为分为合法行为和违法行为。合法行为和违法行为都能引起一定的法律后果，因而都是劳动法律事实。

②事件。劳动法律事实中的事件是指不以行为人（包括劳动者和用人单位）的意志为转移的法律事实。它虽然不以行为人的意志为转移，却能够引起劳动法律关系的产生、变更和消灭。事件包括自然现象，如各种自然灾害；也包括劳动能力的暂时或永久丧失，如患病、伤残、死亡等。

3.2.3 劳动行政法律关系

1. 劳动行政法律关系的概念

劳动行政法律关系是指劳动行政主体和劳动行政相对人之间，为实现劳动法律关系而依据有关劳动行政法规而形成的权力（或权利）义务关系。劳动法律关系是调整劳动关系的基础关系，是劳动行政法律关系发挥作用的前提；劳动行政法律关系则为劳动法律关系提供国家保护，是劳动法律关系正常运行的保障。

劳动行政法律关系的实质是一种行政法律关系，它具有行政法律关系的特征，如其主体一方必须是行政主体、行政权力的不可处分性等。劳动行政法律关系是劳动法律与行政法律共同对劳动关系进行调整的结果，在形式上二者结合体现为劳动行政法律规范。

劳动行政法律关系是作为社会管理者的国家对劳动法律关系所进行的一种宏观调控。它不是指政府加入到劳动法律关系中来，而是国家为了使劳动法律关系更好地运行，使劳动法律规范能够得到有效的实施而加以行政上的监督与引导。

2. 劳动行政法律关系的要素

（1）劳动行政法律关系的主体

劳动行政法律关系的主体是指劳动行政法律关系的参加者，它包括劳动行政主体和劳动行政相对人。

①劳动行政主体。劳动行政主体是指依法享有相关劳动行政职权，从事劳动行政管理活动，独立承担法律后果的行政组织。根据我国法律的规定，劳动行政主体主要可以分为三类：

第一，专门行使劳动行政职权的国家劳动行政机关，即劳动行政主管机关；

第二，兼有劳动行政管理职能的其他行政机关，如卫生行政部门、安全生产监督管理部门等；

第三，经过授权而具有一定的劳动行政职能的职业介绍机构、社会保险经办机构和劳动安全卫生检测机构等社会机构在法律授权的范围内作为行政主体行使职权，也具有劳动行政主体的资格。

②劳动行政相对人。劳动行政相对人是指在劳动行政法律关系中负有接受劳动行政义务的一方当事人。与劳动法律关系不同，劳动者和用人单位在劳动行政法律关系中都属于劳动行政相对人一方。

劳动行政法律关系中，劳动行政相对人包括：劳动者与用人单位；劳动者团体与用人单位团体；劳动服务主体。

（2）劳动行政法律关系的内容

劳动行政法律关系的内容是指劳动行政主体与劳动行政相对人在劳动行政法律关系中享有的权利与所承担的义务。

①劳动行政主体的行政职权。

- 对相对人执行劳动法律法规的情况进行监督和检查的权力；
- 组织制定和实施相关劳动政策、规章和劳动标准的权力；
- 对劳动者申请的有关事项进行确认的权力；
- 劳动行政许可的权力；
- 对违反劳动法律法规的行为进行劳动行政处罚的权力；
- 法律授予的其他职权。

②劳动行政相对人的权利。

- 获得相关行政服务的权利；
- 获得资格认证的权利；
- 要求行政机关依法行政的权利；
- 控诉权；
- 法律赋予劳动行政相对人的其他权利。

（3）劳动行政法律关系的客体

由于劳动行政相对人较为多样，既包括劳动者，也包括用人单位，还包括劳动服务机构等，因此劳动行政法律关系的客体也较为复杂。具体而言，可分为两类：一类是基于劳动关系而形成的劳动者与用人单位的行为和财产，如劳动者与用人单位签订、变更、解除、终止和续订劳动合同的行为，用人单位的劳动安全设施等；另一类是基于劳动服务关系而形成的劳动服务主体的行为和财产，如相关机构申请成为劳动服务主体的行为，社会保险经办机构向劳动者与用人单位征缴社会保险费的行为。

3.2.4　劳动服务法律关系

1. 劳动服务法律关系的概念

劳动服务法律关系是指劳动服务主体与劳动者、用人单位之间在劳动服务过程中依据相关的法律规范而形成的权利义务关系。

劳动服务法律关系是为了促进劳动法律关系的成立和顺利运行而成立的法律关系，劳动法律关系的存在是劳动服务法律关系存在的前提，劳动服务法律关系对劳动法律关系具有促进作用。这种作用具体表现在：作为劳动服务主体的就业服务机构通常是劳动者与用人单位缔结劳动法律关系的纽带，当劳动法律关系成立后，相关的劳动服务主体又促进劳动法律关系不断向前发展。

劳动行政法律关系与劳动服务法律关系都是以促进劳动关系实现与发展为目的的法律关系，都以劳动关系的存在为前提。但是，劳动行政法律关系本质上属于行政法律关系，劳动服务法律关系本质上属于民事法律关系。

2. 劳动服务法律关系的要素

（1）劳动服务法律关系的主体

劳动服务法律关系的主体，是劳动服务法律关系的参加者，指劳动服务法律关系中发生权利义务关系的双方当事人，包括劳动服务主体和劳动服务对象。

①劳动服务主体。劳动服务主体是为劳动者和用人单位提供劳动服务的一方当事人。劳动服务主体必须是法律规定的具备劳动服务权利能力和劳动服务行为能力的单位。它既要符合民法所规定的法人等民事主体的必备条件，又要具备劳动法所规定的与特定劳动服务项目相对应的专职人员、设施设备等特殊条件，并且还必须履行劳动法所规定的特殊程序。劳动服务主体的资格一般是经由国家行政机关认可、能够在法律规定的范围内从事特定劳动服务的资格。

②劳动服务对象。劳动服务对象是劳动者和用人单位，他们都可以从劳动服务主体那里获得相应的服务，只是服务的内容可能有所不同。作为劳动服务的接受者，劳动者和用人单位根据各自的需求与劳动服务主体发生权利义务关系。

（2）劳动服务法律关系的内容

劳动服务法律关系的内容是指劳动服务主体与劳动服务对象之间因劳动服务的提供与接受而产生的各种权利和义务。这些权利和义务一般情况下均由国家的法律规范进行规定，但在法律规定不明确的情况下，劳动服务法律关系双方主体也可以在不违反法律和社会公共利益的前提下通过订立合同的方式形成服务权利义务。

在有偿服务的情况下，劳动服务主体的权利主要通过向用人单位和劳动者提供服务，收取一定的费用。在无偿服务的情况下，劳动服务主体不能向劳动者或用人单位收取服务费用。另外，劳动服务主体的服务范围是经由国家行政机关核准确认的，当其依法成立后便不能随意更改或扩大服务范围，也不得拒绝提供服务范围内的相关服务。

劳动服务对象在劳动服务法律关系中的主要权利是获得劳动服务。用人单位与劳动者分别根据自己的需要从劳动服务主体那里获得相应的劳动服务。劳动者所需的劳动服务一般与职业获得和职业安全相关，如职业技能培训、就业信息获得、社会保险取得等。用人单位所需的劳动服务则与其用工需求相关，如职工招募服务、职工技能培训等。

（3）劳动服务法律关系的客体

劳动服务法律关系的客体，即劳动服务行为。

首先，劳动服务行为是劳动服务法律关系的核心内容，任何一个劳动服务法律关系都离不开一定的劳动服务行为。劳动服务主体与劳动服务对象的权利义务均是以劳动服务行为为指向的，没有劳动服务行为，便没有相关的权利和义务，也就不会产生劳动服务法律关系。

其次，劳动服务行为是劳动服务主体与劳动服务对象的权利与义务的载体。任何劳动服务法律关系中的权利与义务都是劳动服务行为引申出来的，如在有偿劳动服务关系中，劳动服务行为除了承载劳动服务对象的权利义务之外，还承载着劳动服务主体有获得相关服务费用的权利。

3.3 劳动保障法的基本制度

3.3.1 劳动保障法律体系

1. 劳动保障法律体系的概念

劳动保障法律体系，是指构成劳动保障法律部门不可缺少的、相互间有内在联系的法律规范的统一整体。劳动保障法律体系应当是内容完整的，包括各种不可缺少的劳动法律制度，这些法律制度相互间基于劳动保障法律关系而联系在一起。

2. 劳动保障法律体系结构

劳动保障法律体系可从法律内容分为劳动管理法、劳动就业法、劳动关系协调法、劳动标准法、社会保障法、处理劳动争议程序法、劳动检查监督法、工会法等部分，如图3-1所示。

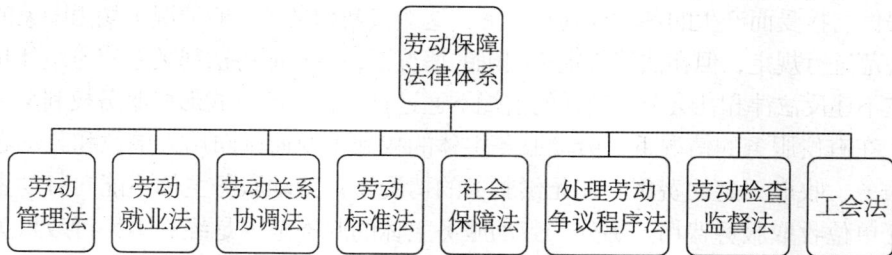

图3-1 从法律内容划分劳动保障法律体系

除此以外，还可以从其他角度对劳动保障法律体系进行分类。例如，根据法律性质划分，劳动保障法律体系由劳动实体法、劳动程序法和劳动监察法构成；根据法律职能划分，劳动保障法律体系由劳动标准法、劳动关系法、职业保障法构成。

3.3.2 劳动保障法的基本原则

1. 劳动保障法基本原则的概念

法律的基本原则是立法的指导思想和执法的行为准则。劳动保障法的基本原则，是国家劳动保障立法中所体现的指导思想和在调整劳动关系以及与劳动关系密切联系的某些社会关系时应遵循的基本准则。

劳动保障法的基本原则，对劳动保障法的全部内容有指导作用。它是总体上的指导思想，而不是对某一具体内容的指导。劳动保障法的基本原则对劳动保障立法、劳动保障执法、劳动保障法律解释以及劳动保障法的理论研究来说都是必须遵守的基本原则。

确立劳动保障法的基本原则，主要根据宪法的有关规定。作为一国根本法的宪法具有最高法律地位，它比普通法律有更大的稳定性、权威性和原则性，因此确定劳动保障法的基本原则应以宪法为依据。根据宪法确定的劳动保障法的基本原则，具有高度的概括性，是全部劳动法和社会保障法的通则。劳动保障法的基本原则也具有相对稳定性，是修改各项劳动和社会保障规范性法律文件的依据。

2. 劳动保障法基本原则的内容

通常认为，我国以宪法为依据，将宪法有关劳动方面的条文直接移植为劳动保障法的各项基本原则，包括：劳动者有劳动权利和义务的原则；劳动者参加民主管理的原则；劳动者享有劳动保护和休息权利的原则；贯彻各尽所能、按劳分配的原则；劳动者享有物质帮助权的原则；劳动者有接受职业教育的权利和义务的原则；在劳动方面坚持男女平等、民族平等的原则等。根据宪法的这些精神，劳动保障法的基本原则可以概括为如下方面：

（1）劳动既是公民权利又是公民义务原则

宪法规定，我国公民有劳动的权利和义务。这准确表述了劳动的法律性质和国家对劳动的基本态度，为劳动法调整劳动关系以及与其密切联系的其他社会关系确立了出发点。它表明，有劳动能力的公民从事劳动，既是行使国家赋予的权利，又是履行国家和社会赋予的义务。

劳动是公民的权利，即我国每个有劳动能力的公民都有从事劳动的平等权利。这对公民、用人单位都有特定的法律意义。对公民来说，意味着享有包括就业权和择业权在内的劳动权，即公民不论性别、民族和财产状况等因素的不同，都有权利就业，通过劳动获取收入；有权依法选择适合自己特点的职业和用人单位，参与这种选择过程中的竞争；有权利用国家和社会所提供的各种就业服务和保障条件，以提高就业能力和增加就业机会。对用人单位来说，意味着必须尽可能提供更多的就业岗位，平等地录用符合条件的职工，履行提供失业保险、就业服务、职业培训等方面的职责，并且不得以歧视和其他任何方式阻碍公民劳动权的实现。对国家来说，意味着应当从宏观上确保全体公民均等的就业机会，通过促进经济社会发展来创造再就业条件，并保护公民的劳动权不受侵犯。

劳动是公民的义务，对公民来说，意味着一方面作为国家和公有生产资料的主人，应当具有参加劳动的高度自觉性和光荣感；另一方面必须以劳动作为谋生手段，在积极争取国家和社会提供的就业机会的同时，努力通过自谋职业、自愿组织就业等方式为自己创造就业机会，并在劳动岗位上踏实履行各项义务。对用人单位来说，意味着有权组织和安排职工参加劳动，并要求职工遵守劳动纪律和完成劳动任务。对国家来说，意味着应当提倡和组织劳动竞赛，奖励劳动模范和先进工作者，促使公民以劳动作为其获取生活主要来源的基本手段，禁止或制裁非法的不劳而获行为。

（2）保护劳动者合法权益原则

在我国宪法中，对公民作为劳动者所应享有的基本权利作了许多原则性规定，内容相当广泛，包括劳动权、劳动报酬权、劳动保护权、休息权、职业培训权、物质帮助权、企业民主管理权等。劳动保障法应当具体落实宪法的这些规定，使劳动者的合法权益受到全面、平等、优先和最基本的保护。

所谓全面保护，即劳动者的合法权益，无论财产权益或人身权益，无论法定权益或约定权益，无论其内容涉及经济、政治、文化的哪个方面，无论它存在于劳动关系建立以前或者终止以后，都要置于劳动保障法的保护范围内。

所谓平等保护，即全体劳动者的合法权益都平等地受到劳动保障法的保护。其含义和要求包括两个层次：

①各种劳动者平等保护。对于民族、种族、性别、职业、职务、劳动关系的所有制性质或用工形式等不同的各种劳动者来说，在劳动保障法上的法律地位一律平等，劳动保障法所直接规定或要求达到的劳动基准都一律适用，禁止对任何劳动者在劳动方面的歧视。

②对特殊劳动者群体的特殊保护。在劳动者中，还存在着某些由于特定原因而具有某种特殊利益的群体，例如妇女劳动者、未成年劳动者、残疾劳动者、少数民族劳动者、军队退役劳动者等。特殊劳动者群体除了受到劳动保障法给予的一般保护外，其特殊利益还受到劳动保障法的特殊保护。这些特殊保护是对一般保护的必要补充，旨在使劳动者群体的特殊利益与一般劳动者的共有利益一样受到平等保护，因而并不违背平等保护的精神。应当明确的是，关于特殊劳动者群体及其特殊利益的界定，关于特殊保护的措施和限度的确定，都必须直接以法律为依据。

所谓优先保护，即在特定条件下，当对劳动者利益的保护与对用人单位利益的保护发生冲突时，劳动保障法应优先保护劳动者利益。例如，在劳动过程中，当安全与生产发生冲突时，应当坚持安全重于生产的原则，即使生产受影响，也必须采取措施以确保安全。又如，在企业出现冗员或经济不景气的情况下，为保障充分就业，控制失业率，就应当对企业裁员行为实施严格限制。

所谓基本保护，即对劳动者基本利益的保护。在劳动者利益结构中，维持劳动力再生产所必需的人身安全健康、基本生活需要等属于基本利益，是劳动者的切身利益，因此，保护劳动者首先就是要保护劳动者的基本利益。为此，在劳动立法中，国家对劳动者的基本利益规定最低标准，要求用人单位向劳动者支付的利益不得低于这种标准，从而使劳动者的基本利益获得绝对性保护。

（3）劳动力资源合理配置原则

劳动关系作为劳动力与生产资料相结合的社会关系，亦即劳动力资源配置的社会形式。就此意义而言，劳动保障法也是劳动力资源配置法，当然要以实现劳动力资源配置合理化为己任。在社会主义市场经济中，判断劳动力资源配置是否合理以及合理化程度如何，应当奉行兼顾效率与公平双重价值取向。也就是说，社会主义市场经济在本质上需要同时追求劳动力资源的高效配置和公平配置。于是，宪法所规定的劳动者各尽所能，即各个劳动者的劳动能力都得到充分的使用和发挥，理应成为劳动力资源配置的总目标。这是因为，劳动者各尽所能，既直接表现为劳动力资源被高效率使用，又意味着劳动平等的实现。所以，劳动保障法应当以此为目标，对劳动力资源的宏观配置和微观配置进行规范。

劳动力资源的宏观配置，即社会劳动力在全社会范围内各个用人单位之间的配置。在计划经济条件下，国家以行政分配的方式对劳动力资源进行宏观配置，实践表明，这未能实现劳动力资源宏观配置的合理化。在市场经济条件下，为了使劳动者各尽所能在宏观上成为现实，必须通过劳动力市场对劳动力资源进行宏观配置。劳动保障法对此所负的任务，就是要促成和发展劳动力市场，确立和完善以市场配置机制为主，以行政配置机制为辅的劳动力资源配置体制，维护劳动力市场的运行秩序。其中尤为重要的是：赋予和保护劳动力供求双方确立劳动关系的自主权，双方都成为市场主体；强化并安排国家促进就业和保障就业，调控劳动力流动的职责，构造以劳动行政部门为主、政府各部门协调配合的劳动力市场管理体制；形成一套具有劳动力自由流动、劳动者竞争就业、劳动力供求双方相互选择、用合同确立劳动关系等特征的劳动力市场运行规则；建立一套具有开发劳动力资源、开拓就业途径、引导和调节劳动力流向、职业介绍、失业保障等功能的就业服务体系，从而为实现劳动力的供求平衡、有序流动和高效使用创造宏观条件。

劳动力资源的微观配置，即在用人单位内部对劳动者的劳动岗位、劳动时间和劳动任务的安排，也就是用人单位组织其劳动者在劳动过程中的分工和协作，使各个劳动者的劳动在时间和空间上组成一个有机整体。为了确保在微观上实现劳动者各尽所能，在劳动保障法中，应当摆正劳动者利益和劳动效率的位置，并使二者形成相互依存、彼此促进的关系。也就是说，一方面，劳动保障法通过保护劳动者利益，来调动劳动者的积极性，增强劳动者的素质，改善劳动者的劳动条件，从而提高劳动效率；另一方面，劳动保障法通过提高劳动效率，并使劳动效率与劳动者的利益挂钩，从而为增进劳动者利益创造有利条件。为此，劳动保障法应当引导和强制劳动力资源微观配置符合下述要求：

①保证各个劳动者在劳动关系存续期间实现参加劳动的权利，科学地组织劳动过程，按照专业对口、人尽其才的准则安排劳动者的劳动岗位，避免劳动力闲置和浪费；

②在休息时间、劳动安全卫生、工资、福利、职业培训等方面，保证劳动力再生产顺利进行，不断改善劳动力供给结构和提高劳动力供给水平；

③充分调动劳动者的积极性、主动性和创造性，强化劳动者完成劳动任务、遵守劳动纪律、提高劳动力素质的义务和责任。

3.3.3 劳动保障法基本制度的内容

1. 促进就业制度

充分的就业和稳定的就业形势，是保障人民生活，维持社会经济发展和社会安定的重要条件，因而为世界各国劳动法所规定。促进就业制度规定的主要内容有国家促进就业的方针、促进就业的政策支持、公平就业、就业服务和管理、职业教育和培训、就业援助等。

2. 劳动合同制度

劳动合同是市场经济国家确立劳动关系的基本法律形式，因而劳动合同制度是劳动法的核心内容。劳动合同制度包括劳动合同的形式、种类、主要条款，劳动的订立、履行、变更、解除和终止的运行过程，违反劳动合同的法律责任等。

3. 集体协商与集体合同制度

集体协商与集体合同制度是缓和劳资矛盾、协调劳动关系、维护正常的劳动秩序与生产秩序的有效手段，因而为各国法律所认可，并成为劳动法的重要内容之一。集体协商制度包括协商的主体、对象和程序，以及在协商过程中对劳动者的保护，政府有关部门在集体协商中的作用等。集体合同制度包括集体合同的订立、变更、解除、形式和效力等内容。

4. 工时休假制度

工作时间和休息休假制度规定工作时间的种类、法定标准的工作时间、休息休假的种类、延长工作时间的限制等内容。

5. 工资制度

工资制度规定了工资的范围、工资分配的原则、用人单位的分配自主权、最低工资、工资支付的法律保障等内容。

6. 劳动保护制度

劳动保护制度包括劳动安全卫生制度和特殊劳动保护制度。劳动安全卫生制度规定劳动安全规程、劳动卫生规程、劳动安全卫生管理制度等内容。特殊劳动保护制度规定以女职工和未成年工为代表的特殊劳动者就业过程中的特殊保护、禁忌劳动的范围、定期的健康检查等内容。

7. 社会保险制度

社会保险制度是社会保障法律制度的重要组成部分，在社会保障法律体系中居于核心地位，是实现社会保障目标的基本纲领。社会保险制度对社会保险项目体系、实施范围与实施对象、经费来源、待遇标准、发放办法等内容做出法律规定，并且明确社会保险机构的性质和职能、社会保险的组织形式与地位、社会保险的管理与监督等事项。社会保险主要是通过向遇到各种风险的社会成员提供帮助而实现维护社会稳定、促进社会进步发展的功能，其目的是保障被给付者的基本生活需要，属于基本性的社会保障。

8. 社会救助制度

社会救助是国家和社会向难以维持最低生活水平的公民提供物质帮助，以确保其最低生活需要的一项制度。社会救助制度属于社会保障体系的最低层次，以实现社会保障的最低要求为目标。作为现代社会保障法的一个重要组成部分，社会救助制度与社会保险制度一同处于社会保障体系中的基础地位，但既不同于传统的济贫法，也不同于社会保险和社会福利制度。有了社会救助制度的配合，社会保险制度才能够发挥保障公民基本生活需求的效用；有了社会救助制度作为基础，社会福利制度才能够发挥其进一步提高人民生活水平的功能。

9. 社会福利制度

社会福利制度是指国家和社会为保障和提升社会成员的生活质量，建设和提供生活便利设施，提供生活便利服务及提供适当经济补贴的一种社会保障制度。社会福利制度是社会保障体系中的最高层次，是实现社会保障的最高纲领和目标，其目的是增进社会成员福利，提高国民的物质文化和精神文化水平。

10. 社会优抚制度

社会优抚制度是国家以法定的形式和通过政府行为，对社会成员中有特殊贡献者及其家属实行的具有褒扬和优待抚恤性质的社会保障措施。社会优抚是一种补偿和褒扬性质的特殊社会保障，直接服务于国防建设和军队建设。社会优抚制度与其他社会保障制度最根本的不同之处，在于其保障对象的特殊性，它是针对社会特殊对象所实行的优待抚恤。作为优待措施，包括政治、经济方面的优待；作为抚恤措施，包括抚慰和赈恤，其中抚慰即给优抚对象以政治荣誉和精神上的安慰，赈恤即给予钱款或物质帮助。

11. 劳动争议处理制度

劳动争议处理制度是化解劳资纠纷、协调劳动关系的重要途径。劳动争议处理制度主要包括劳动争议的受案范围、劳动争议的处理方式、劳动争议的处理机构、劳动争议的处理程序等内容。

12. 劳动保障监察制度

劳动保障监察是指享有监察权的国家专门行政机关，对用人单位执行劳动法律法规的情况依法进行监督检查的活动，以确保劳动法律制度的确实贯彻实施。劳动保障监察制度主要规定劳动监察机构及其职权、劳动监察范围、劳动监察程序等内容。

第4章 人力资源管理常识

4.1 人力资源管理基本理论

4.1.1 人力资源

人力资源是指在一定的时间和空间条件下，劳动力数量和质量的总和。按照不同的空间范围，人力资源可区分为：某国家或区域的人力资源、某一产业（行业）或某一企业的人力资源。①

人力资源是相对于其他资源而言的，经济学把可以投入到生产活动中创造财富的生产条件通称为资源，如自然资源、资本资源、信息资源、技术资源、人力资源等。人力资源作为生产活动中最活跃的因素，对社会经济的发展发挥着重要作用，因而被经济学家称为第一资源。

4.1.2 人力资源管理

1. 人力资源管理的定义

人力资源管理是通过对人的有效管理，改善和促进人的劳动生产率，使组织绩效获得改善和提升，组织获得竞争优势，实现组织的可持续发展。它是为了实现既定的目标，采用计划、组织、领导、监督、激励、协调、控制等有效措施和手段，充分开发和利用组织系统中的人力资源所进行的一系列活动的总称。

---

① 中国就业培训技术指导中心．企业人力资源管理师：基础知识［M］．2 版．北京：中国劳动社会保障出版社，2007：179．

2. 人力资源管理的内容

从组织管理的角度考虑，人力资源管理的主要内容可以概括为八个方面：人力资源规划、工作分析与设计、招聘与录用、培训与开发、绩效管理、薪酬与福利、职业生涯管理、劳动关系管理等。

（1）人力资源规划

人力资源规划是对组织的人力资源需求和供给进行有效预测与匹配的过程。其目的在于使人员的供给（无论是内部的还是外部的）在给定的时间内与组织需求相适应，保证随时满足组织在数量和质量上对人力资源的需求。

（2）工作分析与设计

工作分析是指通过收集工作岗位的相关信息，明确界定每个岗位的责任、任务和活动以及工作承担者的任职资格。工作分析的成果体现为工作说明书或工作描述。工作设计则通过对工作内容的再设计，提高工作的丰富性，进而提高员工的工作满意度。

（3）招聘与录用

选拔和录用合格乃至优秀的员工是企业占据竞争主动地位的重要环节。从招募渠道的选择、招聘信息的发布，到人员测评技术和最后的录用决策，都属于招聘和录用的范畴，其目的是以最快、最省的方式找到最合适的员工。

（4）培训与开发

培训分为岗前培训和在职培训。岗前培训是对新员工进行入职教育，使其掌握基本的职业素养的过程。在职培训是结合员工在实际工作中的表现，对员工欠缺或不足的能力和知识进行培训与提高的过程。毫无疑问，对员工能力的进一步提升和技能的开发是企业实现健康、可持续发展的必由之路。

（5）绩效管理

对员工个体和组织整体的绩效进行科学的考核，是保证组织目标实现的有效手段。绩效考核体系可以帮助组织评价员工绩效的优劣，确认导致绩效优劣的因素或原因，以便制定相应的改进措施。绩效考核体系不仅可以帮助绩效不良者找到问题所在、提高绩效水平，同时也能帮助管理者对绩效优良者实施奖励和提升，有利于提高员工的成就感和归属感。

（6）薪酬与福利

薪酬和福利是组织管理的关键战略领域，不仅影响到组织吸引求职者和留住员工的能力，同时还受到一个社会的法律和制度的制约。员工激励的实施过程，实际上就是组织满足人的需求的过程，适当的薪酬和福利不仅是对员工工作表现的认可，而且是保证员工基本需要的必要手段。同时，组织的薪酬福利政策还必须遵循相关法律和政策的规定，如最低工资标准就限定了组织提供给员工的报酬不得低于这个标准。

（7）职业生涯管理

职业生涯管理主要包括两个方面：一是个体对自己希望从事的职业、希望就职的组织、希望达到的职业发展目标进行规划和设计，并为实现这一职业目标而积累知识、开发技能的过程。它一般通过选择职业、选择组织、选择工作岗位，以使员工在工作中技能得到提高、职位得到晋升、才干得到发挥等来实现。二是指组织帮助员工制订职业生涯规划，建立适合各类员工发展的职业通道，为员工提供适时必要的职业培训和就业指导，帮助员工获得职业上的成功。

（8）员工关系管理

在现代社会中，个人与组织的关系即表现为雇佣关系或劳动关系。雇主与雇员彼此之间承担着不同的责、权、利，这种关系不仅需要有组织内部的管理制度为依据，更需要有相关法律为准则。通过各种法律措施、经济措施、行政组织措施以及技术措施等，对人力资源在生产和开发、配置和使用等方面提供保护，保障员工的合法权益，是各类组织和雇主的基本责任。

4.1.3 人力资源管理的基本原理和职能

1. 现代人力资源管理的基本原理①

为了有效地对企业人力资源进行管理，应掌握以下基本原理：

（1）同素异构原理：总体组织系统的调控机制

同素异构原理一般是指事物的成分因为在空间组合关系和方式上的不同，即在结构形式和排列次序上的不同，会产生不同的效果，引起不同的变化。例如，在群体成员的组合上，同样数量和素质的一群人，由于排列组合的不同而产生不同的效应；生产过程中，同样人数和素质的劳动力因组合方式不同，其劳动效率也会高低不同。

根据这一原理，企业必须建立有效的组织人事调控机制，根据企业生产经营的需要，重视组织内部各种信息的传递和反馈，不断对组织和个人结构方式进行调整，以保证系统的正常运行。

（2）能位匹配原理：人员招聘、选拔与任用机制

能位匹配原理是指根据岗位的要求和人员的能力，将员工安排到相应的工作岗位上，保证岗位的要求与员工的实际能力相一致、相对应。"能"是指人的能力、才能，"位"是指工作岗位、职位，"匹配"是一致性与对称性。企业员工聪明才智发挥得如何，员工的工作效率和成果如何，都与人员使用上的能位适合度成函数关系。能位适合度是指人员的"能"与所在其"位"的配置程度。能位适合度较高，说明能位匹配越合理、越恰当，即位得其人、人适其位、适才适所，这不但会带来高绩效，还会促进员工能力的提升，反之亦然。

根据这一原理，企业必须建立以工作岗位分析与评价制度为基础，运用人员

---

① 中国就业培训技术指导中心.企业人力资源管理师：基础知识［M］.2版.北京：中国劳动社会保障出版社，2007：187-189.

素质测评技术等科学方法甄选人才的招聘、选拔、任用机制，从根本上提高能位适合度，使企业人力资源得到充分开发和利用。

（3）互补增值、协调优化原理：员工配置运行与调节机制

互补增值、协调优化原理是指充分发挥每个员工的特长，采用协调与优化的方法，扬长避短，聚集团体优势，实现人力、财力和物力的合理配置。在贯彻互补原则时，还应特别注意主客观因素之间的协调与优化。所谓协调，就是要保证群体结构与工作目标相协调，与企业总任务相协调，与生产技术装备、劳动条件和内外部生产环境相协调；所谓优化，就是经过比较分析，选择最优结合方案。

互补的形式是多层次、多样化的，如个性互补、体力互补、年龄互补、知识互补、技能互补、组织才干互补、主客观环境互补和条件互补等。

（4）效率优先、激励强化原理：员工酬劳和激励机制

效率优先、激励强化原理是指将提高效率放在首要位置，各级主管应当充分有效地运用各种激励手段，对员工的劳动行为实现有效激励，使员工明辨是非，认清工作目标和方向，保持持续不竭的内在动力。例如，对员工要有奖有罚、赏罚分明，才能保证各项制度的贯彻实施。如果干与不干、干好干坏都一样，那么就不利于鼓励先进、鞭策后进、带动中间，把企业各项工作做好。

此外，通过企业文化的塑造，特别是企业精神的培育，教育、感化员工，以提高组织的凝聚力和员工的向心力；通过及时的信息沟通和传递，以及系统的培训，使员工掌握更丰富的信息和技能，促进员工观念、知识上的转变和更新。

（5）公平竞争、相互促进原理：员工竞争与约束机制

公平竞争、相互促进原理是指在企业的人事活动中坚持"三公"原则，即"公正、公平和公开"原则。在社会主义市场经济条件下，企业要为员工搭建一个体现"三公"原则的大舞台，使他们能够大显身手，施展本领，发挥自己的才能。

（6）动态优势原理：员工培训开发、绩效考评与人事调整机制

动态优势原理是指在动态中用好人、管好人，充分利用和开发员工的潜能和聪明才智。

在工作活动中，员工与岗位的适合度是相对的，不适合、不匹配是绝对的，因此应当注重员工的绩效考评及员工潜能和才智的开发，始终保持人才竞争优势。从优化组织的角度看，企业员工要有上有下、有升有降、有进有出、不断调整、合理流动，才能充分发挥每一个员工的潜力、优势和长处，使企业和员工个人都受益。

2. 人力资源管理的职能

人力资源管理活动的最终目的是组织目标的达成以及组织战略的实现。从人力资源管理的主要工作内容可以总结出人力资源管理的五项主要功能：

（1）获取

获取是指根据工作和组织的要求，通过招募和录用，选拔出与目标职位相匹配的任职者的过程，具体体现在工作分析、招聘及录用等环节上。

（2）整合

整合是指借助培训教育等手段实现员工组织社会化的过程。整合的目的是培养员工与组织一致的价值取向和文化理念，并使其逐渐成为组织人，具体体现在新员工上岗引导、企业文化管理等方面。

（3）保持

保持员工的工作积极性和员工队伍的相对稳定性，是"保持"这一工作的主要任务，具体体现为绩效管理、薪酬管理、福利管理、劳动关系管理等活动。

（4）开发

开发是指通过提高员工的知识、技能及态度等资质，实现人力资本增值的过程，主要包括员工职业生涯管理、技能和知识培训、员工辅导等活动。

（5）控制与调整

这是对员工的工作行为和工作结果评价和鉴定以及反馈和改进的过程，主要体现在绩效管理、工作轮换、劳动关系管理、裁员与外包等活动中。

4.1.4 人力资源管理的三大基石和两大技术[①]

人力资源管理是指通过对人的有效管理，改善和促进人的劳动生产率，使组织绩效获得改善和提升，组织获得竞争优势，实现组织的可持续发展。

从我国企业长期的人力资源管理的实践活动来看，具有中国特色的现代人力资源管理理论，应当建立在定编定岗定员定额、绩效管理和员工技能开发三大基石以及工作岗位研究和人员素质测评两大技术的基础上。

1. 现代人力资源管理的三大基石

基于全新的管理哲学和管理理念，现代人力资源管理更加强调以下三个方面的基础工作：

（1）定编定岗定员定额

定编是指根据组织发展和组织战略规划的要求，对组织结构模式的正确选择，以及各种职能部门和业务机构的合理布局和设置；定岗是在生产组织合理设计以及劳动组织科学化的基础上，从空间和时间上科学地界定各个工作岗位的分工与协作关系，并明确地规定各个岗位的职责范围、人员的素质要求、工作程序和工作总量；定员是在定编定岗的基础上，为保证组织生产经营活动的正常进行，按照一定素质要求，对配备各类岗位的人员所预先规定的限额；定额是在一定的生产技术组织条件下，采用科学合理的方法，对生产单位合格产品或完成一定工作任务的活劳动消耗量所预先规定的限额。

定编定岗定员定额工作之所以被称为人力资源管理的基石，就在于它是在组

---

① 中国就业培训技术指导中心. 企业人力资源管理师：基础知识［M］. 2版. 北京：中国劳动社会保障出版社，2007：192-197.

织机构及岗位设置合理化的基础上运用系统的量化方法，不断地进行组织诊断、组织变革和创新，使工作岗位对员工的质与量的规定性更加明确，从而为企业科学地选贤任能，实现人力资源数量和质量（素质）的合理配置，搭建了一个保障其系统有效运作的平台。

（2）绩效管理

绩效管理是指为了实现组织发展战略和生产经营的目标，采用科学的方法，通过对员工的行为表现、劳动态度和工作业绩，以及综合素质（能力）的全面检测、分析和考核评估，充分调动员工的积极性、主动性和创造性，不断改善组织与员工行为，提高员工素质和挖掘其潜力的活动过程。绩效管理的目标是不断改善组织氛围，提高组织与员工的效率。绩效管理过程的每一次循环都将使企业、组织或个人迈上一个新的台阶，有所提高，有所创新，有所前进。

绩效管理之所以被称为人力资源管理的基石，其根本原因在于对组织来说具有以下作用：绩效管理是企业人事决策的重要依据和基础；绩效管理是组织诊断变革和发展的有力措施；绩效管理是显示和检测公司领导方式、工作方法、工时制度、劳动环境、生产条件、设备配置状况的重要手段；绩效管理是实现"效率优先、兼顾公平、按劳付酬"分配制度的基本依据；绩效管理是制订和修改公司员工技能培训开发计划的主要前提；绩效管理是检测和提高企业整体生产效率和经济效益的主要途径。

（3）员工技能开发

现代人力资源管理理论与传统人力资源管理理论的一个重要区别在于：它第一次提出了"员工发展与企业发展同等重要"的命题。因此，现代人力资源管理理论比以往任何一种管理理论都更加强调人力资源开发的重要性和必要性，并将员工的技能开发视为人力资源管理的重要基石。

员工技能开发的基本概念可以表述为：通过科学的、系统全面的教育、培养和训练，使全员的职业品质、专业素养和操作技能不断提高，人力资源潜力得到充分发掘的过程。

综上所述，定编定岗定员定额是企业贯彻"能位匹配"原则，科学地选贤任能的基本前提和依据，从而为人力资源管理系统的有效运行搭建了一个坚实的平台；员工绩效管理使人力资源的"能位匹配"原则得以动态地保持和实现，从而也就为企业资源配置的最优化、组织效率的最大化提供了切实的保障；而员工技能培训和开发，不仅能最大限度地提高员工综合素质和工作绩效，也为企业的发展奠定了雄厚的物质与精神基础。因此，定编定岗定员定额、绩效管理和员工技能开发是构建具有中国特色的现代人力资源管理的三大基石。

2. 现代人力资源管理的两种测量技术

在人力资源管理的学科体系中，运用现代数学、心理学、生理学、卫生学、人机工程学等学科的研究成果而形成的测量应用技术，可以分为两大类：一是以工作——"岗位"为研究对象的学问，即工作岗位研究；另一类是以劳动者——"人"的自身品质为研究对象的学问，即人员素质测评。

（1）工作岗位研究

岗位研究是岗位调查、岗位分析、岗位评价与岗位分类分级等项活动的总称。它是以各类劳动者的工作岗位为对象，采用科学的方法，经过系统的岗位调查、岗位信息采集以及工作岗位分析与评价，制定工作说明书、岗位规范等人事文件，为员工的招聘、录用、考评、培训、晋升、调配、薪酬、福利和奖惩提供客观依据的过程。

（2）人员素质测评

人员素质测评是采用定性和定量相结合的科学方法，对各类人员的德、智、体等素质进行系统的测量与评定的过程。人员素质测评作为人力资源管理专业的一门应用性技术，它全面地阐述了对人员各种素质进行系统科学的测量与评定的基本原理、基本程序和基本方法。

人员素质测评涉及的三个基本概念：

①人员，泛指有劳动能力的劳动者，专指各行各业的从业人员。

②素质，劳动者个体完成一定（生理和心理的）活动与工作任务所应具备的基本条件和基本特点，素质是行为的基础和基本因素。

③测评，即测量和评定。人员素质"测量"是运用多种数量分析方法和统计技术，对人的综合素质进行系统全面的描述，通常是用具体数字表示；人员素质"评定"则是按照这些描述来确定人员素质的价值和水平，对人员素质进行客观、全面、整体的衡量。

总之，人力资源管理的三大基石和两种技术之间既相互依存，又相互影响、相互促进，在现代企业管理中发挥着极其重要的作用。

4.2 工作分析

4.2.1 工作分析的概念与基本术语

1. 工作分析的概念

工作分析（job analysis），也称为职务分析或岗位分析。它是对各类工作岗位的性质任务、职责权限、岗位关系、劳动条件和环境，以及员工承担本岗位任务应具备的资格条件所进行的系统研究，并制定出工作说明书等岗位人事规范的过程。① 工作分析只是工作研究的一部分。

---

① 中国就业培训技术指导中心．企业人力资源管理师（三级）［M］．2版．北京：中国劳动社会保障出版社，2007：2.

2. 基本术语

（1）工作要素

工作要素是指工作中不能再继续分解的最小动作单位。例如，接电话、合上电源开关、从抽屉里拿出文件、盖上瓶盖等都是工作要素。

（2）工作任务

工作任务是指为达到某一明确的目的所从事的一系列活动。它可以由一个或多个工作要素组成。例如，打字员打字是一项任务，包装工人盖上瓶盖也是一项任务。

（3）职责

职责是指由一个人担负的一项或多项任务所构成的责任范围。例如，营销管理人员的职责之一是进行市场调查，建立销售渠道等。

（4）职位

职位是指在一定时间内，组织要求个体完成的一至多项责任。一般而言，职位与个体是一一匹配的，也就是有多少个职位就有多少个人，二者的数量相等。

（5）职务

职务也叫岗位或工作，是指同类职位的总称，由任务和职责构成，包括其所要完成的事务和所负的责任。在一个企业组织中，如果任务和职责的性质以及类别基本相同，而且完成任务和职责所要求的资格条件也无差异时，这样的职位就可以归为一种职务（或岗位）。例如，某公司要聘用 5 名电脑操作员，如果他们的工作性质、类型、内容是相似的，那么这 5 个职位可以归纳为一项职务（或岗位）。

工作分析的落脚点在工作职责上，而很多工作分析不标准的原因是将职责和任务混淆了。

4.2.2 工作分析的内容与作用

1. 工作分析的内容

工作分析的内容取决于工作分析的目的和用途。通过工作分析所收集到的信息主要包括特定职位应承担的工作职责、工作环境、工作流程、绩效衡量标准以及任职者的资质要求等，工作分析的最终产出表现为职位说明书。一份职位说明书一般包含两大类信息：工作职责描述和任职资格。

（1）工作职责描述

工作行为研究的结果常常表现为有关工作流程与行为的工作职责描述。当分析的重点是任务的时候，工作分析的结果常常是工作任务描述。关于工作本身的描述的格式有很多种，但是主要内容一般包括以下几个方面：工作识别项目、工作结果（目标）、工作概要、工作职责、工作关系、工作条件与工作环境、工作流程等。

（2）任职资格

任职资格又被称为工作规范或工作说明书，常常与工作描述文件合并在一起。任职资格是对于任职者或者应聘者来说应该具有的个人特质要求，其中包括特定的技能要求、能力要求、知识要求、身体素质要求、教育背景要求、工作经验要求、个人品格与行为态度要求等。任职资格与工作描述其他方面内容有很大不同，独立性较强，它关注的是完成工作内容所需的人的特质。因此，它对于人员招聘、甄选、调动与安置和对员工进行绩效管理都具有重大作用。

2. 工作分析的作用

工作分析所形成的职位说明书或工作信息数据库是人力资源管理，乃至组织和工作系统的基础性管理工作。因此，工作分析对于人力资源管理与开发具有非常重要的作用。在人力资源管理活动中，几乎每一个方面都涉及工作分析所取得的成果。具体地说，工作分析有以下几个方面的作用：

①工作分析为招聘、选拔、任用合格的员工奠定了基础。

②工作分析是制订有效的人力资源规划，进行各类人才供给和需求预测的重要前提。

③工作分析是确定人员培训和开发方案的基础。

④工作分析有利于提高工作和生产效率，同时也为工作考核和升职提供了标准和依据。

⑤工作分析是工作岗位评价的基础，工作岗位评价又是建立、健全企业薪酬制度的重要步骤。

⑥工作分析是企业改进工作设计、优化劳动环境的必要条件。

4.2.3 工作分析的流程

工作分析是一个全面的评价过程，这个过程可分为六个阶段：准备阶段、调查阶段、分析阶段、描述阶段、运用阶段、反馈与调整阶段。这六个阶段关系十分密切，它们相互联系、相互影响。

1. 准备阶段

准备阶段是工作分析的第一个阶段，主要任务是了解情况，确定样本，建立关系，组成工作小组。

2. 调查阶段

这一阶段的主要任务是对整个工作过程、工作环境、工作内容和工作人员等方面做一个全面的调查。

3. 分析阶段

工作分析是收集、分析、综合与组织某个工作有关的信息的过程。也就是说，该阶段包括信息的收集、分析、综合三个相关活动，是整个工作分析过程的核心部分。

信息来源的选择应注意：①不同层次的信息提供者提供的信息存在不同程度的差别。②工作分析人员应站在公正的角度对待不同的信息，不要事先存有偏见。③使用各种职业信息文件时，要结合实际，不可照搬照抄。信息收集的方法和分析信息适用的系统由工作分析人员根据企业的实际需要灵活运用。

工作分析的信息来源途径主要包括：①书面资料。②任职者的报告。③同事的报告。④直接的观察等。除此之外，工作分析的资料还可以来自于下属、顾客和用户等。

4. 描述阶段

这一阶段是工作分析的关键环节，它主要对调查、分析阶段形成的成果资料进行全面的总结。

5. 运用阶段

此阶段是对工作分析的验证，只有通过实际的检验，工作分析才具有可行性和有效性，才能不断适应外部环境的变化，从而不断完善工作分析的运行程序。此阶段的工作主要有两部分：培训工作分析的运用人员、制定各种具体的应用文件。

6. 反馈与调整阶段

组织的生产经营活动是不断变化的，这些变化会直接或间接地引起组织分工协作体制发生相应的调整，从而也相应地引起工作的变化。工作分析文件的适用性只有通过反馈才能得到确认，并根据反馈修改其中不适应的部分。所以，反馈和调整活动是工作分析中一项长期的重要活动。

4.2.4 工作分析方法

1. 定性工作分析方法

（1）观察法

观察法就是岗位分析人员通过观察将有关工作的内容、方法、程序、设备、工作环境等信息记录下来，最后将取得的信息归纳整理为适合使用的结果的过程。采用观察法进行工作分析，结果比较客观、准确，但需要工作分析人员具备较高素质。其弊端就是不适用工作循环周期很长的工作，难以收集到与脑力劳动有关的信息。一般来说，观察法适用于外显特征较明显的工作岗位。

（2）访谈法

访谈法是获取岗位工作资料的常用方法。它是指调查者通过面对面的访谈，以口头信息沟通的途径直接获取信息的方法。根据访谈过程中结构模式的不同，可以把访谈分为两大类：结构访谈和非结构访谈。访谈法通常用于岗位分析人员不能实际参与观察的工作岗位。访谈对象通常包括：该职位的任职者、对工作较为熟悉的直接主管人、与该职位工作联系比较密切的工作人员、任职者的下属等。

访谈法的不足之处是访谈对象往往对访谈的动机持怀疑态度，回答问题时有所保留，导致信息失真。因此，访谈法一般不单独使用，通常是作为问卷调查的后续措施。作为后续措施，面谈的主要目的是要求员工和有关负责人协助澄清问卷调查中的某些信息问题；同时，分析人员也可借机澄清问卷中的某些术语方面的问题。

（3）关键事件法

关键事件法要求工作分析人员或有关人员描述能反映其绩效好坏的"关键事件"，即对岗位工作任务造成显著影响（如成功与失败、盈利与亏损、高产与低产等）的事件，将其归纳分类，最后就会对岗位工作有一个全面的了解。关键事件的描述包括：导致该事件发生的背景、原因；员工有效的或多余的行为；关键行为的后果；员工控制上述后果的能力。采用关键事件法进行岗位分析时，应注意以下三个问题：一是调查期限不宜过短；二是关键事件的数量应足够说明问题，事件数目不能太少；三是正反两方面的事件都要兼顾，不得偏颇。

（4）工作日志法

工作日志法就是由工作者本人记录每日工作的内容、程序、方法、权限、时间等。采用工作日志法，可以在一定时间内获取第一手资料。为了保证所取得信息的信度，要求工作日志记录必须持续一段时间，以保证所取得信息的完整与客观。

（5）工作实践法

工作实践法是指工作分析人员直接参与某一岗位的工作，从而细致、全面地体验、了解和分析岗位特征及岗位要求的方法。与其他方法相比较，工作实践法的优势是可获得岗位要求的第一手真实、可靠的数据资料。但由于分析人员本身的知识与技术的局限性，其运用范围有限，只适用于较为简单的工作岗位分析。

2. 定量分析方法

问卷调查法是运用最广泛的定量分析方法。问卷调查法就是根据工作分析的目的、内容等，事先设计一套工作分析调查问卷，由被调查者填写，再将问卷加以汇总，从中找出有代表性的回答，形成对岗位工作分析的描述信息。

问卷调查法在岗位分析中使用最为广泛，其优点是费用低，速度快，调查范围广，尤其适合对大量工作人员进行岗位分析，调查结果可以实现数量化，进行计算机处理。但是，这种方法对问卷设计要求较高，同时需要被调查者积极配合。

3. 定性与定量相结合的方法

上述几种工作分析的方法各有特点，分析人员可以根据所分析岗位工作性质、目的，选择适当的方法，也可将几种方法结合起来使用。

4.3 员工招聘

4.3.1 员工招聘的概念

员工招聘是指根据组织战略和人力资源规划的要求，通过各种渠道识别、选取、发掘有价值的员工的过程。它是人力资源管理的首要环节，是实现人力资源管理有效性的重要保证。

从广义上讲，员工招聘包括招聘准备、招聘实施和招聘评估三个阶段；狭义的招聘指招聘的实施阶段，其中主要包括招聘、筛选、录用三个具体步骤。

4.3.2 招聘的基本程序

1. 准备阶段

（1）人力需求诊断

进行人员招聘的需求分析，明确哪些岗位需要补充人员。

（2）岗位分析

明确掌握需要补充人员的工作岗位的性质、特征和要求。

（3）制订招聘计划

人员招聘计划是组织人力资源规划的重要组成部分，它为组织人力资源管理提供了一个基本的框架，为人员招聘录用工作提供了客观的依据、科学的规划和实用的方法，能够避免人员招聘录用过程中的盲目性和随意性。招聘计划一般包括以下内容：

①招聘岗位、岗位要求、招聘人数等；

②招聘日程安排，包括候选人从应聘到录用之间的时间间隔；

③录用基准；

④招聘的途径和方法；

⑤招聘录用成本预算。

2. 实施阶段

招聘过程的实施是整个招聘活动的核心，也是最关键的一环，先后经历招募、筛选、录用三个步骤。

（1）招募阶段

招募阶段主要是对招聘信息的发布。招聘信息发布的时间、方式、渠道与范围是根据招聘计划来确定的。由于需招聘的岗位、数量、任职者要求不同，招聘对象的来源与范围不同，以及新员工到位时间与招聘预算的限制，招聘信息发布的时间、方式、渠道与范围也是不同的。

（2）筛选阶段

筛选阶段是指从应聘者中选出企业所需要的人员的过程，包括资格审查、背景调查、初选、笔试、面试、其他测试、体检、个人资料核实等一系列活动过程。从人员选拔的具体内容和方法上看，其主要步骤包括：

①初次筛选。初次筛选主要通过对求职人员登记表及个人简历的初审及评价来实现。这种初审的目的是挑选有希望的求职者，它通过迅速地从求职者信息库中排除明显不合格者来帮助招聘录用系统有效地运行。初次筛选的新趋势是采用网络筛选的方法。

②笔试。招聘测试主要采用笔试的形式，人力资源部门负责对初选入围者施以不同的考试和测验，可以就他们的知识、能力、个性品质、职业倾向、动机和需求等方面加以评定，从中选出优秀者，进入到复试阶段。

③复试阶段。复试阶段多采用面试的形式，面试分为结构化面试和非结构化面试。结构化面试是在面试之前，已经有一个固定的框架或问题清单，面试考官根据框架控制整个面试的进行，按照设计好的问题和细节逐一发问，严格按照这个框架对应聘者分别问同样的问题。非结构化面试则是漫谈式的，面试考官与应聘者随意交谈，无固定的模式，无固定的题目，面试者只要掌握组织、岗位的基本情况即可。这种面试的主要目的在于给应聘者充分发挥自己能力与潜力的机会，通过观察应聘者的知识面、价值观、谈吐和风度，了解其表达能力、思维能力、判断能力和组织能力等。

④评价中心技术。评价中心技术是从多角度对个体行为进行标准化评估的各种方法的总称。它使用多种测评技术，通过多名测评师对个体在特定的测评情景中表现出的行为做出判断，然后将所有测评师的意见通过讨论或统计的方法进行汇总，从而得出对个体的综合评估。简单地说，评价中心技术就是把受评人置于一系列模拟的工作情景中，由专业考评人员对其各项能力进行考察或预测，了解其是否胜任该项工作岗位要求的测量和评定方法。评价中心技术被认为是当代人力资源管理中识别有才能的管理者的最有效的工具。它主要包括无领导小组讨论、公文筐测验、案例分析、管理游戏等。

⑤背景调查与体检等内容。背景调查通常是用人单位通过第三者对应聘者的情况进行了解和验证。这里的"第三者"主要是指应聘者原来的雇主、同事以及其他了解应聘者情况的人员，或者能够验证应聘者提供资料真实性的机构和个人。背景调查通常包括四个方面的内容：学历调查、个人资质调查、个人资信调查、员工忠诚度调查。背景调查的方法包括打电话、访谈、要求提供推荐信等。

应聘者体检的目的是确定应聘者的身体状况是否能够适应工作的要求，特别是能否满足工作对应聘者身体素质的特殊要求。

（3）录用阶段

在经过笔试、面试或者心理测试后，招聘录用工作进入了决定性阶段。这一阶段的主要任务是通过对甄选评价过程中产生的信息进行综合评价和分析，确定每一位应试者的素质和能力特点，根据预先确定的人员录用标准与录用计划进行录用决策。

最后，对未录用人员，企业需要写辞谢信，对应聘人员的积极参与表示感谢，希望其以后继续关注本企业。

3. 评估阶段

进行招聘评估，可以及时发现问题、分析原因、寻找解决的对策，有利于及时调整有关计划并为下一次招聘提供经验教训。

图4-1展示了招聘人才时层层筛选的过程。

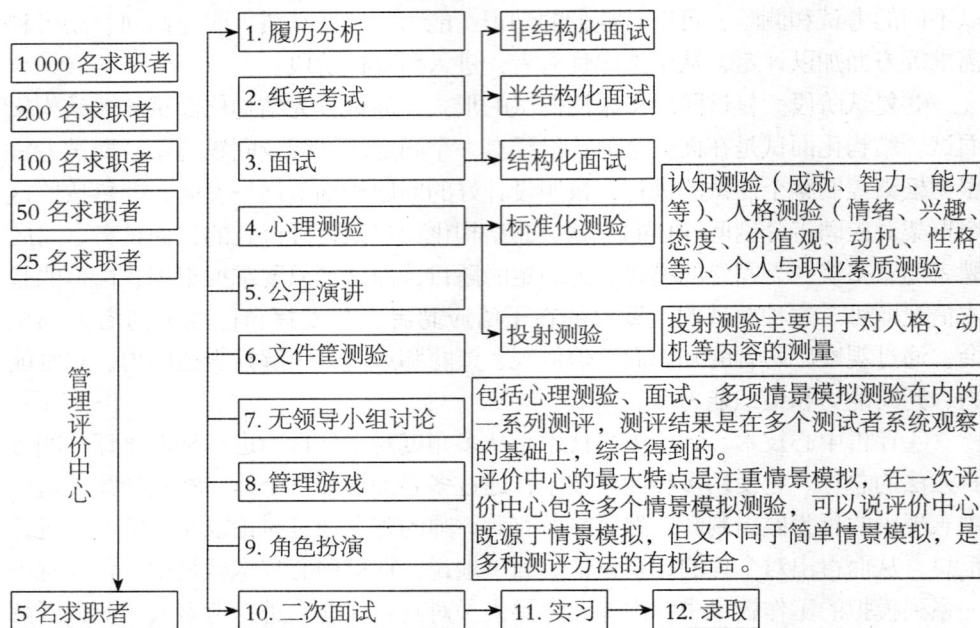

图4-1 招聘的金字塔

4.3.3 招聘渠道的选择和人员招募方法

一般来说，招聘渠道可以分为内部招聘和外部招聘。

1. 内部招聘

内部招聘是指通过内部提升、工作调换、工作轮换和人员重聘等方法，从企业内部人力资源储备中选拔出合适的人员补充到空缺或新增的岗位上去的活动。

（1）内部招聘的主要方法

①推荐法。推荐法可用于内部招聘，也可以用于外部招聘。它是由本企业员工根据企业的需要推荐其熟悉的合适人员，供用人部门和人力资源管理部门进行选择和考核。

②布告法。布告法是在确定了空缺岗位的性质、职责及其所要求的条件等情况后，将这些信息以布告的形式，公布在企业中一切可利用的墙报、布告栏、内部报刊上，尽可能使全体员工都能获得信息，所有对此岗位感兴趣并具有此岗位任职能力的员工均可以申请此岗位。

③档案法。人力资源部门都有员工档案，从中可以了解到员工在教育、培训、经验、技能、绩效等方面的信息，帮助用人部门与人力资源部门寻找合适人员补充岗位空缺。

（2）内部招聘的优缺点

内部招聘既是一种招聘方式，又是一种管理方式。尤其对于晋升性质的内部招聘，它对员工是一种非常有效的激励方式，不但能够激励员工做好本职工作，不断提高工作技能和效率，也为企业留住优秀人才、增强企业凝聚力起到了一定的作用。具体来说，内部招聘有以下优点：一是为组织内部员工提供了发展的机会，增加了组织对内部员工的信任感，这有利于激励内部员工，稳定员工队伍。二是从内部培养和选拔人才，直接成本比较低，效率也相对较高，省时、省力、省费用。三是内部员工对企业的现有人员、业务模式和管理方式非常熟悉，易于沟通和协调，因而可以更快地进入角色，学习成本更低，有利于发挥组织效能。四是经过长期磨合，内部员工与企业在同一个目标基础上形成趋同的价值观，相互比较信任，员工已融入到企业文化之中，认同组织的价值观念和行为规范，对组织的忠诚度较高。五是因为内部员工的历史资料有据可查，管理者对其工作态度、素质能力及发展潜能等方面有比较准确的认识和把握，用人风险比较小，成功率较高。

内部招聘的不足主要体现在以下几个方面：一是由于新的岗位总是有限的，内部员工的竞争结果必然是有人欢喜有人忧，有可能影响到员工之间的关系，甚至导致人才的流失。二是企业长期的"近亲繁殖"、"团体思维"、"长官意志"等现象，不利于个体创新和企业的成长，尤其是中小企业。此外，由于是企业内部选拔，所以可能存在候选人数量不足和范围比较小的缺点。

2. 外部招聘

所谓外部招聘，顾名思义就是从企业外部获取人力资源的途径。

（1）外部招聘的主要方法

①报纸招聘广告。这种招聘方式适用于餐饮业、物业服务、市场管理等一线服务人员，这类人员适合的候选人较多，可替代性较强，对应聘者的要求相对不高。

②校园招聘。校园招聘的应聘者都是应届毕业生，他们的学历较高，学习能力强，工作经验少，可塑性很强。他们进入企业后适应环境快，进入状态快。

③网络招聘。网络招聘是近年来随着计算机通讯技术的发展和劳动力市场发展的需要而产生的通过信息网络进行招聘、求职的方法。该方法具有成本费用

低、传播速度快、招聘平台大、受众实效强、地域范围广等优点，主要适用于招聘具有一定知识水平（如计算机使用、英语水平等）的专业（IT、网络、设计工作等）人员。

④现场招聘会。现场招聘会是一种传统的招聘方式。在招聘会上，用人单位和应聘者可以直接进行接洽和交流，节省了单位和应聘者的时间，为双方提供了很多有价值的信息。随着人才交流市场的日益完善，人才招聘会也正朝着专业化的方向发展，如房地产人才专场招聘会、餐饮人才专场招聘会、中高级人才招聘会等。

⑤猎头公司。猎头公司本质上也是一种就业中介组织，但是由于它特殊的运作方式和服务对象，所以经常被看做是一种独立的招聘方式。猎头公司一般适用于高级人才的招聘。

（2）外部招聘的优缺点

外部招聘的优势主要体现在：第一，外部招聘人才来源广，选择余地大，为人才的选拔提供了充足的资源；第二，给企业带来新的观点和新的思想，如同为企业注入了新鲜的血液，使企业焕发新的活力；第三，有利于企业的经营管理，"鲶鱼效应"告诉我们，外聘人才的进入会给原有员工带来压力，造成危机感，能够激发他们的潜能，同时避免近亲繁殖；第四，外部招聘是一种与外部信息交流的有效方式，企业可借此树立良好的外部形象。

外部招聘的弊端：一是由于信息不对称，往往造成筛选难度大、成本高，甚至出现"逆向选择"；二是外聘员工需花费较长时间来进行磨合和定位，学习成本高；三是外聘人员可能由于本身的稀缺性导致较高的待遇要求，打乱企业的薪酬激励体系；四是外聘可能挫伤有上进心、有事业心的内部员工的积极性和自信心，或者引发内外部人才之间的冲突；五是外聘人员有可能出现"水土不服"现象，无法融入企业文化氛围之中。

4.3.4　招聘评估[①]

招聘评估是招聘过程中必不可少的一个环节。招聘评估通过成本和效益核算能够使招聘人员清楚地知道费用的支出情况，区分哪些是必须支出项目，哪些是非必须支出项目，这有利于降低今后招聘的费用，有利于组织节约开支。另外，招聘评估通过对录用员工的绩效、实际能力、工作潜力的评估即通过对员工质量的评估，检验招聘工作成果与方法的有效性，有利于招聘方法的改进。

招聘的成本效益评估是指对招聘中的费用进行调查、核实，并对照预算进行评价的过程。招聘成本效益评估是鉴定招聘效率的一个重要指标。如果成本低，录用人员质量高，就意味着招聘效率高；反之，则意味着招聘效率低。

---

① 中国就业培训技术指导中心. 企业人力资源管理师（一级）[M]. 北京：中国劳动社会保障出版社，2007.

招聘成本分为招聘总成本与招聘单位成本。招聘总成本是人力资源获取成本，招聘单位成本是招聘总成本与录用人数的比值。很显然，招聘总成本与单位成本越低越好。

成本效用评估是对招聘成本所产生的效果进行的分析。它主要包括：招聘总成本效用分析、招聘成本效用分析、人员选拔成本效用分析和人员录用成本效用分析等。

招聘收益成本既是一项经济指标，同时也是对招聘工作的有效性进行考核的一项指标。招聘收益成本越高，则说明招聘工作越有效。

录用人员的质量评估是对员工的工作绩效行为、实际能力、工作潜力的评估，它是对招聘工作成果与方法的有效性进行检验的一个重要方面。录用人员质量评估是一个滞后指标，实际上是对录用人员的能力、潜力、素质等进行的各种测试，以评估录用员工是否能够快速上岗、是否能够快速融入企业文化以及能否快速为企业创造价值等。质量评估既有利于招聘方法的改进，又对员工培训、绩效评估提供了必要的信息。

录用人员评估主要从录用比、招聘完成比和应聘比三方面进行。其公式为：

录用比 = 录用人数/应聘人数

招聘完成比 = 录用人数/计划招聘人数

应聘比 = 应聘人数/计划招聘人数

4.4　绩效考核

4.4.1　绩效考核概述

1. 绩效考核的概念

因为影响绩效的因素具有多样性、多维性和动态性的特点，因此，绩效考核必须是多角度、多层次的。本书认为绩效考核是指考核主体对照工作目标和绩效标准，采用科学的考核方法，评定员工的工作任务完成情况、员工的工作职责履行程度和员工的发展情况，并且将评定结果反馈给员工的过程。[①]

2. 绩效考核的内容

对员工绩效的评估主要从三个方面来进行：业绩、能力、态度。

（1）工作业绩

工作业绩指员工履行当期工作职责和计划目标的效率及效果，也就是员工完成绩效目标计划的情况，主要包括员工完成工作的数量、质量、成本费用、效率等。业绩是公司对员工的工作期望，直接体现出员工在企业中的价值大小，是绩

---

① 付亚和，许玉林. 绩效考核与绩效管理［M］. 2 版. 北京：电子工业出版社，2009：9-10.

效评估中最重要的组成部分和核心内容。员工工作目标计划来源于组织的发展战略和经营计划。

（2）工作能力

工作能力在本质上是指一个人顺利完成本职工作所必备的并影响工作效率的稳定的个性特征，是指员工担当工作所必备的知识、经验与技能。能力考评，是指对员工在其岗位工作过程中显示和发挥出来的能力所做出的评价，包括员工的经验阅历、职务知识、职务技能等。

（3）工作态度

工作态度指各岗位员工对待工作的态度、思想意识和工作作风，是员工对某项工作的认知程度及为此付出的努力程度。工作态度是工作能力向工作业绩转换的桥梁，在很大程度上决定了能力向业绩的转化效果。工作态度考评主要选取对工作业绩能够产生较大影响的考评内容。

4.4.2 绩效考核的流程

绩效考核过程通常被看做一个循环，这个循环一般包括六个基本步骤，即绩效计划制订、指标体系构建、绩效考核实施与管理、绩效评估、绩效反馈与面谈、绩效考核结果的应用。而有效的绩效考核需要营造一个不断提升的封闭的循环系统，当某个环节出现问题时，就将该环节开天窗处理，处理完后再封闭，如表4-1所示。

表4-1　　　　　　　　　　　　　绩效考核的流程

绩效考核的前馈控制	第一步	确定评估的目的	员工是否履行职责，是否按要求的行为和态度实现目标
	第二步	建立工作期望	任务和关键职责是什么；告诉员工具体的标准和评估方法，应该做什么；员工个人期望与组织目标一致化
	第三步	设计评价体系	怎么评估，评估什么，用什么方法来评估，如评估工作程序，还是服务对象的反馈，还是计划指标的完成
绩效考核的过程控制	第四步	绩效考核实施与管理	包括监督和指导，监督是为了不产生偏差，指导是在出现偏差后矫正偏差
绩效考核的反馈控制	第五步	绩效评估	进行目标与结果的差异比较；评估的前提是标准清晰、信息可靠
	第六步	绩效反馈与面谈	面谈的实质是绩效反馈，让员工知道是否达到组织期望；目的是强调组织期望，帮助员工实现提升
	第七步	制订绩效改进计划	绩效改进计划是面谈的结果，应该列入下一轮绩效考核计划
绩效考核的过程控制	第八步	绩效改进指导	在整个绩效进行过程中进行绩效改进的指导

4.4.3 绩效考核指标的确定

绩效考核指标是进行绩效考核的基本要素，制定有效的绩效考核指标是绩效考核取得成功的保证，因此也成为建立绩效考核体系的中心环节，也同时成为企业管理者最关注的问题。

1. 绩效考核指标的来源

绩效考核指标主要来源于四个方面：

①主要工作职责领域，工作职责来自工作分析；

②日常工作的管理，这主要来自直线经理人；

③上一个考核周期未完成和需要改进的目标，这项工作也来自直线经理人；

④来自企业经营与管理目标的分解。

能够用于评价某一岗位绩效的指标往往很多，但绩效评价不可能面面俱到，否则会降低可操作性，考核结果失真。因此，必须根据一定的依据，选择科学的方法来确定考核指标。

2. 绩效指标的选择依据

绩效评价的目的和被评价人员所承担的工作内容与绩效标准是绩效考核指标的选择依据。另外，从评价的可操作性角度考虑，绩效指标的选择还应该考虑所需信息获取的难易程度，这样设计的绩效考核指标才能够真正得到科学、准确的评价。

3. 提取绩效考核指标的方法

提取绩效考核指标的方法主要有工作分析法、个案研究法、业务流程分析法、专题访谈法、经验总结法和问卷调查法六种。

（1）工作分析法

在以提取绩效考核指标为目的的工作分析中，首先需要分析某一职位的任职者需要具备哪些能力，以及该任职者的工作职责；然后，确定以什么指标来衡量任职者能力和工作职责，并指出这些能力的相对重要性，这样就可以明确各职位的绩效考核指标。

（2）个案研究法

根据考核目的与对象，选择若干个具有典型代表的任务或事件为调研对象，通过系统的观察访谈分析确定评价要素。

（3）业务流程分析法

该方法是指通过分析被考核人员在业务流程中承担的角色、责任及同上下级之间的关系来确定衡量其工作绩效的指标。

（4）专题访谈法

该方法是研究者通过面对面的谈话，用口头沟通的途径直接获取有关信息的研究方法。

（5）经验总结法

它是指众多专家通过总结经验，提炼出规律性的研究方法。

（6）问卷调查法

设计者根据需要将调查内容设计到一张调查问卷中，然后分发给相关人员填写，收集和征求不同人员意见的一种方法。

4. 提取绩效考核指标的步骤

提取绩效考核指标的步骤可分为：工作分析、工作流程分析、绩效特征分析、理论验证、要素调查确定指标、修订。

5. 绩效标准的制定

当提取出合适的绩效考核指标后，每个绩效指标还需有相对应的绩效标准。绩效标准分为描述性标准和量化标准，而这两类标准的制定过程存在较大的差异。

（1）描述性标准

描述性标准常运用于行为指标和能力指标中，在对整体性绩效结果的评估中运用较多。描述性标准在能力指标中的应用主要是用来区分被评价者能力或者特质差异的行为因素，需要借助行为指标和相应的描述标准区分优劣。而描述性标准在行为指标中应用的结果是行为特征标准。

（2）量化标准

在绩效考核中，量化标准常常运用在业绩指标中。量化标准能够精确描述指标需要达到的各种状态，被广泛运用于生产、销售、成本控制、质量管理等领域。量化标准要基于企业的历史数据和战略目标（或绩效目标）来制定。

6. 考核指标的权重分配

考核指标体系的量化，包括加权、赋分与计分几项工作，它是在考核指标与考核标准确定后必须要进一步量化的工作。常见的确定绩效考核指标权重的方法有主观经验法、等级序列法、对偶加权法、倍数加权法和权值因子判断表法。

4.4.4 绩效考核的过程控制

绩效考核的过程控制包括预先控制、过程控制、事后控制三个阶段。

1. 预先控制

企业在进行绩效考核之前都需要做诸多的准备工作，比如：预测绩效考核结果、考核环境评估、可行性分析、经费预算等。预先控制主要从四个方面入手，包括目标与计划控制、职责与权限控制、制度控制以及人员控制等，见表4-2。

2. 过程控制

（1）指导控制（同步控制）

及时发现问题，并纠正偏差，使目标活动控制在规定范围内。

（2）是否控制

对流程中的关键点进行控制，回答是否该继续进行下去。

过程控制的内容见表4-3。

表4-2　　　　　　　　　　　　　　**预先控制**

1. 目标与计划	古典管理思想中的目标管理是以职责为基础的计划管理，强调计划、控制、评估中的控制和规范化管理
	行为科学的目标管理是以战略目标为导向，强调激励和共享
	具体来说，就是把部门职责细化到岗位职责，给出职责权限分配表，权限给出四级分布：承办、审核、复核、批准
2. 职责与权限控制	当一切责任有人承担，且可以明确被追究的时候，工作就主动了
	工作谁牵头，谁协作，结果通报给谁等都要明确
	管理控制的理想状态：
	（1）有经验的人，及时发现问题并纠偏
	（2）没有经验的人，及早发现偏差
	（3）管理人员要关注员工工作过程，预测偏差
3. 制度控制	（1）制度建设。低工资、低素质的员工为什么能提供高质服务，靠的是规则！比如：工作服——进入工作状态的标志；收银员在收款过程中要向顾客微笑三次，每次露出 8 颗牙
	（2）工作流程和工艺流程
	工作规范和作业指导书——强调管理精细化和可操作性，如：十准十不准；耳环尺寸不能超过一分硬币大小
4. 人员控制	（1）资格条件+行为态度
	称职的员工：完成工作的能力；关注质量的意识（责任心）；改善绩效的能力；服从意识；品格问题（诚信、正直）
	（2）关键控制点的控制标准和控制手段
	（3）行为准则——强调行为的一致化
	（4）纠偏的手段与奖惩措施

表4-3　　　　　　　　　　　　　　**过程控制**

常规性控制	进度控制：质量，成本，交货期	规则控制
（制度控制）	费用控制	（法治）
	质量控制	
	流程控制	
	行为控制	
非常规性控制	对制度不能覆盖的非例行事务控制	依靠管理者的能力，反映管理
（人治）	纠偏、奖惩与现场改善	者能力与水平的高低（人治）

3. 事后控制（反馈控制）

反馈控制是建立在结果及其评估基础之上的。评估、分析结果与目标之间的差距，找出差距产生的原因。到底是制度的原因，还是个人的原因（行为、态度）。

事后控制主要包括以下调控的内容：

①调整目标与计划体系；

②改变职责与权限的分配方式；

③对工作与工艺流程进行改造；

④对缺乏工作能力的员工进行培训；

⑤人员变更。

4.4.5 绩效考核方法

绩效考核的方法，可以有两种不同的分类方式。第一类，按照考核的相对性和绝对性分，可以分为相对评价法和绝对评价法。相对评价法主要包括简单排序法、交替排序法、配对排序法和强制分布法；绝对评价法主要包括自我报告法、业绩评定表法、因素考核法和3600考核法等。第二类，按照考核标准的类型分，可以分为能力特征导向评价方法、行为导向评价方法和业绩导向评价方法。能力特征导向评价方法主要是图解特征法，行为导向评价方法主要是行为锚定法和行为观察法，业绩导向评价方法有产量衡量法和目标管理法。

一个组织采用的考核方法，一般并不是单一的一种方法，而是多种方法的组合，可能是同一类型中的不同方法，也可能是不同类型方法的组合。

4.4.6 绩效考核反馈与面谈

1. 绩效反馈

绩效反馈是绩效考核的最后一步，是由员工和管理人员一起，回顾和讨论考核的结果，如果不将考核结果反馈给被考核的员工，考核将失去极为重要的激励、奖惩和培训的功能。反馈是一个双向的动态过程，由反馈源、所传送的反馈信息、反馈接受者三部分组成。根据不同的分类依据，绩效反馈有不同的分类方式。绩效反馈一般通过语言沟通、暗示及奖励等方式进行。根据被考核者的参与程度分为指令式、指导式和授权式。根据反馈的内容和形式分为正式反馈和非正式反馈。

2. 绩效面谈

绩效面谈既是考核过程中的重要环节，又是考核结果反馈的重要形式。考核面谈的主要目的，是要让员工了解自己的考核结果背后的原因，以此来增加共识、减少误解和猜疑；更重要的是，通过面谈改善员工的绩效以及为员工的发展提供建议。绩效结果反馈面谈的主要步骤包括：面谈准备、面谈过程控制、确定绩效改进计划。

4.4.7 绩效考核结果应用

绩效考核结果的应用主要包括沟通改进工作、薪酬奖金发放、职务调整、培训与开发等。

薪酬奖金发放：业绩考核结果应与薪酬直接挂钩，但其所占比例应根据具体岗位的特点而有所区别。

职务晋升：能力考核的结果也可以作为晋升、调动以及解聘的参考依据。

员工去留：行为态度考核的结果是决定员工去留的重要依据。

4.5 薪酬管理

4.5.1 薪酬管理概述

1. 薪酬的相关概念

薪酬是员工为企业提供劳动所得到的各种货币与实物报酬的总和，薪酬的表现形式是多种多样的，主要包括工资、奖金、福利、津补贴等。工资是指以工时或完成产品的件数计算员工应当获得的劳动报酬，如计时工资或计件工资。奖金是单位对员工超额劳动部分或劳动绩效突出部分所支付的奖励性报酬，是单位为了鼓励员工提高劳动效率和工作质量付给员工的货币奖励。奖金的表现形式包括红利、利润分享、嘉奖等。从本质上看，福利是一种补充性报酬，往往不以货币形式直接支付，而多以实物或服务的形式支付，如社会保险、带薪休假、廉价住房、免费的午餐、班车等。福利同工资薪金一样是员工劳动所得，属于劳动报酬的范畴。津补贴是指对工资难以全面、准确反映的劳动条件、劳动环境、社会评价等对员工身心造成某种不利影响或者为了保证员工工资水平不受物价影响而支付给员工的一种补偿。

薪酬管理是指一个组织针对所有员工所提供的服务来确定他们应当得到的报酬总额以及报酬结构和报酬形式的这样一个过程。在这个过程中，企业必须就薪酬水平、薪酬制定、薪酬结构、薪酬形式以及薪酬管理政策等做出决策，同时，作为一种持续的组织过程，企业还要持续不断地制订薪酬计划，拟定薪酬预算，就薪酬管理问题与员工沟通，同时对薪酬系统本身的有效性做出评价并不断进行完善。[1]

2. 薪酬要素及其组合

从现代薪酬职能管理出发，可以将薪酬划分为基本薪酬、可变薪酬（绩效

---

[1] 刘昕. 薪酬管理 ［M］. 北京：中国人民大学出版社，2002：10.

薪酬)、间接薪酬（福利薪酬）三部分。

（1）基本薪酬

基本薪酬，也称固定薪酬或标准薪酬，是指一个组织根据员工所承担或者完成的工作本身或者是员工所具备的完成工作的技能或能力而向员工支付的稳定性报酬。它是企业员工薪酬收入的主体部分，也是确定员工其他报酬形式的基础。

基本薪酬通常由基础工资（底薪）、工龄工资、职位工资、职能工资中的一种或几种构成。一般情况下，企业使用较多的基本薪酬制度是职位工资制。另外，一些企业也采用技能工资制以及薪点工资制等作为基本薪酬制度。

（2）可变薪酬

可变薪酬，又称浮动薪酬或绩效薪酬，它是薪酬系统中与绩效直接挂钩的部分。可变薪酬的目的是在绩效和薪酬之间建立起一种直接的联系，从而使可变薪酬对于员工具有很强的激励性，对于企业绩效目标的达成起着非常积极的作用，有助于企业强化员工个人、员工群体乃至于公司全体员工的优秀绩效，从而达到节约成本、提高产量、改善质量以及增加收益等多种目的。

（3）间接薪酬

间接薪酬，又称福利薪酬，是指企业为员工提供的各种与工作和生活相关的物质补偿和服务形式，包括员工法定福利、集体福利和个人福利等。

企业福利包括三个层面：社会福利，主要是指社会保险和社会保障制度；企业福利，主要是指企业举办或通过社会服务机构举办的员工集体享用的福利性设备和各种工作生活服务，如住房计划、企业年金和保健计划、带薪休假、集体生活设施和服务以及满足员工多种需要的培训等；员工个人福利，主要指对特殊岗位和特殊身份的员工所提供的某些福利。就三个层面的福利而言，社会福利具有法律强制性质，企业福利和员工个人福利除非在集体合同、管理规则和劳动合同中出现，否则不具有法律约束性。

3. 薪酬的功能

（1）维持和保障功能

薪酬是企业员工获取个人及其家庭生活费用，满足物质生活需要的主要来源。

（2）激励功能

通过薪酬杠杆可以吸引和留住企业所需的人才，发掘员工的潜能，提高员工的工作绩效。薪酬也可以在一定程度上起到满足员工精神和社会地位需求的作用，使员工产生成就感，激发员工的工作热情。

（3）配置功能

薪酬是企业合理配置劳动力，提高企业效率的杠杆。

（4）竞争功能

企业薪酬水平是企业实力的体现，企业为了获得在劳动力市场上的竞争优势，需要保持高于市场的薪酬水平，以吸引企业所需要的人才。

（5）导向功能

管理者可以将企业的政策、目标、计划的意图，通过薪酬计划和薪酬政策表达出来。薪酬不仅是企业当前管理的有效工具，也是未来管理的导向器，服务于企业战略管理的需要。

4.5.2 企业薪酬管理基本流程①

企业薪酬管理是一个过程，也是一个严谨的管理系统。企业薪酬管理的基本流程为：从最初的管理理念和战略出发，以客观的评价（市场价格、工作或职位评价、个人评价）为基础，确定岗位、团队、员工的分配比例和薪酬标准，最终通过管理和实施将一定数量和形式的薪酬发放到每一个雇员的手中。因此，现代薪酬管理不是简单的劳动力交换过程，它要体现薪酬的各种功能，表现为极为复杂的利益关系。其管理过程如图4-2所示。

薪酬战略制定 ——→ 薪酬体系设计 ——→ 薪酬管理实施 ——→ 薪酬诊断与调整

图4-2　薪酬管理基本流程

1. 薪酬战略制定

薪酬战略是具有战略性的薪酬决策，它主要关心通过薪酬管理来实现提供组织绩效的目的。制定薪酬战略时，首先要确定为了实现组织在市场上的竞争优势，薪酬管理必须做什么，进而确定薪酬的战略目标；然后，再确定薪酬管理的哪些要素能够实现上述目标。

2. 薪酬准备

在薪酬体系设计之前需要先做一些准备工作，比如职位分析、职位评价、薪酬调查等。

3. 薪酬体系及其框架

薪酬体系是指在薪酬战略的引导下，由薪酬水平、薪酬结构、薪酬组合以及支付方式等构成的薪酬分配与管理系统。

4. 薪酬管理实施、诊断与调整

薪酬管理实施过程中主要涉及薪酬管理政策的执行。薪酬管理政策主要是指薪酬管理决策是如何制定和实施的，包括信息政策、决策政策和沟通政策。

企业薪酬诊断就是要了解和分析企业在薪酬体系方面存在的问题，并针对这些问题提出有效的解决方法，以恢复和改进薪酬体系的功能和效能。因此，薪酬诊断是企业进行薪酬调整的前提，也是企业新的薪酬政策实施的必要途径。对薪酬体系的诊断首先应从战略的角度予以把握，在战略指导下，薪酬体系诊断包括

---

① 李新建，孟繁强，张立富. 企业薪酬管理概论［M］. 北京：中国人民大学出版社，2006：14.

薪酬政策诊断、薪酬水平诊断、薪酬结构诊断和薪酬组合诊断。

企业薪酬体系的调整是指企业对薪酬水平、薪酬结构以及薪酬组合的调整，特指为促进薪酬管理的有效性所进行的薪酬体系的调整或改变。薪酬调整有三个目标：其一，使薪酬对内更加具有公平性，对外更加具有竞争力；其二，员工薪酬满意度提高；其三，管理更加便利和有效。

第 5 章　劳动经济学常识

5.1　劳动力市场

5.1.1　劳动力市场相关概念

1. 劳动力、就业与失业

劳动力是人的劳动能力，即人在劳动过程中所运用的体力和智力的总和。在现代劳动经济学体系中，劳动力又特指在一定的年龄范围内，具有劳动能力和劳动要求，愿意参加付酬的市场性劳动的全部人口。没有就业意愿或就业要求的人口不属于劳动力的范畴。

根据国际劳工组织（ILO）的定义，所谓就业者是指那些在过去一周中从事了至少一个小时有收入的工作或者暂时离开了工作岗位（例如休假）的人；失业者则是指那些不工作、积极寻找工作且能够立即工作（到岗）的人；而非经济活动人口（非劳动力）是指那些不工作而又不满足 ILO 失业标准的人。图 5–1 列示了中国劳动力市场分类的一些基本定义之间的关系。

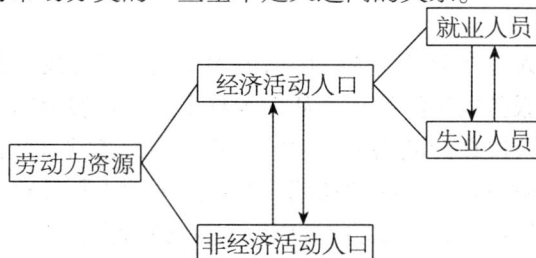

图 5–1　中国劳动力市场分类的一些基本定义之间的关系

我国规定最低就业年龄为 16 周岁。劳动力资源的范围为在劳动年龄内，有劳动能力，实际参加社会劳动和未参加社会劳动的人员，劳动力资源不包括在押犯人、在劳动年龄内丧失劳动能力的人员及 16 岁以下实际参加社会劳动的人员。劳动力资源又划分为经济活动人口和非经济活动人口。经济活动人口指在 16 周岁及以上，有劳动能力，参加或要求参加社会经济活动的人口，包括就业人员和失业人员。就业人员指在 16 周岁及以上，从事一定社会劳动并取得劳动报酬或经营收入的人员。这一指标反映了一定时期内全部劳动力资源的实际利用情况。目前，我国统计部门只对城镇失业人员进行了统计，没有对农村失业人员进行统计，而且只统计了"城镇登记失业人员"。所谓"城镇登记失业人员"是指有非农业户口，在一定的劳动年龄内（16 周岁至退休年龄），有劳动能力，无业而要求就业，并在当地劳动保障部门进行失业登记的人员。①

劳动力市场中存在着大规模的劳动力流动，在每一种劳动力市场状态中，劳动力的数量和身份总是不断变化的，主要的流动形式有以下四种：

第一，由于自愿辞职或被解雇（非自愿地、暂时或永久地离开企业），就业者变成失业者；

第二，失业者由于新近被雇用或被召回原岗位，失业者变成就业者；

第三，无论是就业者或失业者，由于退休或决定不再承担或不再寻求有报酬的工作（中途退出），劳动力变成非劳动力；

第四，由于以前从未工作或从未有过求职经历者的进入，或者由于中途退职者的重新加入，劳动力的数量扩大了。

2. 反映劳动力就业和失业状况的几个常用指标

为了反映劳动力的就业和失业状况，人们经常采用一些比率指标，常用的有劳动参与率、就业率、失业率、城镇失业率、自然失业率等。

劳动参与率是经济活动人口（包括就业者和失业者）占劳动年龄人口的比率，是用来衡量人们参与经济活动状况的指标。根据经济学理论和各国的经验，劳动参与率反映了潜在劳动者个人对于工作收入与闲暇的选择偏好，它一方面受到个人保留工资、家庭收入规模，以及性别、年龄等个人人口学特征的影响，另一方面受到社会保障的覆盖率和水平、劳动力市场状况等社会宏观经济环境的影响。

就业率指就业人口在劳动力人口中所占的比重，可以反映在劳动力人口中有多少在从事商品或服务的生活活动，从而为整个经济创造财富。

失业率指失业人口在劳动力人口中所占的比重，通常有登记失业率与调查失业率两种。登记失业率指根据在劳动部门登记的失业人数计算的失业率；调查失业率则是根据调查失业人数计算的失业率。二者通常会有些差距。

---

① 国家统计局. 中国统计年鉴（2011）[M]. 北京：中国统计出版社，2011.

5.1.2 劳动力市场的运行

劳动力市场是指把劳动者配置于不同的工作岗位并且协调就业决策的市场。

1. 劳动力市场的概念和类型

任何市场都有买方和卖方，劳动力市场也不例外。在劳动力市场上，买方是雇主，卖方是雇员。全国性劳动力市场是指买卖双方在全国范围内彼此搜寻；地区性劳动力市场则指买卖双方仅在地区范围内彼此搜寻。

2. 劳动力市场的构成与特点

劳动力市场的主体由相互对立的两极构成：其一为劳动力的所有者个体；其二为使用劳动力的雇主。劳动力市场的客体是劳动者的劳动力，即存在于劳动者身体之内的体力和智力的总和——劳动能力。同时，劳动力也是劳动力市场关系的物质承担者。劳动力市场具有以下性质：

第一，劳动力市场是社会生产得以进行的前提条件。

第二，劳动力与雇主的交换行为，使交换双方各自得到所需要的使用价值，实现各自的效用；在交换的过程之中，各方从自身利益角度出发，进行经济计量，能够使双方接受交换的结果，因而其交换只能是一种等价交换。

第三，劳动力市场的劳动交换，决定了劳动力的市场价值——工资。劳动力价格——工资是实现和决定这种交换行为的必要手段。

第四，通过劳动力市场的交换，实现劳动要素与非劳动生产要素的最佳结合，是一种具有最高效率、消耗最低费用的最经济的形式。

劳动力市场的本质属性，是指劳动力市场所维护、反映和调节的经济利益的性质。

3. 劳动力市场的运行

如图5-2所示，劳动力市场是企业为了生存而必须参与的三个市场之一，另外两个市场是资本市场和产品市场。劳动力市场和资本市场是企业购买投入要素的主要市场，产品市场是企业出售产品的市场。当然，实际上一个企业可能同时置身于不同的劳动力、资本和产品市场上。

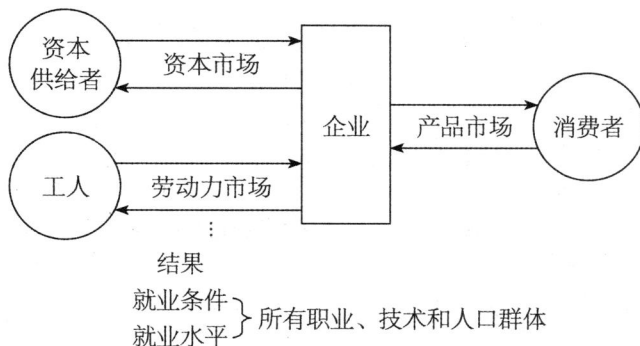

图5-2 企业参与运行的市场

劳动力市场研究从劳动力的需求分析开始，并以劳动力的供给分析结束。劳动力市场的需求方是雇主，其关于雇用劳动力的决策受三个市场条件的影响；劳动力市场的供给方是劳动者和潜在的劳动者，这些人在做出是否提供劳动以及在何处提供劳动的决策时，必须考虑到他们的其他时间花费方式。

5.2 劳动力需求与供给

任何市场都有买方和卖方，劳动力市场也不例外。在劳动力市场上，买方是雇主，即劳动力需求方；卖方是雇员，即劳动力供给方。

5.2.1 劳动力需求

1. 劳动力需求概述

劳动力需求是指在某一个特定时期内，在某种工资率下，雇主愿意并能够雇用的劳动力数量。

2. 影响劳动力需求的因素

（1）工资变化对劳动力需求的影响

在假设其他条件不变的情况下，如果工资率提高，劳动力的需求量会有两种效应：一是规模效应；二是替代效应。劳动力需求与工资率存在负相关关系，即工资率提高，劳动力需求减少；工资率降低，劳动力需求增加。

在图5-3中，横轴为劳动力需求量，纵轴为工资率，D为劳动力需求曲线。当工资率为W_0时，劳动力需求量为L_0，在需求曲线D上为a点。工资率由W_0提高到W_1时，需求量由L_0下降到L_1，在需求曲线D上由a向左上移动到b点。工资率由W_0下降到W_2时，劳动力需求量由L_0增加到L_2，在需求曲线上由a向右下移动到c点。

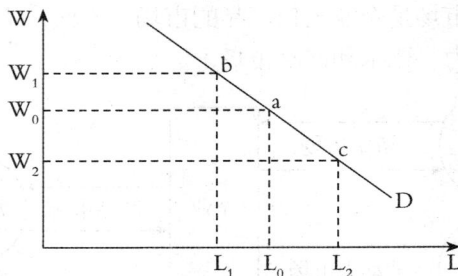

图5-3　劳动力需求量的变动

（2）资本价格变化对劳动力需求的影响

分析另一种投入要素价格变化对劳动力需求影响的方法，需要考虑规模效应和替代效应。假设产品需求、技术、劳动力供给条件不变，但是资本的供给发生变化，使资本价格下降。

首先，当资本价格下降时，生产成本势必下降，进而刺激生产的扩张。在既定的工资水平下，会提高就业水平。因此，在每一种工资水平下，资本价格下降产生的规模效应会增加对劳动力的需求。

其次，资本价格下降会产生替代效应。由于资本更加便宜，企业将采用资本更加密集型的技术，用资本替代劳动，即生产一定量的产品，劳动力的需求量比以前减少。由于在每一种工资率的情况下的劳动力需求量减少，劳动力需求曲线向左移动。

因此，资本价格的下降对劳动力需求产生两种相反的效应：规模效应导致劳动力需求曲线右移，替代效应导致劳动力需求曲线左移。如图 5-4 所示，任何一种效应都可能占优势。因此，经济理论不能明确地预测资本价格如何影响劳动力需求。

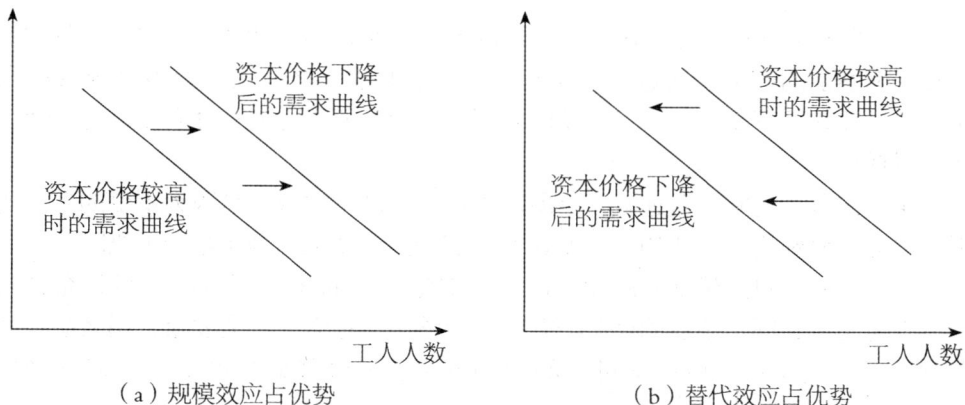

图 5-4　资本价格下降导致的劳动力需求曲线可能发生的变化

（3）产品需求对劳动力需求的影响

假定对某个特定行业的产品需求增加，无论产品价格如何，仍能够出售更多的产品或劳务；同时假定该行业可以利用的技术、资本和劳动力供给的条件不变。随着该行业的企业对利润最大化的追求，产量水平会明显提高，规模（或产出）效应在给定的工资率下将增加对劳动力的需求量（只要资本与劳动的相对价格不变，就不存在替代效应）。这时，劳动力需求曲线向右移动。如图 5-5所示，劳动力需求曲线从 D 移向 D′。这种右向移动说明，对应于任何一种可能的工资率，工人的需求量增加。

3. 完全竞争条件下的劳动力需求分析

（1）边际生产力递减规律

短期生产实际上就是产量取决于可变要素的投入。可变要素投入发生变化，产量相应地发生变化。当把可变的劳动投入增加到不变的其他生产要素上，最初劳动投入的增加会使产量增加；但是当其增加超过一定限度时，增加的产量开始递减。这就是劳动的边际生产力递减规律。

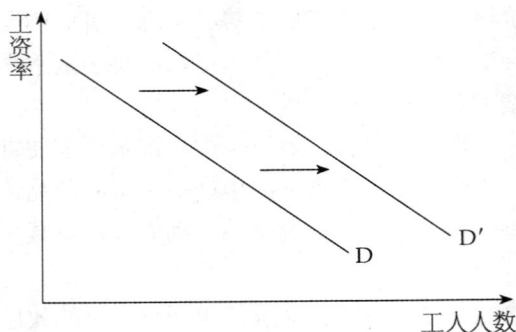

图 5-5　产品需求增加引起劳动力需求的变化

在其他生产要素不变时，由劳动投入的增加所引起的产量变动可以分为三个阶段：

第一阶段：边际产量递增。所谓边际产量，是指由于增加一个单位的劳动要素投入而增加的产量。这是因为在开始时，不变的生产要素没有得到充分的利用，劳动投入的不断增加，可以使固定不变的生产要素得到充分利用，从而使边际产量递增。

第二阶段：边际产量递减。之所以出现边际产量递减，是因为不变的生产要素已接近充分利用，可变的劳动要素对不变的生产要素的利用趋向于极限。

第三阶段：总产量绝对减少。此时，固定不变的生产要素已经得到充分利用，潜力用尽，固定不变的生产要素已经容纳不了过多的可变要素，两者的结合比例已经完全恶化。再增加可变的劳动要素，只会降低生产效率，使总产量减少。

由总产量和劳动投入的关系，还可以得到平均产量的概念。平均产量就是指平均每单位劳动投入所生产的产量。

设总产量为 TP，可变的劳动要素投入为 L，平均产量为 AP，边际产量为 MP，则有：

$AP = TP/L$

$MP = \Delta TP/\Delta L$

在图 5-6 中，横轴为劳动投入 L，纵轴为总产量、平均产量和边际产量；对应三种产量的曲线为 TP、AP 和 MP。从图 5-6 中可以看到如下特点：

其一，TP、AP、MP 三条曲线都是先增后减。第一阶段，AP 递增；第二阶段，MP 递减；第三阶段，MP 为负值。

其二，AP 与 MP 的交点为 AP 的最大值。两条曲线相交前，AP<MP；相交后，AP>MP。

其三，当 MP=0 时，总产量取得极大值。

根据图中表示的总产量、平均产量、边际产量和劳动投入的关系，可以清楚地看到企业在资本等生产要素固定不变时，劳动投入对产出的影响。在区域Ⅰ，

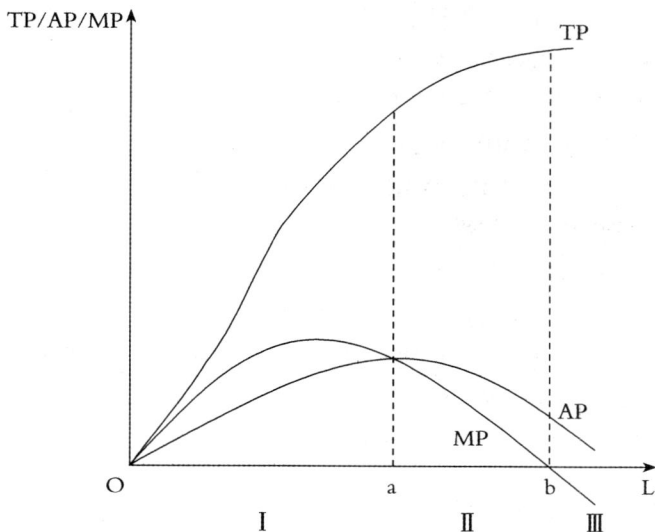

图 5-6　总产量、平均产量、边际产量

平均产量 AP 一直在增加，并且边际产量 MP 大于平均产量 AP。所以，劳动投入至少要增加到 a 点才能使平均产量最大。在区域Ⅱ，劳动投入的变动区间为 a～b 点，这一区域平均产量下降，边际产量递减。但劳动投入增加仍可使总产量增加，只不过增加的比率是下降的。到 b 点时，边际产量为零，总产量最大。在区域Ⅲ，劳动投入量大于 b 点，边际产量为负，总产量也在绝对减少。

由此可见，企业在资本等生产要素固定不变时，劳动投入的增加量应在区域Ⅱ，即 a～b 区间。

（2）企业短期劳动力需求的决定

企业若以人均产量最大为目标，劳动投入量 a 点最佳；若以总产量最大为目标，劳动投入量 b 点最佳；若以利润最大为目标，就不能简单地说了，它取决于产品价格与生产费用。因此，企业短期劳动力需求的决定，就必须结合成本和价格来分析。企业劳动力需求的决定，是对增加劳动力所支出的成本和其所能增加的收入进行比较后才能做出的。

前已述及，由增加一单位劳动要素投入所增加的产量定义为劳动的边际产量，也叫做边际产品（MP）。边际产品按照现行价格出售，则企业得到的收入增量就是劳动的边际产品价值（VMP）。因为完全竞争的市场，产品价格不变，劳动的边际产品价值等于劳动的边际产品收益。设劳动的边际产品收益为 MRP，劳动的边际产品价值为 VMP，产品的价格为 P，则有：

$$MRP = VMP = MP \cdot P$$

即在完全竞争的市场结构中，资本等生产要素不变，唯一可变的生产要素为劳动投入，那么，由于增加单位劳动而给企业增加的收益为劳动的边际产品价值，它等于劳动的边际产品乘以价格。

　　短期企业唯一可变的生产要素是劳动投入，故可变的成本也就是工资。增加单位劳动投入所增加的成本称为边际成本，设为 MC。显然，MC＝W。从经济学原理可知，企业要实现利润最大化的目标，必须使其边际收益等于边际成本，即 MRP＝MC，因为 MRP＝VMP，MC＝W，所以，在完全竞争条件下，短期企业劳动力需求决定的原则是：MRP＝VMP＝MP·P＝MC＝W。

4. 劳动力需求的工资弹性

　　劳动力需求量变动对工资率变动的反应程度定义为劳动力需求的工资弹性。其计算公式是：劳动力需求量变动的百分比与工资率变动的百分比的比值。

　　设 E_d 为劳动力需求的工资弹性，我们用 $\Delta D/D$ 表示劳动力需求量变动的百分比，用 $\Delta W/W$ 表示工资率变动的百分比。根据定义，其公式为：

$$E_d = \frac{\Delta D}{D} / \frac{\Delta W}{W}$$

　　因为劳动力需求量与工资率存在反向关系，故劳动力需求的自身工资弹性值为负值。在通常情况下，人们一般关注它的绝对值。

　　根据劳动力需求的工资弹性的不同取值，可将劳动力需求的工资弹性分为五类：

　　（1）需求无弹性，即 $E_d = 0$

　　工资率不论如何变化，劳动力需求量固定不变。无弹性的劳动力需求曲线是一条与横轴垂直的线，如图 5-7 中的 A。

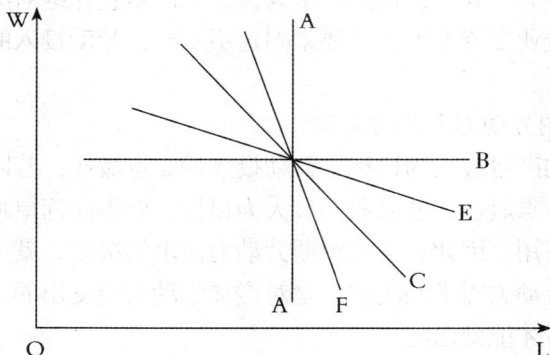

图 5-7　劳动力的需求曲线

　　（2）需求有无限弹性，即 $E_d \to \infty$

　　工资率不变，或者更准确地说其变动的百分比为零，而劳动力需求量变动的百分比的绝对值大于 0。有无限弹性的劳动力需求曲线与横轴平行，如图 5-7 中的 B。

　　（3）单位需求弹性，即 $E_d = 1$

　　此时，工资率变动的百分比与劳动力需求量变动的百分比的绝对值相等。这时的劳动力需求曲线是与横轴的夹角为 45° 并向右下倾斜的曲线，如图 5-7 中的 C。

（4）需求富有弹性，即 $E_d>1$

这种劳动力需求曲线是一条向右下倾斜且较为平缓的曲线，如图 5-7 中的 E。

（5）需求缺乏弹性，即 $E_d<1$

此劳动力需求曲线是一条向右下倾斜且较为陡峭的曲线，如图 5-7 中的 F。

5.2.2　劳动力供给

1. 劳动力供给概述

劳动力供给，是指在一定的市场工资率的条件下，劳动力供给的决策主体（家庭或个人）愿意并且能够提供的劳动时间。

人口红利是指一个国家的劳动年龄人口占总人口比重较大，抚养率比较低，为经济发展创造了有利的人口条件，整个国家的经济呈高储蓄、高投资和高增长的局面。而不断加速的人口老龄化，会对劳动力供给产生负面影响。

劳动参与率是指有工作者和正在寻找工作者占相应人口的百分比。因此，劳动参与率是衡量那些愿意在家庭之外工作的人口的一个重要而又明确的统计指标。

劳动者在做出有关供给决策时，以追求效用最大化为主要目标。其效用来自两方面：一是劳动力供给主体在市场性劳动时间中获得的；二是劳动力供给主体在闲暇时间中获得的。劳动力供给主体既可以通过参加市场性劳动获得效用，也可以通过不参加市场性劳动获得效用。

2. 人口对劳动力供给的影响

（1）人口规模

构成劳动力供给的劳动力人口群体，是一定时期、一定地域人口总体的一部分。在其他条件不变的情况下，劳动力供给和人口规模成正向关系。人口规模的不断扩大，使劳动力供给增加。

（2）人口年龄结构

人口年龄结构对劳动力供给的影响主要表现在两个方面：通过劳动年龄组人口占人口总体比重的变化，影响劳动力供给；通过劳动年龄组内部年龄构成的变动，影响劳动力供给内部构成的变化。第一种情况，劳动年龄组的人口比重大，劳动力供给将比较充分；反之，劳动力供给将趋向减少。第二种情况，在劳动年龄组人口比重一定的情况下，其内部年龄构成不同，劳动力供给也有明显差异。这种差异主要体现在人力资本存量方面，会对劳动力供给产生不同影响。

（3）人口城乡结构

人口城乡结构既是人口地理分布的反映，也是人口经济结构的反映。由于历史等诸方面原因，不同地区在经济发展水平方面客观存在着差异，特别是城市和乡村经济发展的不平衡，导致人口城乡结构的种种差异。人口城乡结构及其变动，对正处于工业化和现代化进程中的发展中国家的劳动力市场产生重大影响，特别是对劳动力供给弹性的影响。农村劳动力向非农产业的转移，使劳动力供给弹性趋向增大。

在工业化过程中，随着农村富余劳动力向非农产业的逐步转移，农村富余劳动力逐渐减少，最终枯竭，劳动力过剩转向劳动力短缺，出现所谓的刘易斯拐点。

3. 劳动力供给的工资弹性

劳动力供给量的变动是指在其他条件不变的情况下，仅由工资率变动所引起的劳动力供给数量的变化。

劳动力供给量变动对工资率变动的反应程度被定义为劳动力供给的工资弹性，简称为劳动力供给弹性。其计算公式是：劳动力供给量变动的百分比与工资率变动的百分比的比值。设 E_s 为劳动力供给弹性，$\Delta S/S$ 表示供给量变动的百分比，$\Delta W/W$ 表示工资率变动的百分比，则有：

$$E_s = \frac{\Delta S}{S} \bigg/ \frac{\Delta W}{W}$$

通常在考察市场劳动力供给时，劳动力供给弹性值分布在 0 到无限大之间。根据劳动力供给弹性的不同取值，一般将劳动力供给弹性分为五大类：

（1）供给无弹性，即 $E_s = 0$

在这种情况下，无论工资率如何变动（在劳动力市场分析的实际可能范围内），劳动力供给量固定不变。

（2）供给有无限弹性，即 $E_s \to \infty$

在这种情况下，工资率给定，而劳动力供给量变动的绝对值大于 0。

（3）单位供给弹性，即 $E_s = 1$

在这种情况下，工资率变动的百分比与劳动力供给量变动的百分比相同。

（4）供给富有弹性，即 $E_s > 1$

此时，劳动力供给量变动的百分比大于工资率变动的百分比。

（5）供给缺乏弹性，即 $E_s < 1$

此时，劳动力供给量变动的百分比小于工资率变动的百分比。

4. 工作时间决策

（1）个人工作时间决策

工作决策是一种时间利用方式的选择。时间的利用主要有两种方式：一是用于闲暇活动；二是用于工作。因此，可以把对工作的决策看成是在闲暇和有酬工作之间进行的选择。假设用于吃饭、睡觉以及其他维持生命的时间是由自然规律决定的，则剩下的可自由支配时间（如每天 16 个小时）可分配于工作和闲暇，因为用于闲暇的时间不能用于工作，反之亦然，所以闲暇需求可以看做劳动力供给的相反面。

根据经济学原理，商品需求是机会成本、某人财富和偏好的函数。因此，一小时闲暇的机会成本就是工资率，即工人多工作一小时能获得的拿回家中的工资报酬。对于个人财富，一般用其总收入来衡量。

理论认为，如果收入增加，而工资率和偏好不变，则闲暇时间的需求增加。即，如果收入增加，工资率不变，愿意工作的时间将减少；相反，如果收入下降，工资率不变，则愿意工作的时间增加。这种在工资率不变的情况下由于收入变化导致的闲暇时间需求的变化称之为收入效应。收入效应基于这样的认识，即闲暇机会成本不变，随着收入的增加，人们希望消费更多的闲暇（这意味着工作时间的减少）。因此，收入效应不仅可以用闲暇时间需求来表示，还可以用工作时间的供给来表示。

收入效应的定义是：工资率不变（$\overline{W}$），收入的变化（ΔY）引起的工作时间的变化（ΔH）。收入效应为负，用数学公式来表示：

$$收入效应 = \frac{\Delta H}{\Delta Y} \mid \overline{W} < 0$$

理论也说明，如果收入不变，工资率增加，闲暇的价格提高，闲暇需求减少，从而提高工作动机（同样，收入不变，工资率下降将减少闲暇的机会成本和工作动机），因为随着闲暇机会成本的变化（收入不变），出现替代效应，工作时间和闲暇时间相互替代。

与收入效应相反，替代效应为正。替代效应用数学公式表示为：在收入不变（$\overline{Y}$）时，工资率的变化（ΔW）引起的工作时间的变化（ΔH），即：

$$替代效应 = \frac{\Delta H}{\Delta W} \mid \overline{Y} > 0$$

当工资率增加时，两种效应同时发生作用，但这两种作用相反的效应的存在，模糊了对整个劳动力供给反应的预测。

劳动力供给对于工资率增加的反应包括收入效应和替代效应。收入效应是工资率提高后财富或潜在收入增加的结果。替代效应是由于工资率增加引起的闲暇机会成本提高的结果。如果收入效应占优势，工资率上升，劳动力供给减少；如果替代效应占优势，劳动力供给随工资率的提高而增加，个人劳动力供给曲线斜率为正。经济理论并不能告知哪一种效应占优势。实际上，个人劳动力供给曲线的斜率可能在某个工资率范围内为正，而在另一个范围内为负。例如，在图 5-8 中，只要工资率低于 W^*，则个人希望的工作时间将随着工资率增加而增加（替代效应占优势）。但在较高工资率水平下，工资率增加会导致工作时间减少，收入效应占优势，经济学把这种曲线称为"向内弯曲的曲线"。

（2）家庭劳动力供给决策

人们的工作决策并不是简单地在闲暇与工作之间做出选择，家庭背景对个人劳动力供给决策也有非常重要的影响。家庭生产模型的基本前提是人们在家庭和

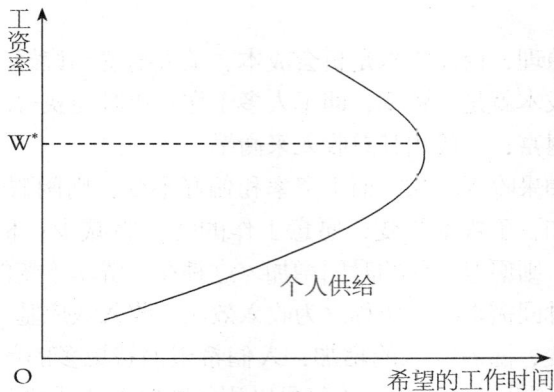

图5-8 向内弯曲的个人劳动力供给曲线

"市场"工作都有生产率。在家庭生产理论中，假定时间的使用方式有两种——市场劳动和家务劳动，劳动者会把时间用在劳动生产率高的地方。

对于同家庭成员一起生活的人来说，必须采用家庭联合劳动力供给决策来分配各自的时间。家庭每个成员在市场劳动的工资率既影响自己的劳动力供给决策，也影响到其他成员的时间配置。具体的表现是：第一，成员 i 的工资率（W_i）变化将导致自己的工作时间（H_i）的正的替代效应；第二，W_i 的变化通过负的收入效应部分抵消替代效应，进而影响工作时间，具体的影响要看收入效应和替代效应的相对强弱；第三，在家庭联合劳动力供给决策中，还有一个重要的影响途径就是"交叉替代效应"，该效应是衡量家庭成员 i 的工资率变化对家庭成员的影响，这一效应在个人工作时间的决策中是无法看到的。

5.3 工资的确定

5.3.1 均衡价格工资理论

均衡价格论，是说明通过商品供给与商品需求的运动决定商品价格形成的理论。商品的均衡价格与均衡产量是市场上的供求双方在竞争过程中自发形成的，均衡价格的形成过程也就是价格决定的过程。

由此可见，均衡价格的决定实际上是需求规律和供给规律共同作用的结果。均衡价格和均衡数量一旦形成，在需求与供给的共同作用下，价格就会处于一种相对静止不再变动的状态。如果有其他力量使需求或供给或供求双方发生变动，则会在新的条件下通过供求竞争，实现新的市场均衡。

所谓工资就是劳动力作为生产要素的均衡价格，即劳动力需求与劳动力供给相一致时所形成的价格。

劳动力均衡价格是一种理论意义上的抽象，在现实中，影响工资确定的因素很多，包括经济、社会、个人等因素的影响。

5.3.2 工资报酬

1. 工资报酬的相关概念

（1）工资率

所谓工资率，是指单位时间的劳动价格，根据单位时间标准的不同，其可分为小时工资率、日工资率等。在把握工资率这一概念时，需要注意：

首先，在以工资率为计量标准的条件下，工人工资所得在正常情况下均高于工资率乘以时间单位数。这是因为存在着夜班工资等工资制度安排。其次，工资率既与制度工时和实际工时有关，又与带薪休假时间有密切联系。例如，增加带薪休假时间则意味着小时工资率的提高。最后，以工资率为计量单位计算的工资所得只是基本工资，而不是全部劳动报酬，因为工资或劳动报酬不仅包含基本工资，而且还包括各种形式的福利。基本工资只是工资构成的一部分。

（2）工资报酬、劳动报酬和收入

工资报酬指工作时间（通常以小时为单位）与工资率相乘的结果，因此，工资报酬取决于工资率和工作时间；收入指某段时间（通常是1年），个人或家庭资源的全部报酬，包括劳动所得和非劳动所得，后者指来自投资的红利或利息和来自政府的转移支付。

工资率与工资报酬、劳动报酬和收入的关系如图5-9所示。

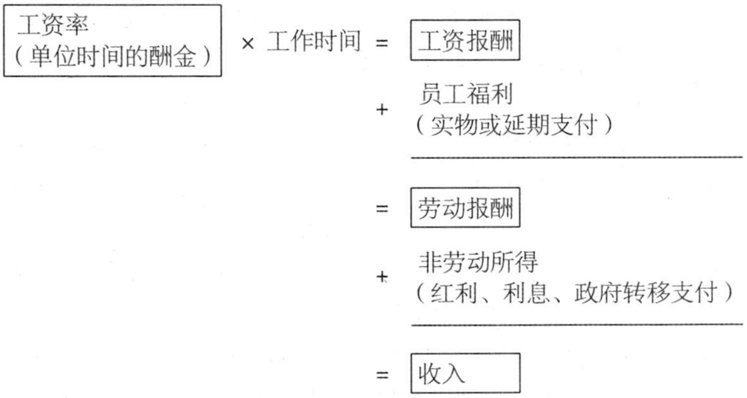

```
┌─────────────┐
│ 工资率      │ × 工作时间 = ┌──────────┐
│（单位时间的 │              │ 工资报酬 │
│  酬金）     │              └──────────┘
└─────────────┘
                          +   员工福利
                              （实物或延期支付）
                              ─────────────────────
                          =   ┌──────────┐
                              │ 劳动报酬 │
                              └──────────┘
                          +   非劳动所得
                              （红利、利息、政府转移支付）
                              ─────────────────────
                          =   ┌────────┐
                              │ 收入   │
                              └────────┘
```

图5-9 工资率、工资报酬、劳动报酬和收入之间的关系

（3）名义工资和实际工资

名义工资是指以现行货币支付给劳动力的单位时间工资，可用来比较一定时间内各类劳动力的报酬。

实际工资，即用某种价格标准除名义工资，可以用来说明名义工资的购买能力。例如一位工人的名义工资是一天100元，而一双鞋的价格是50元，则可以说这位工人一天的实际工资相当于两双鞋。

当名义工资和产品价格发生变化时，用计算实际工资的办法来比较工人工资报酬的购买能力是非常有用的。如果某一时期内名义工资是上升的，但同期物价水平也上升了，则计算实际工资时必须考虑通货膨胀，排除物价上涨的影响。

比较几年间价格水平变化的最常用的方法是居民消费价格指数（consumer price index，CPI）。实际工资经价格指数修正后，用以说明工资的实际购买能力，其计算公式是：

实际工资＝货币工资/价格指数

工资用于购买商品和劳务，若货币工资不变，实际工资随商品价格变动而发生反方向变动。商品价格提高，实际工资下降；反之，则上升。

2. 工资的支付方式

计时工资与计件工资是应用最普遍的工资支付方式。计时工资与计件工资的区别在于计量劳动的方式不同。

（1）计时工资

计时工资是依据工人的工资标准（单位时间的劳动价格）与工作时间长度支付工资的形式。其计算公式是：

货币工资＝工资标准×实际工作时间

根据计算时间单位的不同，计时工资有小时工资制、日工资制和周工资制等三种形式。

计时工资是最为传统的工资形式，计时工资的基本特征是：劳动量以劳动的直接持续时间来计量。因为时间是劳动的自然尺度，故其适用性强、适用范围广，几乎所有的劳动均可实行此种工资支付方式。

（2）计件工资

计件工资是依据工人合格产品数量（作业量）和计件工资率计算工资报酬的工资支付形式。其计算公式是：

货币工资＝计件工资率（计件单价）×合格产品数量

计件工资的基本特征是：劳动量以一定时间内所凝结成的产品数量来计算。因此，计件工资是计时工资的转化形式。

实行计件工资的情况下，基本工资的高低取决于合格产品的数量，进而取决于工人的勤奋与努力，因而使得低生产率的风险主要由工人自己承担。工人比较紧张，工资的刺激性强。而对企业来说，虽然低生产率的风险很小，劳动过程的控制成本比较低，但产品数量统计、质量检验、定额标准、生产组织和劳动组织等的管理成本较大。

3. 福利

（1）福利的概念

福利是企业基于雇佣关系，依据国家的强制性法令及相关规定，以企业自身的支付能力为依托，向劳动者所提供的、用以改善其本人和家庭生活质量的各种以非货币工资和延期支付形式为主的补充性报酬与服务。

福利的支付方式大体划分为两类：其一为实物支付，包括各种免费或折扣的工作餐、折价或优惠的商品和服务；其二为延期支付，包括各类保险支付，如退休金、失业保险等。

从劳动者供给的角度看，福利与直接薪酬一样，是劳动力供给决策的基本依据，是劳动者的收入来源，用以补偿劳动力再生产费用和劳动的负效用。劳动者在进行劳动力供给决策时，不仅要考虑直接薪酬，还要考虑福利水平，因为它和直接薪酬共同构成了劳动力价格或劳动报酬。然而，福利无论以何种具体方式表现，实质上都是由工人自己的劳动支付的。

（2）福利的作用

①福利对雇主的作用。

第一，员工福利可以为企业合理避税。

第二，员工福利可以为企业减少成本支出。

第三，员工福利成为雇主吸引和保留人才的有效工具。

第四，员工福利可以起到提高雇员工作效率的作用。

第五，福利设计可以起到激励雇员的作用。

②福利对雇员的作用。

第一，适当的福利项目可以增加雇员的收入。

第二，有些福利项目可以解除员工的后顾之忧。

第三，合理的福利项目可以保障员工的身心健康和家庭和睦。

5.3.3 总报酬模型

按照美国薪酬协会提出的总报酬模型，总报酬是员工因他们提供的时间、才能、努力和结果所获得的货币和非货币的回报。总报酬分为外在报酬和内在报酬两部分。它包括有效地吸纳、保留和激励人才的组织战略所需的五个因素，即薪酬、福利、工作与生活、绩效和赏识以及职业生涯和开发。

1. 外在报酬

通常所说的工资报酬实际上指的是总报酬中的外在报酬（extrinsic reward）。它由基本工资、绩效加薪或升级制度、浮动薪酬（奖金或业绩津贴等）、长期激励、福利等几部分组成。

2. 内在报酬

内在报酬是指与工作相关的非经济报酬，是员工由于完成工作而获得的关系回报，或是指员工在工作地点获得的心理回报，诸如被赏识、有身份地位、就业安全感、挑战性的工作、学习机会等。企业要获取更有竞争力的地位应该重视工作的内在报酬，以满足员工的精神需要。通常，组织发展专业人员通过有效的工作设计来提高内在薪酬，改善员工的心理状态（即内在报酬），从而提高用工管理中的效率问题，实现劳资双方共赢。总报酬模型如图5-10所示。

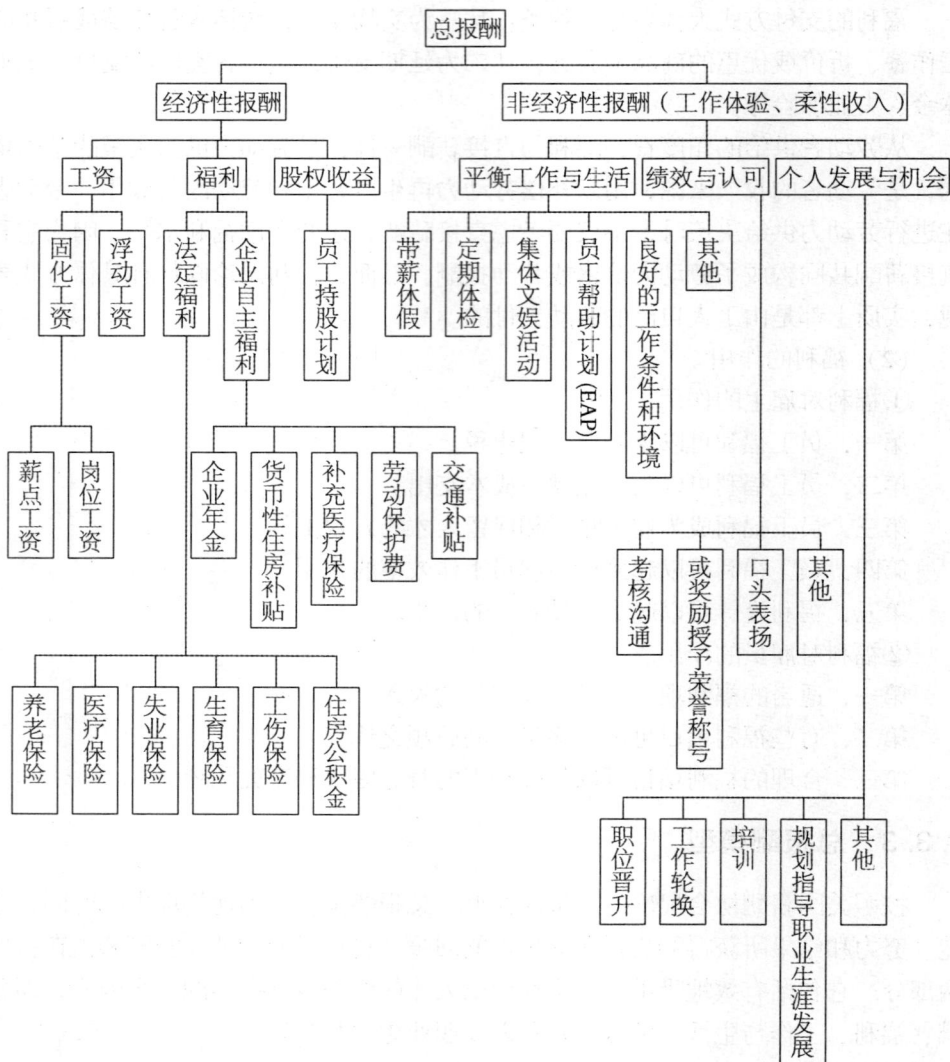

图 5-10 总报酬模型

5.4 人力资本投资

5.4.1 人力资本

1. 人力资本的含义

人力资本是体现在劳动者身上的并能为其带来收入的能力，主要表现为劳动者所拥有的知识、技能、劳动熟练程度和健康状况。

2. 人力资本与物质资本的区别

人力资本与物质资本的本质区别有以下几点：第一，物质资本需要靠人力资本发挥能动作用才能产生价值；第二，在生产活动中，物质资本表现出边际报酬递减趋势，而人力资本则表现出边际报酬递增趋势；第三，物质资本容易被复制，而人力资本是一种无形资本，形成过程较为复杂，难以被复制；第四，物质资本的效能基本上是固定的，而人力资本效能的发挥受到人力资本承载者主观能动性和积极性的影响。

3. 人力资本的经济特点

（1）人力资本的创造性（非机械性）

人力资本的载体是劳动者，每个劳动者都具有主观能动性和创造能力，并非机械的物质生产手段。

（2）人力资本创造力的本体性（非整体性）

人力资本的创造力完全是个体行为，这种创造力体现不出整体性。

（3）人力资本创造力的无限性（非可量性）

人力资本具有累积性，其所具有的创造力也是无法估量的。

4. 人力资本的经济要求

（1）产权要求

人力资本的自有性决定了人力资本具有排他性的产权要求。人力资本必须在一定的经济关系中才能得以实现，而鼓励技术创新和提供适当个人刺激的有效的财产权制度安排是促进经济增长的决定因素。

（2）充分报酬要求

人力资本使用中的排他性，表明人力资本追求功利性收益的本质。人力资本创造力的无限性决定了人力资本不可能满足于一次性定价、一次性付酬。提高人力资本开发和使用的经济效益的唯一途径是尽可能地满足人力资本的报酬要求，对其实行充分的激励。

（3）差异化的激励措施和激励制度要求

由于人力资本具有巨大的创造性和难以监督性，因此企业通过寻求差异化的激励措施，建立有效的激励制度是调动员工积极性的唯一途径。企业只有设法引导员工尽最大努力为其工作，才能降低企业的成本。企业可以采取产权激励、人力资本的地位激励、企业文化激励等措施对人力资本进行激励。

5.4.2 人力资本投资

凡是能够有利于形成与改善劳动力素质结构、提高人力资本利用效率的费用与行为都可以认为是人力资本投资的范畴。

人力资本投资一般有以下几种主要的方式：第一，卫生保健设施和服务，概括地说包括影响人的预期寿命、体力和耐力、精力和活力的全部开支；第二，在职培训，包括由企业组织的旧式学徒制；第三，正规的初等、中等和高等教育；第四，不是由企业组织的成人教育计划，特别是农业方面的校外学习计划；第五，个人和家庭进行迁移以适应不断变化的就业机会。[①]

与所有类型的投资一样，人力资本投资在现期支出的费用或成本，需要通过知识和技能水平的提高，最终增加其未来时期的收益，用以更大程度上补偿这些成本。在决定是否投资时，需要将付出的成本和得到的收益按某一贴现率折现后进行比较，因为货币具有时间价值。评估人力资本投资常用的方法有净现值法和内部收益率法。

1. 净现值法

所谓净现值法就是把未来收益和付出的成本按预定的贴现率进行折现后，比较两者的差额。

假设某项人力资本投资，在未来一段时期（t 年）内为投资者带来的收益为 B_1，B_2，…，B_t，贴现率为 r，t 年内折现的收益为 PV。

同时，假设该项人力资本投资的成本为 C，在 n 年之内完成，且每年的投资成本为 C_1，C_2，…，C_n，n 年内投资成本的现值为 PVC。

假设人力资本投资净现值为 Q，那么 Q＝PV–PVC。

如果差额 Q 为正值，那么作为追求效用最大化的决策主体就有投资的意愿；如果差额 Q 为负值，则停止投资。

2. 内部收益率法

在实际中，人们在计算人力资本投资的收益率时，首先是通过使投资收益的现值与成本的现值相等，即根据 $\sum_{i=1}^{t} \frac{B_i}{(1+r)^i} = \sum_{j=1}^{n} \frac{C_j}{(1+r)^j}$ 求出内部收益率 r，然后再将这种内部收益率与其他投资的报酬率 s 加以比较。如果人力资本投资的内部收益率 r 超过了其他投资的报酬率 s，则人力资本投资计划就是有利可图的。

5.4.3 教育投资分析

人力资本的核心是提高人口质量，教育是提升人力资本最基本的手段，教育投资是人力资本投资的主要部分。人们在选择是否进行教育投资时，也会考虑教育投资的成本和收益，当教育投资的总收益超过其总成本时，人们才会进行教育投资。

1. 教育投资的成本与收益

（1）教育投资的总成本

教育投资的总成本包括货币成本与非货币成本。货币成本包括直接成本和间接成本。直接成本包括学杂费、书本费等，是接受大学教育直接发生的费用。间

[①] 舒尔茨. 人力资本投资——教育和研究的作用 [M]. 蒋斌，张衡，译. 北京：商务印书馆，1990.

接成本，也称为机会成本，是由于上学而无法去工作而放弃的收入。非货币成本是指由于上大学所承受的心理成本，一些人认为读书是一件艰苦的事情，当然也有人将学习视为一种享受。由于非货币成本是一种主观感受，很难量化，因此，一般只对货币成本进行分析。

（2）教育投资的总收益

教育投资的总收益包括经济收益和非经济收益。经济收益就是从终生收入来看，上大学的人一生获得的收入总量高于没有上大学的人一生获得的收入总量的部分。非经济收益包括由于上大学而得到的社会地位的提高、知识面的扩展所带来的生活兴趣的广泛等。由于非经济收益难以准确计量，因此，一般也只对经济收益进行分析。

2. 教育投资分析模型

教育投资和物质投资相似，在进行投资决策时，必须对投资成本和投资收益进行比较，同时考虑特定的约束条件，从而做出理性的决策。只有经过折现后的收入增量大于或等于上大学的总成本，人们才会选择接受大学教育。

可以得出几点与大学教育需求有关的推论：第一，在其他条件相同的情况下，上大学的总成本降低，对上大学的需求将增加；反之，总成本上升，对大学教育的需求下降。第二，在其他条件相同的情况下，大学毕业生与无大学学历劳动者的收入差距扩大，则要求上大学的人数增加。第三，在其他条件相同的情况下，人力资本投资进行得越早，所获得的投资净现值就越高，因此，多数大学生是年轻人。

3. 个人教育投资的评估

美国学者研究认为，教育投资的收益率和其他类型的投资收益率大体在同一范围内。然而，在评估教育投资的收益时，一些因素可能会使评估结果有一定的偏差，如高估偏差、低估偏差、选择性偏差等。

4. 文凭的信号功能

通常，人们认为教育存在两种功能：第一种功能是，教育能提高人们的生产效率，因此，高学历的人能获得高报酬。第二种功能是，教育制度为社会提供了一种根据个人既定能力对其进行分类的筛选机制。此时，将教育制度看成发现哪些人具有较高生产率的一种手段，而不是一种强化劳动者的生产率的手段。这就是文凭的信号功能。

5.4.4 在职培训

在职培训是对已具有一定教育背景并已在工作岗位上从事有酬劳动的各类人员进行的再教育活动，是人力资本投资的重要形式之一。

1. 在职培训的成本与收益

（1）在职培训的成本

在职培训的成本主要包括三个部分。第一，直接成本开支。包括支付给受训者在培训期间的工资以及举办培训活动所需要的费用，如培训教师的讲课费、租用培训场地及设备的费用等。第二，受训者参加培训的机会成本。受训者参加培训要花一定的时间和精力，致使自己的生产率受到影响。第三，利用机器或有经验的职工从事培训活动的机会成本。这两者会对企业正常的经营活动造成一定的损失。

（2）在职培训的收益

在职培训的收益体现在两方面。第一，企业收益：经过培训，受训者的劳动生产率得以提高，进而提高企业利润。第二，员工收益：受训者的收入及福利增加，择业能力增强。

2. 一般培训和特殊培训

在职培训可以分为两类：一般培训和特殊培训。一般培训是指对各种不同企业的劳动生产率提高都有用的培训。特殊培训是指只对提供培训企业的劳动生产率提高有重要作用，而对其他企业的劳动生产率没有或很少有影响的培训。

（1）一般培训的成本效益分析

雇员自己负担接受一般培训的成本并享受其收益。但在形式上，雇员对成本的负担并不采取直接支付的方式，而是以在培训期间接受一种较低的工资率的方式，间接地支付培训成本。

在雇员的工作年限内，只有当其接受培训的净现值大于零，他才会接受培训。

（2）特殊培训的成本效益分析

特殊培训只能由雇主来负担成本，其形式是在培训期间，雇主向受训者支付一个高于其边际收益的工资率。

培训期间，雇主向受训者支付的工资如果等于培训前工资，那么，一旦受训者培训后辞职，受训者没有任何损失，而雇主却要承担全部培训成本的损失。为了降低雇员辞职率，应使受训者与企业分担特殊培训的成本与收益，从而对雇员同时形成约束力和吸引力。

5.5 劳动力流动

5.5.1 劳动力流动概述

1. 劳动力流动的形式

劳动力流动也被称为劳动力迁移，劳动力流动主要有三种形式：劳动力在本地更换行业、职业或工作岗位；劳动力在地区之间流动，但不转换行业或职业；劳动力转移工作地点并在其他行业或职业就业。

劳动力流动和人口流动有所区别，劳动力流动通常不考虑随父母迁移的儿童和退休人员在退休时和退休后的流动。退休人员的流动和在职人员的流动受不同的原因所支配。

劳动力流动对劳动力市场的运行和劳动力资源的合理利用具有重要意义。流动能使人力资源得到充分利用；能够促进经济增长；能够保证劳动力市场的活力和效率。

2. 劳动力流动的代价

劳动力流动对雇主、雇员和整个经济可能也会产生某些负面作用。当一个有经验的雇员离职而由一个缺乏经验的雇员替代时，雇主就要支付培训费用，并在相当一个时期内承担新的非熟练劳动力生产效率低下所带来的损失。对雇员来说，某些流动可能会造成失业。流动需要支付大量的经济成本和心理成本、承担失业的风险和痛苦，社会也要为此而付出代价。

5.5.2 劳动力流动模型

1. 劳动力流动模型

人力资本模型可以被用来理解和预测自发的劳动力流动。如果与流动相联系的收益现值超过了与之相联系的货币成本和心理成本的总和，那么，就可以认为劳动者要么会决定更换工作，要么会决定地理上的迁移，或者是两者兼而有之。如果贴现之后的收益并不比流动的成本高，那么，劳动者就不会决定进行流动了。

对劳动者的流动决策起着决定性作用的主要因素就是流动净收益，即流动收益减去流动成本，计算公式如下：

$$净收益现值 = \sum_{t=1}^{T} \frac{B_{jt} - B_{ot}}{(1 + r)^t} - C$$

其中：B_{jt} 为在 t 年时从新工作（j）中所获得的效用；B_{ot} 为在 t 年时从原来的工作（O）中所获得的效用；T 为在工作 j 上的预期工作时间（用年限表示）；r 为贴现率；C 为在流动过程中所产生的效用损失（包括直接成本和心理成本）；$\sum$ 为加总符号，在这里是指从第 1 年到第 T 年这一时期中每一年净收益贴现值的加总。

劳动者从新工作中所获得的效用水平越高，在原来的工作中所得到的快乐越少，与流动相联系的成本越小，劳动者在新工作上停留或在新地区生活的时间越长，即 T 的值越大，则流动的净收益现值就越大。

2. 自愿流动的收益与评价

劳动力的自愿流动一般来说能够提高工人对工作的整体满足程度。其中，经济收益增加是工作满足程度提高的一个重要表现。有证据表明，年轻人中，多数人离职后的工资增长幅度要比他们继续留在原来工作岗位上的工资增长要快。

雇主通常对员工自愿辞职的做法持反对态度，原因是在高度竞争的市场条件下，雇主常常需要对雇员进行特殊培训，而雇员的频繁流动使得难以对雇员实施这种培训。

5.5.3　影响劳动力流动的因素分析

经济动因是影响劳动力流动最直接、最主要的因素，也有一部分劳动力流动是为了改变职业和工作。一个人是否会选择在劳动力市场中流动，如何选择适合自己的劳动力市场，需要经过评估自身条件、所处的内在环境和外在环境后才会做出决策。

1. 劳动力的自身条件

（1）年龄

年龄是劳动力流动的主要影响因素之一。在其他条件相同的情况下，年龄越大，流动越少。

（2）家庭

劳动力流动成本会随着家庭规模的扩大而成倍增加。在年龄、学历相同的情况下，未婚比已婚更容易流动；妻子就业阻碍流动；妻子就业时间越长，家庭越不容易流动；配偶双方都有较高的工资时，举家流动更加不易；有学龄儿童的家庭不易流动。

（3）教育

教育是同一年龄群体内部影响流动性大小的重要因素。在其他条件不变的情况下，学历越高，越有可能流动。最有可能流动的是大学及其以上教育者。

（4）职业与技术等级

职业流动性的高低可以用职业流动率大小来表示。职业流动率是某年中改变职业的就业人数与总的就业人数之比。专业技术人员和管理人员的总流动率低于体力劳动者的流动率。

2. 劳动力所处的内在环境

（1）迁移距离

劳动力流动的可能性与迁移的距离呈反方向变动。统计结果表明，随着劳动力流动成本的上升，流动的劳动力数量也会随之下降。其原因主要有两方面：第一，距离越远，可能流动的劳动者获得工作机会的信息就越有限。第二，迁移的距离越远，迁移费用及迁移之后回去看望亲戚和朋友的交通费等货币成本，以及迁移的心理成本都会增加。

（2）强化工作匹配的意愿

由于雇员和雇主最初拥有的关于对方的信息不完善，且获取的成本比较高，雇员与雇主达成的最初"匹配"很可能并不是最优的，并且也不会永远保持在最优的水平上。当雇员与雇主之间的匹配不相吻合的时候，他们之间的雇佣关系就会结束，劳动力流动就会出现；而如果两者之间达成了一种良好的匹配关系，那么这种雇佣关系有可能得到较长时间的延续。从单个劳动力的角度来看，工作流动被看做改善自身福利的手段之一；从更为全局的角度看，劳动力流动在执行着使工人与那些对其技能评价最高的雇主相匹配的社会功能。

3. 外部宏观经济因素

（1）区域间劳动力供求的不平衡

经济发展较快的地区，人口的自然增长赶不上生产对劳动力需求的增长，会出现所谓劳动力短缺，就业相对容易，于是就会对劳动人口相对过剩地区的劳动力产生吸引力，导致这些地区劳动力的流动。

（2）经济发展水平的差异

经济发展水平的差异决定了劳动力供求的不同和同质劳动力的工资差别。在发达地区，就业机会远远多于不发达地区，工资水平也高于不发达地区，劳动力自然从工业化程度较低的地区流向工业化程度较高的地区。目标地区较好的机会所产生的"拉力"与原来地区较差的机会所产生的"推力"共同强化了劳动力流动。

（3）经济周期引起的波动

一般情况下，经济繁荣时，对劳动力的需求大，就业机会多，工资水平高，劳动力市场对外来工人既有吸引力也能容纳一定的数量，将会有较多的劳动力流入其中。反之，经济衰退时，劳动力市场急剧收缩，失业率大幅上升，工人工资水平下降，此时不仅劳动力流入暂时会停止，还会引起劳动力外流和外来工人的倒流。

（4）国际资本流动的影响

当一个国家的跨国公司建立之后，要在国外建立分公司、子公司，除了雇用当地工人以外，还要带去一些本国职工，以承担管理、培训等工作，因此出现了国际人才向东道主国家的流动。

5.6 劳动力市场歧视

5.6.1 歧视的定义与表现形式

劳动力市场歧视是指在现行劳动力市场上具有相同生产率的劳动力，由于在一些非经济的个人特征，如种族、性别、信仰、区域、年龄等方面不同，而影响了他们获得同等报酬或获取同等就业机会。

理解劳动力市场歧视的要点：第一，歧视是可以衡量的劳动力市场行为结果，如工资、就业水平、晋升机会等。第二，歧视的概念应略去偶然性的常态随机差异，它只包含有规则而不相互排斥的差异。第三，歧视的概念提出了一个区分引起工资差异的劳动力市场歧视与前市场差别的方法。

5.6.2 劳动力市场歧视理论

劳动力市场歧视一般假设有三种可能，每一种歧视来源都包含一个相关模型来说明歧视是如何产生及其后果是怎样的。歧视的第一种来源是个人偏见，即歧视主要是由于雇主、作为同事的雇员以及顾客不喜欢与某些属于特定种族或性别的雇员打交道而造成的。第二种常见的歧视来源是先入为主的统计性偏见，即主要是由于雇主将某种先入为主的群体特征强加在个人身上而引起的。最后一种歧视来源是由非竞争性劳动力市场力量造成的。

1. 个人偏见模型

该模型假设雇主、雇员或顾客存在"偏好性口味"，即他们偏向于不与某些特定人口群体中的成员打交道。个人偏见模型首先假设存在一种竞争性的劳动力市场，在这种市场中的单个厂商被看成是"工资接受者"；然后再来分析这些偏好口味对于工资和就业的影响。个人偏见可以分为雇主歧视、顾客歧视、雇员歧视。

2. 统计性歧视

企业需要对求职者的个人特征做出评价，但是当它们试图对这些求职者的潜在生产率进行估价时，可以利用这些求职者所属的群体所具有的某些一般性信息来帮助自己完成这一工作。如果这些群体特征成为企业雇用决策的组成要素，那么即使不存在个人偏见，统计性歧视也有可能会出现。

3. 非竞争性歧视模型

这个模型的假设是，单个厂商对它们支付给工人的工资具有某种影响力，这种影响力可能是来自串谋，也可能是来自某种买方独家垄断力量。

（1）拥挤效应

由于职业隔离尤其是按照性别形成的职业隔离在现实中是存在的，并且其严重程度也是较高的，因此这使得一些人认为，职业隔离是为了在某些特定行业中降低工资而故意采取的拥挤政策所造成的一种后果。市场拥挤导致劳动力供给相对需求较多，从而使得工资率下降。尽管从寻求歧视的最终根源来看，所有原因都没能够对问题做出完整的解释，但是一个不可否认的事实是，越是女性占主导地位的职业，其工资率就越低，即使控制了工人的人力资本差别亦是如此。

（2）双重劳动力市场

双重劳动力市场论者将整体劳动力市场看成被分割的两大非竞争性部门：主要部门和从属部门。主要部门中的工作所提供的是相对较高的工资率、较为稳定的就业、良好的工作环境以及进一步发展的机会。而从属部门中的工作则只能提供较低的工资率、不稳定的就业以及较差的工作条件并且根本没有职业发展的机会；在这一部门教育和经验的收益被认为是接近零。在双重劳动力市场论者的分析中，他们认为两大部门间的流动是非常有限的。被归入从属部门中的工人也被打上了不稳定、不受人欢迎的标签，一般认为，他们获得主要部门的工作的希望是极其渺茫的。

（3）与搜寻成本有关的买方独家垄断

该模型假设，对所有雇员来说，都存在一种搜寻工作的成本，并将厂商行为中的买方垄断模型与歧视现象结合在一起。

假如并非所有的雇主都拒绝雇用女性，只是有些雇主出于他们个人、他们的顾客以及他们的雇员所带有的偏见而会这么做，但是没有哪一位雇主会拒绝雇用男性。正在寻找工作的女性并不知道哪一位雇主会拒绝她们，所以为了获得与男性同等数量的工作机会，他们就不得不比男性进行更长时间和更为艰苦的搜寻。换言之，只要存在某些歧视性的雇主，女性的工作搜寻成本就会上升，而这会使她们的流动次数比男性要少（在其他条件相同的情况下）。而雇员搜寻成本的存在可能会导致单个雇主面临一种向右上方倾斜的劳动力供给曲线，这表明劳动力的边际成本将会上升到工资以上，从而即使在劳动力市场上有很多雇主的情况下同样也会引发雇主的买方独家垄断行为。另外，劳动力供给曲线的倾斜度越大（越陡直），则工资和边际劳动成本之间的差距将会越大。

（4）串谋行为

有些理论还建立在这样的假设基础上，即雇主们彼此联合起来，合谋对女性或外来劳动力进行压制，从而制造一种被压制群体不得不接受买方独家垄断工资的局面。工人们被按照民族或性别分割开之后，要组织起来就更为困难，即使组织起来，坚持自己要求的程度也会有所减弱。此外，歧视在工厂中所制造的对立也转移了工人们对不良工作条件的关注。所有这些理论认为，资本所有者是歧视的受益者，而所有的工人，尤其是女性和外来劳动群体，都是歧视的受害者。

5.6.3 性别歧视

性别工资报酬差别的来源中，有些差别是可以衡量的，如教育、年龄、职业分布、工作时间、经验年限等。显然，在控制了这些因素的差别后，因性别引起的工资报酬差别已经得到了大部分的解释。然而，即使所有的可衡量因素都包括在分析之中，还是有一些差别可能仍然"无法得到解释"。对此，存在两种可能的解释：一是这些剩下的工资报酬差别可能是由于某些因性别不同而导致且会对生产率产生影响的，却无法衡量出来的因素造成的，如女性和男性在就业或家务劳动上的不同选择；二是这些未能得到解释的收入差别是劳动力市场上存在歧视性待遇的结果。

1. 性别歧视的形式

性别歧视一般有两种比较明显的形式：一是工资歧视，即对于同一职业，雇主支付给女性雇员的工资低于其支付给那些与女雇员有相同工作经验、相同工作条件的男性雇员的工资；二是职业歧视，即雇主故意将与男性雇员具有相同教育水平和生产率潜力的女性雇员安排到低工资报酬的职业上或负较低责任水平的工作岗位上，而把高工资报酬的工作留给男性雇员。

2. 性别歧视的衡量

（1）工资歧视的衡量

女性和男性之间的平均工资报酬差距既有可能是因为她们之间的不同生产率特征所导致的，也有可能是由于她们虽然拥有相同的生产率特征但所获得的报酬却有所不同而引起的。后一种差距来源被解释为当前劳动力市场歧视。从理想的角度看，可以通过下面的四个步骤对工资歧视进行确认和衡量。

首先，衡量男性和女性所拥有的各种生产率特征的水平，即分别搜集与男、女职工有关的信息。那些从理论上说与工资报酬决定有关的所有人力资本特征和其他方面的一些特征都在搜集之列，如年龄、受教育程度、培训水平、工作经验、当前工作的时间、工作小时、所在企业规模、所在地区、行业、职业、工作条件等。

其次，利用统计方法（基本统计技术即"回归方法"）估计每一种生产率特征对于女性工资报酬的贡献有多大，即可以估计出在其他生产率特征不变的情况下，某一生产率特征的变化是如何对工资报酬发生作用的。

再次，估计如果女性的生产率特征与男性是完全相同的，则她们应该获得多少工资报酬。具体做法是，将女性从每一种生产率特征中所获得的工资报酬与男性所拥有的这些生产率特征的平均水平相乘。

最后，把计算出的女性的假设平均工资报酬水平（步骤3）与男性的实际平均工资报酬水平加以比较，就会得出对工资歧视的平均水平的一种估计。因为它反映了对于同一生产率特征，因支付给男性和女性工资不同所产生的影响有多大（在没有歧视情况下，具有相同生产率特征的男性和女性应当获得相同的工资报酬）。

但是这种对工资歧视的衡量方法有两个问题：一是并非所有可以衡量的潜在生产率特征都被包括在上面的那些数据组合中；二是有些重要的生产率特征可能根本就是无法衡量出来的。所以，即使在男性和女性可观察生产率特征相同的情况下仍然会存在工资差别，但不能将所有这些差别都认定为是劳动力市场歧视的结果，其中有些工资报酬差别实际上反映了劳动力市场供给方的一种自愿选择。

（2）职业隔离的衡量

职业隔离是指某一人口群体内部的职业分布与另外一种人口群体内部的职业分布极为不同。就性别而言，职业隔离的一种反映就是在实际中存在"女性"职业和"男性"职业这种现象。但职业隔离并非必然是对职业歧视的一种反映。如果职业选择受到直接限制，或受到既定人力资本特征所获得的报酬较低这一事实的影响，则职业隔离就肯定反映了劳动力市场歧视的存在。但如果这些选择只是反映了大家的不同偏好，或不同的家庭责任（特别是与照看孩子有关的家庭责任)，就可能会存在两方面的意见：一种意见认为不存在什么特殊的问题，职业偏好，包括对家庭工作的偏好，是在个人生活经历中自然形成的，并且应当在市场经济中得到尊重；另一种意见认为这些偏好本身就是前市场歧视的结果，即这种偏好在很大程度上是由于受父母、学校和社会的不同对待而形成的：在女孩子到达成人阶段和进入劳动力市场之前，她们就被引导去追求低工资报酬的职业(包括家庭劳动)。

对职业隔离的衡量，可采用差异指数法。差异指数的含义是，假如某一性别的工人留在他们现在的工作岗位上，那么为了使得两种性别的工人在各种职业中的分布是相同的，另外一种性别的工人中有多少比例的人不得不变换职业。如果所有的职业是完全隔离的，这一指数将会等于100；如果女性和男性在各种职业中的分布都是相同的，则这一指数为0。

5.6.4 对歧视理论的评价

对于各种歧视理论的分析表明，当前劳动力市场歧视是各种阻碍竞争者的力量或阻碍劳动力市场向竞争性力量进行调整的因素所造成的一种结果。虽然歧视成本是极高的，但要消除这种歧视行为同样要付出较大成本。

似乎所有的歧视模型都同意一点，这就是：劳动力市场歧视之所以能够得以持续存在，要么是由于非竞争性力量或非竞争性动机所导致的，要么是由于劳动力市场向竞争状态进行调整的速度过于缓慢造成的。尽管没有一个模型可以证明比其他模型更能够解释现实，但是这些理论以及它们所要解释的事实却表明，在消除非竞争性影响方面，政府干预可能是有用的。

第6章　心理学常识

6.1　个性心理与个体行为

6.1.1　个性心理

1. 个性概念

个性是指个体身上特有的、稳定的、经常表现出来的、具有一定倾向性的心理特征的总和①。

2. 个性特点

（1）社会性

由于每个人作为社会的一员都生活在各种社会关系中，因此每个人的个性特征都是受社会影响而形成的。一个人如果离开了他人，离开了社会，个性便丧失了存在的基础。

（2）独特性

人与人之间存在着个别差异，每个人都与别人有所不同。世界上不存在两个个性完全相同的人，每个人都有自己独特的风格和个性。个性就是这种在个人身上表现出来的独特的心理特征的总和。

（3）稳定性

个性是个体内在的、比较稳定的心理特征，当某些特征偶尔出现时不能称之为个性。只有那些一贯的、经常而持久出现的心理特征，才能叫个性。当然这种稳定性也不是绝对的，随着人所处环境的改变或本人的主观努力，个性也是可以

---

① 张旭东，刘益民，欧何生．心理学概论［M］．北京：科学出版社，2009：11.

改变的。

（4）倾向性

个性是一个人所具有的一定的内在意识倾向性，它表现为个人在需要、动机、信念、理想、价值观方面的不同，又体现了人与人之间的能力、气质、性格和兴趣等方面存在的个别差异。这种个别差异是由内在的倾向性所导致的。

（5）整体性

个性是以整体形式表现出来的，是一个统一的整体。一个人的各种心理现象和心理过程都是有机地联系在一起的，表现在一个具体的人身上。如在活动中气质、能力和性格相互联系、相互制约，在同一行为中表现各自的特征。

3. 影响个性形成的因素

每个人个性的形成要受很多因素的影响，既有先天的，也有后天的。大多数个性特征是在先天和后天两种因素共同影响下形成的[①]。

（1）先天遗传因素与个性

人的个性是在发展中逐渐形成的。然而，刚出生的婴儿已经具有一些先天的遗传心理特征，如有的好动，是兴奋型的；有的安静，是抑制型的。这种不同神经类型的特点就是遗传的，它构成了每个人独特的心理基础。这种先天遗传所固有的稳定的心理特征就是气质特征，它决定了人的心理活动的自然属性，决定了心理活动的速度、强度、指向性等特征。这些特征在某种程度上也决定了人与人之间的个性差异。

（2）后天社会环境因素与个性

个体的遗传素质仅仅是决定个性差异的一个方面，对于个性特征起决定作用的并不是生物遗传因素，而是后天的社会环境，包括家庭环境、学校教育和文化传统的影响。在个性形成过程中家庭影响是最初的根源，父母的个性对子女性格的影响作用是潜移默化的。学校教育对个性形成也有重要的作用，不同的教育方式对学生个性形成有不同的影响。每个社会都有自己的文化传统，每个人都不能不受文化传统的影响，包括对一些重大问题的价值观念，如对人生的看法，对人与人关系的看法，以及解决问题的方法和行为模式等都会有所不同。因此，文化传统从多方面影响着一个人个性的形成。

6.1.2 个体行为

1. 人的行为特征

由于受性别、年龄、职业等影响，人的行为是千差万别的，但又有其共同的特征，表现如下[②]：

---

① 傅国亮. 名师人生 [M]. 北京：高等教育出版社，2010：4.
② 郭本禹. 当代心理学的新进展 [M]. 济南：山东教育出版社，2003：81.

（1）目的性

人的行为不是盲目的而是有动机、有目的的，个体有些行为在旁人看来是毫不合理的，但对其本身来说却是合乎目标的。

（2）持久性

在目标没有达到以前，任何行为都是不会终止的。个体也许会改变行为方式，或许由外在行为转为潜在行为，但总是朝着目标前进。

（3）可塑性

个体为了达到目标，不仅常改变行为方式，而且经过学习或培训而改变行为的内容。这与其他受本能支配的动物行为不同，人类的行为都是具有动机性的行为，具有可塑性。

2. 个性对个体行为的影响

首先，表现在个性对个体的工作活动、群体人际关系的影响，这对于个体在组织中的成就表现是至关重要的。由于个性差异的存在，个体在工作活动的动力、活动的内容、活动的过程特点、活动的方式选择，以及对活动结果的影响上，都具有一定的独特性。这些因素对于确定管理活动中的人力资源配置，对于人员的发展与培养，对于确定绩效考核的目标与方式，都将产生重要影响。

其次，表现在个性对个体行为方向的主观努力选择，以及在行动过程中克服困难、忍受挫折的意志品质上。由于个性差异的存在，在行为的意志品质上，个体之间存在着差异。因此，了解个性特点，选拔能够适应组织的特殊要求，并能很好地在组织中充分发挥自己特长的个体，对于组织管理活动的成功将起重要作用。

6.2 群体心理与行为

6.2.1 群体的一般问题

1. 群体的概念及特征

群体是组织管理中的基本单元，是指两个及以上成员经常性地一起工作，形成稳定的关系模式，以实现共同目标。

群体有四个特征：成员间有经常的、频繁的相互作用和相互影响；都认同自己是群体中的一员；成员组织结构相对稳定，并遵守共同的行为规范；为实现共同的目标成员间相互分工协作①。

2. 群体的类型

在日常工作和生活中，有各种群体的类型。常见的是根据群体形成的方式划

---

① 柏恩. 社会心理学［M］. 曾华源，刘晓春，译. 台北：洪叶文化事业有限公司，2000.

分为正式群体和非正式群体。

（1）正式群体

正式群体是组织中占主导地位的群体类型，由组织根据特定的目标通过正式途径组建和任命的。群体内有明确的分工和结构，群体的负责人起着关键的作用。

（2）非正式群体

非正式群体是指在正式群体之外，根据个人关系、兴趣爱好、利益等因素，通过人际互动过程，自发形成的群体。非正式群体可以在正式群体中，也可以跨越多个正式群体。非正式群体可以起到增进友谊、获取帮助、咨询交流等积极作用。

6.2.2　群体规范与内聚力

1. 群体规范

群体规范是指群体所建立的普遍认同的行为标准与准则。一般情况下，群体规范是非正式的、不成文的规定。它不同于组织的规章制度，后者往往是正式的、书面的。群体规范通常有四个方面的作用：①促进群体成长发展并帮助群体实现目标；②使管理程序简化，提高群体绩效；③帮助群体塑造正面形象，以适应各类情景；④树立群体核心价值观，有利于组织文化建设。

2. 群体内聚力

群体内聚力是成员被群体吸引并愿意留在群体内的程度。群体的这种对成员的吸引力称为群体内聚力。它包括整个群体的吸引力，以及群体成员之间的吸引力。

群体内聚力的高低受以下因素影响：

（1）群体的领导方式

不同的领导方式对群体内聚力有不同的作用。"民主"型领导方式可能使群体内聚力更强。

（2）外部影响

外来的因素或竞争会增强群体成员间的价值观念，从而提高群体的内聚力。

（3）群体规模

小群体比大群体有更强的内聚力。因为小群体成员间有更多的交往机会。群体规模越大，异质越多，态度和价值观差异也越大，所以大群体内聚力弱。

（4）群体的绩效

一个成功的群体更容易提高内聚力。绩效好的群体使成员产生优越感，彼此增进好感，而失败则往往使成员们互相埋怨，并减弱内聚力，最终导致群体瓦解。

6.2.3 群体决策

1. 群体决策的优势

在群体活动中，有时需要个体决策，而大多数情况下需要群体决策。与个体决策相比，群体决策有很多优势：

（1）提高决策的准确性

群体决策可以比个体决策获得更多的信息，尤其在多样性程度比较高的群体中，群体成员参与决策，加强了多种信息的纵向和横向交流，往往会产生多种备选方案，并做出更多选择，提高决策的准确性，降低了决策失误的风险。另外，群体成员还通过决策过程更好地了解决策的内容和任务，有利于提高随后的工作效率。

（2）提高群体成员的高承诺接受度

由于群体决策的结果更容易得到所有成员的理解和接受，因而在群体成员中形成对决策的高承诺度，成员更愿意承担指派的任务和接受所需要的变革。群体决策增强了成员间的相互了解和信任，同时也利用适当的群体压力制定较高而又能达到的目标，提高了群体成员的高承诺接受度。

2. 群体决策的偏差

在实际决策过程中，由于受各种因素的干扰和制约，群体决策往往存在各种偏差，主要受两种因素影响：

（1）小集团意识

小集团意识是指群体决策时，高内聚力的群体往往以表面一致意见的压力阻碍不同意见的发表，使得群体决策出现偏差，失去对问题和解决方案做出批判性分析和评价的能力，导致决策失误。由于小集团意识的影响，群体决策中难以充分发表意见，只限于讨论现有备选方案，忽视专家意见，使群体决策不能正常进行，并带来严重损失。

（2）极端性转移

极端性转移是指群体决策比个体决策更容易出现冒险倾向或极端倾向，这是由于在群体决策中责任分散和规范强化的影响所造成的。在群体决策过程中，如果一开始群体成员就有比较一致的意见，那么群体决策极端性转移的方向则取决于讨论开始时多数人的偏向。因此，群体决策起到了强化最初群体偏向而使之成为规范的作用。所以，在群体决策中需要注意预防和矫正极端性转移倾向，提高决策质量。

3. 预防群体决策偏差的措施

（1）群体参与决策和互相交流信息

在决策过程中，群体内应当公开交流、互相支持。从某种意义上说，主管者有更多的决策信息和资源。为了提高决策的效率，主管者应当把任务分发给下属并发挥其专长，积极听取不同意见。大量研究表明，群体比个体独自工作能做出更有效的决策。从信息角度上看，群体通常比单个人拥有更完备的信息。从参与角度上看，群体讨论会导致参与者对主题高度介入。在群体决策过程中，参与者对自己的观点沉迷越少，对他人的观点考虑越多，决策质量就越高。

（2）构建异质性的群体

群体成员的构成对群体决策有着重要影响。异质性的群体能产生更革新、更独特的解决问题的方法，这是由群体成员对所面临问题的观点差异及各自不同的经历所引起的。在决策中，群体的异质性使决策过程可能产生差异，许多不同观点和不同意见将变成有用资源，将会得出许多可能的方案，大大降低了群体决策偏差的风险。

第三部分　企业劳动关系管理专业必备

第7章 劳动标准实施管理

7.1 劳动标准概述

7.1.1 劳动标准的概念与范围

1. 劳动标准的概念

劳动标准是指对劳动领域内的重复性事物、概念和行为进行规范，以定性形式或者以定量形式所做出的统一规定。所谓"重复性"，是指同一事物、概念和行为反复多次出现的性质。它以涉及劳动领域的自然科学、社会科学和实践经验的综合成果为基础，经有关方面协商一致并决定，或由有关方面批准，以多种形式发布，作为共同遵守的准则和依据。

我国政府重视合理确定、依法公布、适时调整劳动标准，保障劳动者合法权益，促进经济和社会发展。目前，我国已初步形成了以《中华人民共和国劳动法》为主体，内容涉及工时、休息休假、工资、禁止使用童工、女职工和未成年工特殊劳动保护、劳动定额、职业安全卫生等方面的劳动标准体系，并根据经济和社会的发展不断调整和完善。

2. 劳动标准的范围

劳动标准可以分别从广义、中义和狭义的角度加以界定。广义劳动标准包括劳动力市场运行标准、劳动关系运行标准和劳动条件标准。中义劳动标准包括劳动关系运行标准和劳动条件标准。狭义劳动标准仅指劳动条件标准。本教程中所称的劳动标准是取狭义概念，仅指劳动条件标准，内容包括工资、工时、福利、休息休假、女职工和未成年工保护、劳动安全卫生等劳动条件方面。

7.1.2 劳动标准的分类

1. 按照内容划分

按照内容划分，可以将劳动标准分为工作时间标准、劳动定员定额标准、职业培训标准、工资标准、职工福利待遇标准、职工休假标准、未成年工保护标准、女工特殊保护标准、社会保险标准（养老保险标准、医疗保险标准、失业保险标准、生育保险标准、工伤保险标准）、劳动安全卫生标准等。

2. 按照适用范围划分

按照适用范围划分，劳动标准可以分为国家级劳动标准、行业级劳动标准、地方级劳动标准和企业级劳动标准。国家级劳动标准是指由国家立法机关、国家劳动行政部门和国家标准化机构通过法定或行政程序制定、发布的在全国范围内适用的劳动标准。行业级劳动标准，是指由国务院有关主管部门制定、发布的在全国某行业范围内适用的劳动标准，但在相应的国家强制性标准实施后自行废止。地方级劳动标准，是指由各级地方立法机构和地方政府以及地方标准化机构制定、发布的在该地区内适用的劳动标准。企业级劳动标准，是指本企业发布在本企业内适用的多种形式的劳动标准。

3. 按照形式划分

按照形式划分，劳动标准可以分为法规类劳动标准、技术类劳动标准和规范类劳动标准。法规类劳动标准是指劳动法律、法规中有量化规定和具体程序规定的部分。技术类劳动标准是指采用科学技术测定等方式方法而制定的劳动标准。规范类劳动标准是指劳动关系双方协商达成或由企业方规定的有关劳动领域重复性事物、行为的统一规定。

4. 按照强制执行效力划分

按照强制执行效力划分，劳动标准可以划分为强制性劳动标准、指导性劳动标准和约束性劳动标准。强制性劳动标准是指国家和地方制定的劳动法律、法规和其他规范性文件中规定的劳动标准，具有强制性和普遍适用性。指导性劳动标准是政府发布的有关劳动标准的政策性文件和标准化机构发布的推荐性标准，没有强制性，只是提倡、鼓励有关方面执行，具有指导性作用。约束性劳动标准是指适用于特定单位及其劳动者的用人单位内部劳动标准，只在本单位具有约束性作用。

7.1.3 劳动标准的形式

劳动标准的形式是指由不同机构制定、认可或变动的，具有不同效力或地位的劳动标准所表现的规范文件形式。

规范性文件有广义和狭义之分。广义的规范性文件是规范性法律文件和狭义的规范性文件的总称。狭义的规范性文件是指法律范畴以外的其他具有约束力的非立法性文件。目前这类非立法性文件的制定主体非常之多，例如各级党组织、各级人民政府及其所属工作部门，法院、检察院、人民团体、社团组织、企事业单位等。

法律性文件包括法律、行政法规、地方性法规（自治条例）、国务院部门规章和地方政府规章。法律性文件按照效力等级一般划分为以下几类：

①法律：是指全国人民代表大会及其常委会制定的规范性文件。

②行政法规：是指国务院制定的规范性文件。

③地方性法规：是指具有立法权的地方人大及其常委会制定的规范性文件。

④规章：是指国务院部委和地方政府制定的规范性文件，制定主体包括省（自治区、直辖市）、省和自治区政府所在市和经国务院批准的较大的市的人民政府。

从发布劳动标准的规范性文件的形式来看，劳动标准包括：法律性文件规定的劳动标准，即国家法律、行政法规、地方性法规、规章以及其他法律性规范文件中规定的劳动标准；各级标准化委员会制定颁布的劳动标准；行业性组织制定的劳动标准；区域性、行业性集体合同确定的劳动标准。

7.1.4　不同层次劳动标准的效力

法律效力即法律上的约束力，是指法律作为一种国家意志所具有的约束力和强制性。法律效力的范围包括法律的空间、时间和对象效力范围三方面。空间效力指法律生效的地域（包括领海、领空）。时间效力指法律开始生效的时间和终止生效的时间，一般是公布之日起或公布一段时间后生效。法律的对象效力范围即对主体的效力范围，指法律可以适用的主体范围。

不同的规范性文件法律效力不同。全国人大及其常委会制定的法律具有最高的法律效力，一切行政法规、地方法规、规章都不得与其规定相冲突。行政法规的效力高于地方性法规和规章。地方性法规的效力高于本级和下级地方政府规章。省、自治区的人民政府制定的规章的效力高于本行政区域内的较大的市的人民政府制定的规章。全国人大及其常委会立法和国务院及其部门立法构成中央立法，在全国范围内适用。一般地方立法在该行政区划内适用，民族自治地方立法在民族自治地方内适用，经济特区和特别行政区立法在该经济特区和特别行政区内适用。

我国的劳动标准体系分为三个层次。最高层次是国家级劳动标准，具有最高的法律效力；中间层次是地方级劳动标准和行业级劳动标准，起承上启下的作用，对上贯彻国家级劳动标准，对下指导企业级劳动标准；最低层次是企业级劳动标准，属于市场微观范畴。

在我国，国家级劳动标准、行业级劳动标准、地方级劳动标准和企业级劳动标准之间的效力关系表现在以下五个方面：

①企业级劳动标准的制定必须以遵守国家级、行业级和地方级劳动标准为前提，否则会产生不利后果，甚至受到处罚。

②国家级劳动标准效力高于行业级和地方级劳动标准，行业级和地方级劳动标准不得与国家级劳动标准相冲突，否则无效。

③行业级和地方级劳动标准可以将国家级劳动标准具体化，即根据本行业或本地的实际情况做出具体规定。

④某些地方级劳动标准（地方性法规）与行业级劳动标准之间对同一事项的规定不一致，不能确定如何适用时，由国务院提出意见，国务院认为应当适用地方级劳动标准的，应当决定在该地方适用地方级劳动标准的规定；认为应当适用行业级劳动标准的，应当提请全国人民代表大会常务委员会裁决。

⑤行业级劳动标准之间、行业级劳动标准与地方级劳动标准（政府规章）之间对同一事项的规定不一致时，由国务院裁决。

7.2 劳动基准

在前述的劳动标准分类中，有一类劳动标准是中央或地方国家机关以法律形式规定的，由国家机关以行政执法形式保证实施的强制性劳动标准，其功能在于确定劳动条件的底线标准，因此也被称为基本劳动标准或劳动基准。

7.2.1 劳动基准的概念、功能及渊源

1. 劳动基准的概念

劳动基准指的是国家站在保障劳动者权益和促进劳动关系稳定和谐的立场上，对劳动者在职业劳动中应该享受或获取的利益确立一个最低标准并强行予以推行的劳动法律机制，具有法定性、保底性、强制性等特点。

"劳动基准"一词的理解和使用，有广义、中义、狭义三种。广义的劳动基准泛指劳动法领域的所有强制性规定，既包括法律对劳动关系当事人之间实体权利义务（劳动条件）的强制性规范，也包括法律对劳动关系运行规则的强制性要求，还包括法律对劳动力市场管理的强制性规定；中义的劳动基准包括法律对劳动关系当事人之间实体权利义务（劳动条件）的强制性规范和对个别劳动关系运行规则的强制性要求；狭义的劳动基准仅指法律对劳动关系当事人之间实体权利义务关系的强制性干预，即劳动条件基准。与劳动标准的概念内涵相一致，本教材所使用的劳动基准是狭义上的劳动基准概念。

2. 劳动基准的起源

最早的劳动基准立法，始于工业化国家的工厂立法。1802 年英国的《学徒健康与道德法》对于纺织厂学徒的最低工作年龄、最长工作时间以及工厂住宿条件做出了明确规定，不仅是全世界第一部劳动立法，同时也是最早的劳动基准

立法。此后就拉开了国家以有形之手干预劳动力市场、规范劳动关系的序幕。

7.2.2 最低工资标准

1. 概述

最低工资是指劳动者在法定工作时间内提供正常劳动的前提下，其所在单位应支付的最低劳动报酬。它始于 19 世纪末的新西兰。1938 年美国通过了《公平劳动标准法案》（The Fair Labor Standards Act，FLSA）。

我国最低工资立法始于 1993 年 11 月 24 日劳动部颁布的《企业最低工资规定》，此后不久颁布的《劳动法》也明确规定实行最低工资制度。2004 年 1 月 20 日，劳动部颁布《最低工资规定》（2004 年 3 月 1 日起施行，《企业最低工资规定》同时废止）。我国最低工资分为月最低工资标准和小时最低工资标准两类。其中，月最低工资标准适用于全日制就业劳动者，小时最低工资标准适用于非全日制就业劳动者。

在我国，下列各项不得作为最低工资组成部分：加班加点工资；夜班、高温、井下、有毒有害等特殊工作环境下的津贴；法定社会保险和福利待遇等。

2. 最低工资标准的确定和发布

（1）最低工资标准的确定

最低工资标准的确定和调整方案，由省、自治区、直辖市人民政府劳动保障行政部门会同同级工会、企业联合会/企业家协会研究拟订，并将拟订的方案报送人力资源和社会保障部。方案内容包括最低工资确定和调整的依据、适用范围、拟订标准和说明。人力资源和社会保障部在收到拟订方案后，应征求全国总工会、中国企业联合会/企业家协会的意见。人力资源和社会保障部对方案可以提出修订意见，若在方案收到后 14 日内未提出修订意见，则视为同意。省、自治区、直辖市范围内的不同行政区域可以有不同的最低工资标准。

确定最低工资标准时应综合考虑以下因素：①当地就业者及其赡养人口的最低生活费用。②城镇居民消费价格指数。③职工个人缴纳的社会保险费和住房公积金。④职工平均工资。⑤经济发展水平。⑥就业状况。最低工资标准一般应高于社会救济和失业保险水平，低于平均工资水平。

确定和调整小时最低工资标准，应在颁布的月最低工资标准的基础上，考虑单位应缴纳的基本养老保险费和基本医疗保险费因素，同时还应适当考虑非全日制劳动者在工作稳定性、劳动条件和劳动强度、福利等方面与全日制劳动者之间的差异。

（2）最低工资标准的发布

省、自治区、直辖市劳动保障行政部门应将本地区最低工资标准方案报省、自治区、直辖市人民政府批准，并在批准后 7 日内在当地政府公报上和至少一种全地区性报纸上发布。省、自治区、直辖市劳动保障行政部门应在发布后 10 日内将最低工资标准报人力资源和社会保障部。

（3）最低工资标准的公示

用人单位应在最低工资标准发布后 10 日内将该标准向本单位全体劳动者公示。

（4）最低工资标准的调整

适时调整，每两年至少调整一次。

3. 最低工资标准的保障与监督

（1）最低工资标准的实施保障

①企业必须将有关最低工资标准的规定告知劳动者。

②企业支付给劳动者的工资不得低于当地最低工资标准。

③实行计件工资或提成工资等工资形式的用人单位，在科学合理的劳动定额基础上，其支付给劳动者的工资不得低于相应的最低工资标准。

（2）对执行最低工资标准的监督

县级以上地方人民政府劳动保障行政部门负责对本行政区域内用人单位执行最低工资标准规定情况进行监督检查。各级工会组织依法对本规定执行情况进行监督，发现用人单位支付劳动者工资违反最低工资标准的，有权要求当地劳动保障行政部门处理。

4. 违反最低工资规定的法律责任

用人单位违反公示规定的，由劳动保障行政部门责令其限期改正（《最低工资规定》，2004 年 3 月 1 日起施行，劳动和社会保障部）。用人单位支付给劳动者工资低于最低工资标准的，由劳动保障行政部门责令限期支付劳动者工资低于当地最低工资标准的差额；逾期不支付的，责令用人单位按照应付金额 50% 以上 1 倍以下的标准计算，向劳动者加付赔偿金（《劳动保障监察条例》，2004 年 12 月 1 日起施行，国务院）。

7.2.3　工作时间和休息休假标准

1. 工作时间

工作时间是指法律规定的劳动者在一昼夜或一周内从事工作的时间，即劳动者每天应工作的时数或每周应工作的天数。休息休假，又称休息时间，是指劳动者在法律和行政法规规定的法定工作时间以外自行支配的时间，包括劳动者每天休息的时数、每周休息的天数、节假日、年休假、探亲假等。

工时制度分为标准工时制、缩短工时制、延长工时制、不定时工作制和综合计算工时制五类。

（1）标准工作时间

标准工作时间（标准工时）是指法律规定的在一般情况下普遍适用的，按照正常作息办法安排的工作日和工作周的工时制度。我国《劳动法》第三十六条规定，国家实行劳动者每日工作时间不超过 8 小时、平均每周工作时间不超过 44 小时的工时制度。根据 1995 年 3 月重新修订的《国务院关于职工工作时间的规定》，标准工作时间调整为职工每日工作 8 小时、每周工作 40 小时。

根据劳动部《关于职工工作时间有关问题的复函》（劳部发〔1997〕271 号）的有关规定，如果用人单位安排的工作时间每周超出 40 小时但不足 44 小时，不作为延长工作时间处理，但是劳动行政部门有权要求用人单位改正。因此，虽然这在 4 个小时内用人单位无须向员工支付加班工资，但这只能作为特殊或偶然的情况对待，用人单位不应将每周工作 44 小时作为计算加班工资的基础，如果这样做了，劳动部门有权要求用人单位改正并按每周工作 40 小时的标准执行。

实行计件工作的劳动者，用人单位应当根据每日工作不超过 8 小时、平均每周工作不超过 40 小时的工时制度，合理确定其劳动定额和计件报酬标准。

（2）缩短工作时间

缩短工作时间是指法定特殊条件下少于标准工作时间长度的一种工作时间。下列情况适用缩短工时：

①从事矿山井下、高山、有毒有害、特别繁重体力劳动的劳动者。A. 化工行业从事有毒有害作业，实行每日工作 6 小时或 7 小时工作制，或"定期轮流脱离接触"工作制度。B. 煤矿井下作业实行 4 班 6 小时工作制。C. 纺织行业实行"四班三运转"制度。D. 建筑、冶炼、地质勘探、森林采伐、装卸搬运等（需要繁重体力劳动）行业，根据本行业特点，实行不同程度的缩短工作时间制度。

②从事夜班（22 时—次日 6 时）工作的劳动者。

③在哺乳未满 1 周岁婴儿期工作的女职工。每日两次哺乳，每次 30 分钟。多胞胎，每增加一个婴儿，每次增加 30 分钟。

（3）延长工作时间

延长工作时间是指劳动者每个工作日的工作时间超过标准工作时间长度的工作日制度。延长工作时间包括加班和加点。加班是指职工根据用人单位的要求，在法定节日或者公休日继续工作。加点是指职工根据用人单位的要求，在标准工作时间以外继续工作。

①延长工作时间的一般规定：A. 必须与工会协商。B. 必须与劳动者协商。C. 不得超过法定时数。一般每日不超过 1 小时，特殊原因也不得超过 3 小时，每月不得超过 36 小时。

②延长工作时间的特殊规定（不受限制的特殊情况）：A. 发生自然灾害、事故或其他原因，威胁劳动者生命健康和财产安全，需要紧急处理的。B. 生产设备、交通运输线路、公共设施发生故障，影响生产和公共利益，必须及时抢修的。C. 法律、行政法规规定的其他情形（在法定节日和公休假日内工作不能间断的，必须连续生产、运输或者营业的；必须利用法定节日或者公休假日的停产

期间进行设备检修、保养的；为完成国防紧急任务的；为完成国家下达的其他紧急生产任务的）。

③延长工作时间的工资支付：A. 在标准工作日内安排劳动者延长工作时间的，支付不低于工资的150%的工资报酬。B. 在休息日安排劳动者工作又不能安排补休的，支付不低于工资的200%的工资报酬。C. 在法定休假日内安排劳动者工作的，支付不低于工资的300%的工资报酬。

（4）不定时工作时间和综合计算工作时间

不定时工作时间，又称不定时工作制。不定时工作制是指每一工作日没有固定的上下班时间限制的工作时间制度。它是针对因生产特点、工作特殊需要或职责范围的关系，无法按标准工作时间衡量或需要机动作业的职工所采用的一种工时制度。经批准实行不定时工作制的职工，不受《中华人民共和国劳动法》规定的日延长工作时间标准和月延长工作时间标准的限制，但用人单位应采用弹性工作时间等适当的工作和休息方式，确保职工的休息休假权利和生产、工作任务的完成。下列三类职工经劳动行政部门审批，可以实行不定时工作制：A. 企业中的高级管理人员、外勤人员、推销人员、部分值班人员和其他工作无法按标准工作时间衡量的职工。B. 企业中的长途运输人员、出租汽车司机和铁路、港口、仓库的部分装卸人员及其他工作性质特殊、需机动作业的职工。C. 其他因工作特点、特殊需要或职责范围的关系，适合实行不定时工作制的职工。

综合计算工作时间，又称综合计算工时工作制，采用以周、月、季、年等为周期综合计算工作时间，但其平均日工作时间和平均周工作时间应与法定标准工作时间基本相同。也就是说，在综合计算周期内，某一具体日（或周）的实际工作时间可以超过8小时（或40小时），但综合计算周期内的总实际工作时间不应超过总法定标准工作时间，超过部分应视为延长工作时间并按规定支付工资报酬，其中法定节日安排劳动者工作的，应该支付不低于正常工资300%的工资报酬，而且延长工作时间的小时数平均每月不得超过36小时。企业实行综合计算工时工作制以及在实行综合计算工时工作制中采取何种工作方式，一定要与工会和劳动者协商。

2. 休息时间

（1）工作日内的间歇休息时间

工作日内的间歇休息时间，是指在一个工作日内劳动者享有的休息和用膳的时间，又称间歇时间，我国法律并没有做出统一的规定，根据工作岗位和工作性质的不同而有所不同。在实际工作中，工作日内的间歇时间的长短一般是1~2小时，最少不能少于半小时。间歇时间一般于工作4小时后开始，不算做工作时间；有的岗位由于生产不能间断，不能实行固定的间歇时间，应使职工在工作时间内有用餐时间。

（2）工作日间的休息时间

工作日间的休息时间，是指劳动者在一个工作日结束后至下一个工作日开始前的休息时间。至于休息时间的标准，我国法律没有做出统一的规定。这种休息时间一般是连续不断的，其长度应保证劳动者的体力和工作能力能够得到恢复为标准，一般为 15~16 小时。实行轮班制的，其班次必须调换。一般可在休息日之后调换，在调换班次时，不得让工人连续工作两班。

（3）工作周之间的休息时间

工作周之间的休息时间，是指劳动者连续工作一周后应当享有的休息时间。国家机关、事业单位实行统一的工作时间，星期六和星期日为周休息日。企业和不能实行统一的工作时间的事业单位，可以根据实际情况灵活安排周休息日。但劳动者在一个工作周内，至少应当有连续 24 小时以上的休息时间。

3. 休假

（1）法定节假日

法定节假日是指根据各国、各民族的风俗习惯或纪念要求，由国家法律和行政法规统一规定的用于庆祝和度假的休息时间。根据 2007 年国务院颁布的《关于修改〈全国年节及纪念日放假办法〉的决定》，节假日及其放假标准如下：

①全体公民放假的节日共计 11 天。新年，放假 1 天（1 月 1 日）；春节，放假 3 天（农历除夕，正月初一、初二）；清明节，放假 1 天（农历清明当日）；劳动节，放假 1 天（5 月 1 日）；端午节，放假 1 天（农历端午当日）；中秋节，放假 1 天（农历中秋当日）；国庆节，放假 3 天（10 月 1 日、2 日、3 日）。

②部分公民放假的节日。妇女节（3 月 8 日），妇女放假半天；青年节（5 月 4 日），14 周岁以上的青年放假半天；儿童节（6 月 1 日），不满 14 周岁的少年儿童放假 1 天；中国人民解放军建军纪念日（8 月 1 日），现役军人放假半天。

③少数民族习惯的节日。由各少数民族聚居地区的地方人民政府，按照该民族习惯，规定放假日期。

全体公民放假的假日，如果适逢星期六、星期日，应当在工作日补假。部分公民放假的假日，如果适逢星期六、星期日，则不补假。

（2）带薪年休假

带薪年休假是指法律规定的职工满 1 年的工作年限后，每年享有的保留工作带薪连续休假。《职工带薪年休假条例》规定：

①职工连续工作 1 年以上的，享受带薪年休假。职工在年休假期间享受与正常工作期间相同的工资收入。

②职工累计工作已满 1 年不满 10 年的，年休假 5 天；已满 10 年不满 20 年的，年休假 10 天；已满 20 年的，年休假 15 天。

③国家法定休假日、休息日不计入年休假的假期。

④单位确因工作需要不能安排职工休年休假的，经职工本人同意，可以不安

排职工休年休假。对职工应休未休的年休假天数，单位应当按照该职工日工资收入的300%支付年休假工资报酬，其中包含用人单位支付给职工正常工作期间的工资收入。

⑤用人单位安排职工休年休假，但是职工因本人原因且书面提出不休年休假的，用人单位可以只支付其正常工作期间的工资收入。

7.2.4 劳动安全卫生标准

1. 劳动安全卫生标准概述

（1）劳动安全卫生标准的概念

劳动安全卫生标准，即劳动保护标准，是国家和用人单位为了保护劳动者在劳动过程中的安全和健康而制定的各种标准的总称，包括国家劳动安全卫生立法和用人单位劳动安全卫生规章制度。

劳动安全卫生制度包括劳动安全技术规程、劳动卫生规程、企业安全卫生管理制度等。

（2）劳动安全卫生立法概况

①国外劳动安全卫生立法的起源与发展。1802年英国颁布的《学徒健康与道德法》是最早的劳动安全卫生立法。进入20世纪，各国的劳动安全卫生立法都有了较大发展。一方面，立法内容上不断提高劳动标准、改善劳动条件；另一方面，立法形式也从工厂立法过渡到专门的劳动保护立法，并在劳动法典中专章规定劳动安全卫生法。

②我国劳动安全卫生立法概况。我国劳动保护立法始于1950年5月劳动部颁布的《工厂卫生暂行条例（草案）》。改革开放以后，随着法制建设的加强，劳动安全卫生立法也得到了进一步发展。1982年，国务院发布了《矿山安全条例》、《矿山安全监察条例》和《锅炉压力容器安全监察暂行条例》。1992年11月，全国人大常委会通过了《中华人民共和国矿山安全法》，这是我国劳动安全卫生方面的第一部法律，劳动保护立法上了一个台阶。

此外，1980年以来，我国还颁布了一系列涉及劳动安全卫生的国家标准，包括《安全帽标准》、《安全色标准》、《安全标志标准》等150多项。

2. 劳动安全技术规程

（1）劳动安全技术规程的概念

劳动安全技术规程是指国家为了保护劳动者在劳动过程中的安全，防止伤亡事故发生所采取的各种安全技术保护措施的规章制度，包括工厂安全技术规程、建筑安装工程安全技术规程和矿山安全技术规程三大类。

（2）工厂安全技术规程

①建筑物和通道的安全要求：建筑物坚固安全、防火防爆，道路有夜间照明、警告标志等。

②工作场所的安全要求：便于安全操作、有围栏等。

③机器设备的安全要求：有防护装置、定期检修等。

④电气设备的安全要求：绝缘良好、有可熔保险器或自动开关等。

⑤动力锅炉和压力容器的安全要求：锅炉要有安全阀、压力表、水表线等，压力容器距明火10米以上、避免暴晒和碰撞等。

（3）建筑安装工程安全技术规程

①从事高空作业须体检合格。

②六级以上强风禁止露天起重和高空作业。

③脚手架的负荷不得超过270千克/平方米。

④挖土方、拆建筑物应从上到下。

（4）矿山安全技术规程（矿山安全法律制度）

①矿山设计的安全要求：矿山设计的主要项目须符合矿山安全规程和行业技术规范，竣工验收须有劳动行政部门参加（不合格者不得投入生产）。

②矿山开采的安全要求：矿山开采必须具备保障安全生产的条件，执行不同矿种的矿山安全规程和行业技术规范。

③作业场所的安全要求：矿山企业必须对下列危害安全的事故采取预防措施：A.冒顶、片帮、边坡滑落和地表塌陷。B.瓦斯爆炸、煤尘爆炸。C.冲击地压、瓦斯突出、井喷。D.地面和井下的火灾、水灾。E.爆破器材和爆破作业发生的危害。F.粉尘、有毒有害气体、放射性物质和其他有害物质引起的危害等。

3. 劳动卫生规程

劳动卫生规程是指国家为了保护劳动者在劳动过程中的健康，防止有毒有害物质的危害和防止职业病发生所采取的各种防护措施的规章制度。

（1）防止粉尘危害

工作场所含游离二氧化矽10%以上的粉尘和石棉尘，不得超过2毫克/立方米。有粉尘作业的单位，须采取防尘措施；从事粉尘作业的职工，须定期体检。

（2）防止有毒有害物质危害

工作场所有毒有害物质的浓度不得超过国家标准。有密闭工作场所的单位应该安装排气设备、防护设施等。

（3）防止噪声和强光刺激

对发生强烈噪声的生产，应尽可能安排在有消声设备的单独工作房；对在噪声和强光环境中工作的职工，应配备个人防护用品。

（4）防暑降温、防冻取暖和防湿

根据2012年6月29日颁布实施的《防暑降温措施管理办法》规定，高温天气是指地市级以上气象主管部门所属气象台站向公众发布的日最高气温35℃以上的天气。用人单位应当为高温作业、高温天气作业的劳动者供给足够的、符合卫生标准的防暑降温饮料及必需的药品。不得以发放钱物替代提供防暑降温饮料。防暑降温饮料不得充抵高温津贴。用人单位安排劳动者在35℃以上高温天气从事室外露天作业以及不能采取有效措施将工作场所温度降低到33℃以下的，应当向劳动者发放高温津贴，并纳入工资总额。室内工作地点的温度经常低于5℃的，应设置取暖设备。对经常在寒冷气候中露天作业的职工，应设有取暖设备的休息处所。生产时用水较多或产生大量湿气的车间，应采取排水防湿措施。

（5）通风和照明

工作场所的光线应充足，但不能刺眼。通过自然通风或机械通风，保持工作场所良好的通风条件。

（6）生产辅助设施和个人防护用品

工作场所应当有配套的浴室、厕所、更衣室等生产辅助设施以及工作服、防护面具等个人防护用品。

4. 劳动安全卫生管理制度

劳动安全卫生管理制度是指为了保障劳动者在劳动过程中的安全和健康，国家通过立法制定的有关劳动安全卫生管理的制度，以及用人单位根据国家有关法规规定、结合本单位实际情况所制定的有关劳动安全卫生管理的规章制度。劳动安全卫生管理制度包括安全卫生责任制度、安全技术措施计划制度、安全生产教育制度、安全卫生检查制度和劳动安全卫生监察制度。

5. 伤亡事故报告和处理制度

（1）伤亡事故的分类

根据生产安全事故（以下简称事故）造成的人员伤亡或者直接经济损失，事故一般分为以下等级：

①特别重大事故，是指造成30人以上死亡，或者100人以上重伤（包括急性工业中毒，下同），或者1亿元以上直接经济损失的事故；

②重大事故，是指造成10人以上30人以下死亡，或者50人以上100人以下重伤，或者5 000万元以上1亿元以下直接经济损失的事故；

③较大事故，是指造成3人以上10人以下死亡，或者10人以上50人以下重伤，或者1 000万元以上5 000万元以下直接经济损失的事故；

④一般事故，是指造成3人以下死亡，或者10人以下重伤，或者1 000万元以下直接经济损失的事故。

（2）伤亡事故的报告

事故发生后，事故现场有关人员应当立即向本单位负责人报告；单位负责人接到报告后，应当于1小时内向事故发生地县级以上人民政府安全生产监督管理部门和负有安全生产监督管理职责的有关部门报告。情况紧急时，事故现场有关人员可以直接向事故发生地县级以上人民政府安全生产监督管理部门和负有安全生产监督管理职责的有关部门报告。

安全生产监督管理部门和负有安全生产监督管理职责的有关部门接到事故报告后，应当依照下列规定上报事故情况，并通知公安机关、劳动保障行政部门、工会和人民检察院：①特别重大事故、重大事故逐级上报至国务院安全生产监督管理部门和负有安全生产监督管理职责的有关部门；②较大事故逐级上报至省、自治区、直辖市人民政府安全生产监督管理部门和负有安全生产监督管理职责的有关部门；③一般事故上报至设区的市级人民政府安全生产监督管理部门和负有安全生产监督管理职责的有关部门。

安全生产监督管理部门和负有安全生产监督管理职责的有关部门依照前款规定上报事故情况，应当同时报告本级人民政府。国务院安全生产监督管理部门和负有安全生产监督管理职责的有关部门以及省级人民政府接到发生特别重大事故、重大事故的报告后，应当立即报告国务院。必要时，安全生产监督管理部门和负有安全生产监督管理职责的有关部门可以越级上报事故情况。

（3）伤亡事故的调查

根据《生产安全事故报告和调查处理条例》规定，特别重大事故由国务院或者国务院授权有关部门组织事故调查组进行调查。重大事故、较大事故、一般事故分别由事故发生地省级人民政府、设区的市级人民政府、县级人民政府负责调查。省级人民政府、设区的市级人民政府、县级人民政府可以直接组织事故调查组进行调查，也可以授权或者委托有关部门组织事故调查组进行调查。

未造成人员伤亡的一般事故，县级人民政府也可以委托事故发生单位组织事故调查组进行调查。

（4）伤亡事故的处理

重大事故、较大事故、一般事故，负责事故调查的人民政府应当自收到事故调查报告之日起 15 日内做出批复；特别重大事故，30 日内做出批复，特殊情况下，批复时间可以适当延长，但延长的时间最长不超过 30 日。

有关机关应当按照人民政府的批复，依照法律、行政法规规定的权限和程序，对事故发生单位和有关人员进行行政处罚，对负有事故责任的国家工作人员进行处分。事故发生单位应当按照负责事故调查的人民政府的批复，对本单位负有事故责任的人员进行处理。负有事故责任的人员涉嫌犯罪的，依法追究刑事责任。

7.2.5 女职工、未成年工特殊劳动保护标准

1. 女职工和未成年工特殊保护概述

女职工是指一切以工资收入为主要生活来源的女性职工。女职工特殊保护，是指根据女职工身体结构和生理机能的特点以及抚育子女的特殊需要，在劳动方面对妇女特殊权益的法律保障。未成年工是指年满 16 周岁未满 18 周岁的劳动者。未成年工特殊保护，是指国家为维护未成年工的合法权益，在劳动方面对未

成年工特殊权益的法律保障。

2. 女职工特殊保护

（1）女职工特殊保护的立法概况

女职工特殊保护立法产生于资本主义自由竞争时期，是较早的劳动立法。1844 年，英国颁布了《工厂法》，禁止女工从事坑道内劳动。在我国，1992 年全国人大通过了《妇女权益保障法》，也对女职工劳动保护做出了规定。1994 年《劳动法》颁布，以法律的形式对女职工特殊保护做出了全面规定。2012 年国务院颁布的《女职工劳动保护特别规定》是对女职工特殊劳动保护问题做出具体规定的行政法规。

（2）女职工特殊保护制度的主要内容

①对女职工在劳动过程中的特殊保护。《女职工劳动保护特别规定》规定女职工禁忌从事的劳动范围包括：A. 矿山井下作业；B. 体力劳动强度分级标准中规定的第四级体力劳动强度的作业；C. 每小时负重 6 次以上、每次负重超过 20 千克的作业，或者间断负重、每次负重超过 25 千克的作业。

②对女职工生理机能变化过程中的特殊保护。

A. 经期保护。《女职工劳动保护特别规定》规定，女职工月经期间禁忌从事的劳动范围包括：a. 冷水作业分级标准中规定的第二级、第三级、第四级冷水作业；b. 低温作业分级标准中规定的第二级、第三级、第四级低温作业；c. 体力劳动强度分级标准中规定的第三级、第四级体力劳动强度的作业；d. 高处作业分级标准中规定的第三级、第四级高处作业。

B. 孕期保护。《女职工劳动保护特别规定》规定，女职工怀孕期间禁忌从事的劳动范围包括：a. 作业场所空气中铅及其化合物、汞及其化合物、苯、镉、铍、砷、氰化物、氮氧化物、一氧化碳、二硫化碳、氯、己内酰胺、氯丁二烯、氯乙烯、环氧乙烷、苯胺、甲醛等有毒物质浓度超过国家职业卫生标准的作业；b. 从事抗癌药物、己烯雌酚生产，接触麻醉剂气体等的作业；c. 非密封源放射性物质的操作，核事故与放射事故的应急处置；d. 高处作业分级标准中规定的高处作业；e. 冷水作业分级标准中规定的冷水作业；f. 低温作业分级标准中规定的低温作业；g. 高温作业分级标准中规定的第三级、第四级的作业；h. 噪声作业分级标准中规定的第三级、第四级的作业；i. 体力劳动强度分级标准中规定的第三级、第四级体力劳动强度的作业；j. 在密闭空间、高压室作业或者潜水作业，伴有强烈振动的作业，或者需要频繁弯腰、攀高、下蹲的作业。

C. 产期保护。《女职工劳动保护特别规定》规定，女职工生育享受 98 天产假，其中产前可以休假 15 天；难产的，增加产假 15 天；生育多胞胎的，每多生育 1 个婴儿，增加产假 15 天。女职工怀孕未满 4 个月流产的，享受 15 天产假；怀孕满 4 个月流产的，享受 42 天产假。

D. 哺乳期保护。《女职工劳动保护特别规定》规定，对哺乳未满 1 周岁婴儿的女职工，用人单位不得延长劳动时间或者安排夜班劳动。用人单位应当在每天的劳动时间内为哺乳期女职工安排1小时哺乳时间；女职工生育多胞胎的，每多哺乳1个婴儿每天增加1小时哺乳时间。女职工在哺乳期内，根据《女职工劳动保护特别规定》，不得从事：a. 孕期禁忌从事的劳动范围的第一项、第三项、第九项；b. 作业场所空气中锰、氟、溴、甲醇、有机磷化合物、有机氯化合物等有毒物质浓度超过国家职业卫生标准的作业。

3. 未成年工特殊保护

（1）未成年工特殊保护的立法概况

未成年工特殊保护立法与女职工特殊保护立法几乎同时产生于资本主义自由竞争时期，是最早的劳动立法。英国1802年通过的《学徒健康与道德法》，就是关于未成年工特殊保护的立法。在我国，1994年劳动部发布了《未成年工特殊保护规定》，对未成年工的禁忌劳动范围、健康检查等做出了详细规定。2002年10月1日，国务院又对《禁止使用童工规定》进行了修改，颁布了新的《禁止使用童工规定》。

（2）未成年工特殊保护制度的主要内容

对于未成年工在劳动过程中的保护，《未成年工特殊保护规定》规定：

①用人单位不得安排未成年工从事以下范围的劳动：A.《生产性粉尘作业危害程度分级》国家标准中第一级以上的接尘作业；B.《有毒作业分级》国家标准中第一级以上的有毒作业；C.《高处作业分级》国家标准中第二级以上的高处作业；D.《冷水作业分级》国家标准中第二级以上的冷水作业；E.《高温作业分级》国家标准中第三级以上的高温作业；F.《低温作业分级》国家标准中第三级以上的低温作业；G.《体力劳动强度分级》国家标准中第四级体力劳动强度的作业；H. 矿山井下及矿山地面采石作业；I. 森林业中的伐木、流放及守林作业；J. 工作场所接触放射性物质的作业；K. 有易燃易爆、化学性烧伤和热烧伤等危险性大的作业；L. 地质勘探和资源勘探的野外作业；M. 潜水、涵洞、涵道作业和海拔3000米以上的高原作业（不包括世居高原者）；N. 连续负重每小时在六次以上并每次超过20千克，间断负重每次超过25千克的作业；O. 使用凿岩机、捣固机、气镐、气铲、铆钉机、电锤的作业；P. 工作中需要长时间保持低头、弯腰、上举、下蹲等强迫体位和动作频率每分钟大于50次的流水线作业；Q. 锅炉司炉。

②未成年工患有某种疾病或具有某些生理缺陷（非残疾型）时，用人单位不得安排其从事的劳动范围有：A.《高处作业分级》国家标准中第一级以上的高处作业；B.《低温作业分级》国家标准中第二级以上的低温作业；C.《高温作业分级》国家标准中第二级以上的高温作业；D.《体力劳动强度分级》国家标准中第三级体力劳动强度的作业；E. 接触铅、苯、汞、甲醛、二硫化碳等易引起过敏反应的作业。

③用人单位招收使用未成年工，除符合一般用工要求外，还须向所在地的县级以上劳动行政部门办理登记。劳动行政部门根据《未成年工健康检查表》、《未成年工登记表》，核发《未成年工登记证》。

④用人单位应对未成年工进行定期健康检查。未成年工在安排工作岗位之前、工作满1年、年满18周岁距前一次的体检时间已超过半年时，用人单位应进行健康检查。用人单位应根据未成年工的健康检查结果安排其从事适合的劳动，对不能胜任原劳动岗位的，应根据医务部门的证明，予以减轻劳动量或安排其他劳动。

⑤未成年工上岗前，用人单位应对其进行有关的职业安全卫生教育、培训。未成年工体检和登记，由用人单位统一办理和承担费用。

7.2.6 基本社会保险标准

1. 社会保险法概述

社会保险是关于劳动者生活风险的社会互助行为，是国家通过立法手段，在劳动者因年老、患病、工伤、失业、生育及死亡等原因，暂时或永久失去生活来源的时候，依法给予一定的物质帮助，保证公民和劳动者的基本生活需要的一种社会保障制度。社会保险法是规范社会保险关系的法律规范的总称。社会保险法律制度，是指国家通过立法建立的针对劳动者生活风险的社会互助制度。

社会保险法包括养老保险法、医疗保险法、失业保险法、工伤保险法和生育保险法。

2. 社会保险费缴纳和社会保险待遇

（1）我国现行企业养老保险

①覆盖范围。我国现行的企业养老保险覆盖城镇各类企业及其职工、个体工商户和灵活就业人员。

②养老保险费的缴纳。城镇各类企业及其职工的基本养老保险费由参加基本养老保险的企业和个人共同缴纳。用人单位应当按照国家规定的本单位职工工资总额的比例缴纳基本养老保险费，职工应当按照国家规定的本人工资的比例缴纳基本养老保险费。缴费的具体比例按省级政府或省级政府授权的地区政府的规定执行。

无雇工的个体工商户、未在用人单位参加基本养老保险的非全日制从业人员以及其他灵活就业人员可以参加基本养老保险，由个人缴纳基本养老保险费。

③养老保险待遇。退休时的基础养老金月标准以当地上年度在岗职工月平均工资和本人指数化月平均工资的平均值为基数，缴费每满1年发给1%。个人账户养老金月标准为个人账户储存额除以计发月数，计发月数根据职工退休时城镇人口预期寿命、本人退休年龄、利息等因素确定。职工或退休人员死亡，个人账户中的个人缴费部分可以继承。

④资格条件。

A. 缴费年限：缴费 15 年以上。个人缴费年限累计不满 15 年的，退休后不享受基础养老金待遇，其个人账户养老金一次性支付给本人。

B. 退休年龄：男性 60 岁，女性 50 岁。从事井下、高空、高温、特别繁重的体力劳动或其他有害健康工作的，男性 55 岁，女性 45 岁。因病或非因工致残的，退休年龄为男 50 岁，女 45 岁。

（2）我国现行城镇职工基本医疗保险

①医疗保险基金的筹集。我国医疗保险的基本医疗保险费由用人单位和劳动者共同缴纳，用人单位应当按照国家规定的本单位职工工资总额的比例缴纳基本医疗保险费，职工应当按照国家规定的本人工资的比例缴纳基本医疗保险费。缴费的具体比例按省级政府或省级政府授权的地区政府的规定执行。

②医疗保险基金的使用。我国已经实行医疗保险统筹基金和个人账户相结合的医疗保险制度，统筹基金和个人账户分别核算、互不挤占。统筹基金确定起付标准和最高支付限额，起付标准原则上控制在当地职工年平均工资的 10% 左右，最高支付限额原则上控制在当地职工年平均工资的 4 倍左右。职工患病后，所需医疗费用在起付标准以下的从个人账户支付或由个人支付；起付标准以上、最高支付限额以下的医疗费用，主要从统筹基金中支付，但个人也要负担一定比例。

③我国医疗保险待遇的内容。医疗期间的待遇：职工享受医疗保险待遇有一定的期限（一般为 3 ~ 24 个月，难以治愈的疾病，经劳动保障部门批准可适当延长，但延长期最多为 6 个月），超出期限则不再享受。医疗期间的待遇包括医疗保险待遇和病假工资待遇。职工一般应在定点医疗机构就医，其保险待遇项目主要有：规定范围的药品费用、规定的检查费用和医疗费用、规定标准的住院费用。上述费用按规定比例从医疗保险个人账户和社会统筹基金中支付，超出部分费用和其余费用由个人承担。职工患病或非因工负伤，停止工作满 1 个月以上的，单位停发工资，改按其工作时间长短给付相当于本人工资一定比例的病假工资。

残疾待遇：职工患病或非因工负伤的，在医疗期内医疗终结或医疗期满后，经用人单位申请，劳动鉴定机构进行劳动能力鉴定并确定残废等级，享受残疾待遇。

（3）我国现行的工伤保险

①工伤保险基金。工伤保险基金由用人单位缴纳的工伤保险费、工伤保险基金的利息和依法纳入工伤保险基金的其他资金构成。工伤保险费根据以支定收、收支平衡的原则，确定费率。国家根据不同行业的工伤风险程度确定行业的差别费率，并根据工伤保险费使用、工伤发生率等情况在每个行业内确定若干费率档次。行业差别费率及行业内费率档次由国务院劳动保障行政部门会同国务院财政部门、卫生行政部门、安全生产监督管理部门制定，报国务院批准后公布施行。

统筹地区经办机构根据用人单位工伤保险费使用、工伤发生率等情况，适用所属行业内相应的费率档次确定单位缴费费率。国务院劳动保障行政部门定期了解全国各统筹地区工伤保险基金收支情况，及时会同国务院财政部门、卫生行政部门、安全生产监督管理部门提出调整行业差别费率及行业内费率档次的方案，报国务院批准后公布施行。

用人单位应当按时缴纳工伤保险费。职工个人不缴纳工伤保险费。用人单位缴纳工伤保险费的数额为本单位职工工资总额乘以单位缴费费率之积。

工伤保险基金在直辖市和设区的市实行全市统筹，其他地区的统筹层次由省、自治区人民政府确定。工伤保险基金存入社会保障基金财政专户，用于规定的工伤保险待遇、劳动能力鉴定以及法律、法规规定的用于工伤保险的其他费用的支付。任何单位或者个人不得将工伤保险基金用于投资运营、兴建或者改建办公场所、发放奖金，或者挪作其他用途。

工伤保险基金应当留有一定比例的储备金，用于统筹地区重大事故的工伤保险待遇支付；储备金不足支付的，由统筹地区的人民政府垫付。储备金占基金总额的具体比例和储备金的使用办法，由省、自治区、直辖市人民政府规定。

②工伤认定。

A. 工伤认定的情形。《工伤保险条例》第十四条规定，职工有下列情形之一的，应当认定为工伤：a. 在工作时间和工作场所内，因工作原因受到事故伤害的；b. 工作时间前后在工作场所内，从事与工作有关的预备性或者收尾性工作受到事故伤害的；c. 在工作时间和工作场所内，因履行工作职责受到暴力等意外伤害的；d. 患职业病的；e. 因工外出期间，由于工作原因受到伤害或者发生事故下落不明的；f. 在上下班途中，受到非本人主要责任的交通事故或者城市轨道交通、客运轮渡、火车事故伤害的；g. 法律、行政法规规定应当认定为工伤的其他情形。

另外，还有三类视同工伤的情形：a. 在工作时间和工作岗位，突发疾病死亡或者在48小时之内经抢救无效死亡的；b. 在抢险救灾等维护国家利益、公共利益活动中受到伤害的；c. 职工原在军队服役，因战、因公负伤致残，已取得革命伤残军人证，到用人单位后旧伤复发的。

B. 工伤认定的程序。职工发生事故伤害或者按照《职业病防治法》规定被诊断、鉴定为职业病，所在单位应当自事故伤害发生之日或者被诊断、鉴定为职业病之日起30日内，向统筹地区劳动保障行政部门提出工伤认定申请。遇有特殊情况，经报劳动保障行政部门同意，申请时限可以适当延长。

用人单位未按规定提出工伤认定申请的，工伤职工或者其直系亲属、工会组织在事故伤害发生之日或者被诊断、鉴定为职业病之日起1年内，可以直接向用人单位所在地统筹地区劳动保障行政部门提出工伤认定申请。

职工或者其直系亲属认为是工伤，用人单位不认为是工伤的，由用人单位承担举证责任。劳动保障行政部门应当自受理工伤认定申请之日起 60 日内做出工伤认定的决定，并书面通知申请工伤认定的职工或者其直系亲属和该职工所在单位。

③工伤保险待遇。

A. 工伤医疗待遇：a. 工伤医疗待遇。挂号费、住院费、医疗费、药费、就医路费全额报销。需要住院治疗的，按当地因工出差伙食补助标准的 70% 发给住院伙食补助费；经批准转外地治疗的，所需交通、食宿费按本单位职工因工出差标准报销。b. 工伤医疗期。职工因工作遭受事故伤害或者患职业病需要暂停工作接受工伤医疗的，在停工留薪期内，原工资福利待遇不变，由所在单位按月支付。停工留薪期一般不超过 12 个月。伤情严重或者情况特殊，经设区的市级劳动能力鉴定委员会确认，可以适当延长，但延长不得超过 12 个月。工伤职工评定伤残等级后，停发原待遇，按照有关规定享受伤残待遇。工伤职工在停工留薪期满后仍需治疗的，继续享受工伤医疗待遇。生活不能自理的工伤职工在停工留薪期需要护理的，由所在单位负责。期满或评定伤残等级后，停发津贴，改为享受伤残待遇。

B. 工伤致残待遇：a. 工伤致残被鉴定为 1~4 级的，应退出生产、工作岗位，终止劳动关系，发给工伤伤残抚恤证件，并按月发给伤残抚恤金，标准为本人工资的 90%~75%（1 级 90%、2 级 85%、3 级 80%、4 级 75%）；发给一次性伤残补助金，标准为本人 18~24 个月的工资（1 级 24 个月、2 级 22 个月、3 级 20 个月、4 级 18 个月）。b. 工伤致残被鉴定为 5~10 级的，原则上由企业安排适当工作，并按伤残等级发给一次性伤残补助金，标准为本人 6~16 个月的工资（5 级 16 个月、6 级 14 个月、7 级 12 个月、8 级 10 个月、9 级 8 个月、10 级 6 个月）。c. 工伤职工经评残并确认需要护理的，应按月发给护理费。全部护理依赖、大部分护理依赖、部分护理依赖三个等级分别发给相当于职工上年度平均工资的 50%、40%、30%。d. 工伤职工因日常生活或辅助生产劳动需要，必须安装假肢、义眼、镶牙和配置代步车等辅助器具的，按国内普及型标准报销费用。

C. 因工死亡待遇：职工因工死亡，其直系亲属按照下列规定从工伤保险基金中领取丧葬补助金、供养亲属抚恤金和一次性工亡补助金。a. 丧葬补助金为 6 个月的统筹地区上年度职工月平均工资。b. 供养亲属抚恤金按照职工本人工资的一定比例发给由因工死亡职工生前提供主要生活来源、无劳动能力的亲属。标准为：配偶每月 40%，其他亲属每人每月 30%，孤寡老人或者孤儿每人每月在上述标准的基础上增加 10%。核定的各供养亲属的抚恤金之和不应高于因工死亡职工生前的工资。供养亲属的具体范围由国务院劳动保障行政部门规定。c. 一次性工亡补助金标准为 48 个月至 60 个月的统筹地区上年度职工月平均工资。具体标准由统筹地区的人民政府根据当地经济、社会发展状况规定，报省、自治区、直辖市人民政府备案。d. 职工因公外出期间因意外事故失踪的待遇：

职工因公外出期间因意外事故失踪的，从事故发生的下个月起 3 个月内本人工资照发；第 4 个月起停发工资，对失踪职工的供养亲属按月发给亲属抚恤金。生活有困难的，可预支一次性工亡补助金的 50%。人民法院宣告死亡的，发给丧葬补助金和其他待遇。

④工伤保险相关规定。

A. 用人单位分立、合并、转让的，承继单位应当承担原用人单位的工伤保险责任；原用人单位已经参加工伤保险的，承继单位应当到当地经办机构办理工伤保险变更登记。用人单位实行承包经营的，工伤保险责任由职工劳动关系所在单位承担。职工被借调期间受到工伤事故伤害的，由原用人单位承担工伤保险责任，但原用人单位与借调单位可以约定补偿办法。企业破产的，在破产清算时优先拨付依法应由单位支付的工伤保险待遇费用。

B. 出国出境人员在境外因工负伤、致残或死亡的工伤保险待遇：获得境外伤害赔偿的，一次性工亡补助金或一次性伤残补助金不再发放，但其他待遇仍然享受；境外赔偿低的，国内补足差额。

C. 职工被派遣出境工作，依据前往国家或者地区的法律应当参加当地工伤保险的，参加当地工伤保险，其国内工伤保险关系中止；不能参加当地工伤保险的，其国内工伤保险关系不中止。

D. 工伤职工有下列情形之一的，停止享受工伤保险待遇：a. 丧失享受待遇条件的；b. 拒不接受劳动能力鉴定的；c. 拒绝治疗的；d. 被判刑正在收监执行的。

（4）我国现行的失业保险

①覆盖范围。我国现行的失业保险覆盖城镇企业事业单位及其职工。

②保险缴费。我国实行的是劳动者和用人单位分担失业保险费的制度。城镇企业事业单位按照本单位工资总额的 2% 缴纳失业保险费。城镇企业事业单位职工按照本人工资的 1% 缴纳失业保险费。城镇企业事业单位招用的农民合同制工人本人不缴纳失业保险费。

③支付条件。具备下列条件的失业人员，可以领取失业保险金：A. 按照规定参加失业保险，所在单位和本人已按规定缴纳失业保险费满一年；B. 非因本人意愿中断就业；C. 已办理失业登记，并有求职要求。

失业人员在领取失业保险金期间有下列情形之一的，停止领取失业保险金：A. 重新就业的人员；B. 应征服兵役的人员；C. 移居境外的人员；D. 享受基本养老保险待遇的人员；E. 被判刑收监执行或者被劳动教养的人员；F. 无正当理由、拒不接受当地人民政府指定的部门或者机构介绍的工作的人员；G. 有法律、行政法规规定的其他情形的人员。

④保险支付水平。失业保险金的标准，按照低于当地最低工资标准、高于城市居民最低生活保障标准的水平，由省、自治区、直辖市人民政府确定。

⑤保险支付期限。对于城镇职工，失业保险支付期限长短与缴费时间长短挂

钩：失业人员失业前用人单位和本人累计缴费满 1 年不足 5 年的，领取失业保险金的期限最长为 12 个月；累计缴费满 5 年不足 10 年的，领取失业保险金的期限最长为 18 个月；累计缴费 10 年以上的，领取失业保险金的期限最长为 24 个月。重新就业后，再次失业的，缴费时间重新计算，领取失业保险金的期限与前次失业应当领取而尚未领取的失业保险金的期限合并计算，最长不超过 24 个月。

对于单位招用的农民合同制工人，连续工作满 1 年，本单位并已缴纳失业保险费，劳动合同期满未续订或者提前解除劳动合同的，由社会保险经办机构根据其工作时间长短，对其支付一次性生活补助。

（5）我国现行的生育保险

现行生育保险的法律依据是 1995 年 1 月 1 日起施行的《企业职工生育保险试行办法》。

①生育保险费的筹集。生育保险费用实行社会统筹，由企业按工资总额的一定比例向社会保险经办机构缴纳生育保险费。提取比例由地方根据收支平衡情况确定，但最高不得超过工资总额的 1%。职工个人不缴纳生育保险费，生育保险基金应存入生育保险基金专户。

②支付项目。产假期间的生育津贴由生育保险基金补偿到单位，单位按本企业上年度职工月平均工资计发。女职工生育的检查费、接生费、手术费、住院费和药费由生育保险基金支付。超出规定的医疗服务费和药费（含自费药品和营养药品的药费）由职工个人负担。女职工生育出院后，因生育引起的疾病的医疗费，由生育保险基金支付；其他疾病的医疗费，按医疗保险待遇的规定办理。

③支付标准。女职工生育或流产后，由本人或所在企业持当地计划生育部门签发的计划生育证明，婴儿出生、死亡或流产证明，到当地社会保险经办机构办理手续，领取生育津贴和报销生育医疗费。

3. 不履行社会保险义务的法律后果

用人单位不办理社会保险登记的，由社会保险行政部门责令限期改正；逾期不改正的，对用人单位处应缴社会保险费数额 1 倍以上 3 倍以下的罚款，对其直接负责的主管人员和其他直接责任人员处 500 元以上 3 000 元以下的罚款。

用人单位未按时足额缴纳社会保险费的，由社会保险费征收机构责令限期缴纳或者补足，并自欠缴之日起，按日加收 5‰的滞纳金；逾期仍不缴纳的，由有关行政部门处欠缴数额 1 倍以上 3 倍以下的罚款。

7.3 用人单位劳动标准

7.3.1 用人单位劳动标准的概念

用人单位劳动标准是指劳动关系双方共同遵守的劳动方面的办事规程或行为

规则。用人单位劳动标准是国家级、行业级、地方级劳动标准的延伸和细化，是劳动力市场主体——用人单位和劳动者双方或用人单位单方以国家、行业、地方级劳动标准为基础，针对本单位实际情况而制定的劳动标准。用人单位劳动标准仅适用于用人单位范围内的全体劳动者。

根据用人单位劳动标准所涉及的劳动条件内容不同，用人单位劳动标准可以分为劳动报酬标准、工作时间标准、休息休假标准、劳动安全卫生标准、保险福利标准、劳动定员定额标准、职业培训标准、女工特殊保护标准等。

用人单位劳动标准的作用在于：①将适用于用人单位的国家、地方、行业强制性标准具体化，明确企业适用的推荐性标准内容和范围，避免违反法律；②规范各项作业的流程及标准，提高工作效率；③规范劳动关系双方的行为，营造良好而有序的内部工作环境和秩序；④科学管理，提高管理者的管理水平、管理方法及技巧；⑤人性化管理，增强员工的忠诚度，提高员工的工作积极性。

7.3.2 用人单位制定劳动标准的方式

1. 集体合同

通过集体合同形成的劳动标准是用人单位内部自发形成劳动标准的一种方式，主要在工会或者职工代表与用人单位进行协商谈判的基础上，签订集体合同，确定用人单位内部劳动标准，使得用人单位内的劳动者的各方面权益得到更好的保护。用人单位集体合同的约束范围包括本用人单位的所有劳动者，以及未来加入本用人单位的劳动者。集体合同中的劳动标准主要包括工资标准、工时标准（包括休息休假标准）、劳动安全卫生标准、社会保险标准等。

2. 劳动规章制度

用人单位内部规章制度是用人单位形成劳动标准的主要形式。用人单位规章制度中形成的劳动标准是在国家标准、行业标准和地方标准的基础上针对各项劳动条件制定的适合本用人单位发展的劳动标准，由用人单位自主建立，并经过职工代表大会或者全体职工讨论，与工会和职工代表平等协商确认。

3. 劳动合同样本

此外，用人单位也可以通过制定劳动合同样本的方式制定用人单位劳动标准，即将用人单位的劳动标准（主要包括工资标准、工时标准（包括休息休假标准）、劳动安全卫生标准、社会保险标准等）通过劳动合同格式文本的形式表现出来。

7.3.3 用人单位劳动标准的制定

用人单位制定劳动标准需要受到两个方面的限制：一是内容限制；二是程序限制。

所谓内容限制是指用人单位制定劳动标准必须符合国家、行业、地区强制性劳动标准的规定，所设定的具体标准不能低于国家、行业、地区强制性劳动标准所设立的底线。

所谓程序限制则是用人单位劳动标准依其制定方式的不同而应遵守法律对于程序上的不同要求。用人单位以劳动规章制度形式确立的劳动标准应遵守法律关于劳动规章制度制定程序的要求；用人单位以签订集体合同的方式确立的劳动标准则应遵守法律关于集体合同和集体协商的程序性规定；用人单位以劳动合同样本方式确立的劳动标准则应在与劳动者订立劳动合同时，遵守法律关于劳动合同签订程序的要求，与劳动者协商一致。

1. 用人单位劳动标准的内容规范

用人单位劳动标准的内容规范，主要是指用人单位劳动规章制度的内容规范，包括内容合法、结构完整、规定全面。

（1）内容合法

用人单位劳动标准必须合法，不得有违反法律强制性规定的内容。如果存在违反法律法规强制性规定的内容，这部分内容是无效的。

（2）结构完整

用人单位劳动标准应该结构完整，应有罚则。用人单位劳动标准旨在维护其正常经营秩序，规范员工的行为，因此应该有相应的处罚规定；否则，劳动标准就会形同虚设，起不到实际效果。用人单位劳动标准可以规定的对于员工的处罚方式通常有书面警告、记过、扣工资或奖金、降级或降职、降薪、停工、辞退等。

（3）规定全面

用人单位劳动标准应该规定全面，不仅有关于日常管理方面的规定，还应该包括录用员工和辞退员工的规定。例如，应该对录用员工过程中的招录条件及事先制作、公布及在事后保留"录用条件"的方法做出规定，以减少试用期辞退的风险。再如，用人单位劳动标准可以对"严重违反劳动纪律或者用人单位规章制度"的行为做出具体规定，也可以对"重大利益损害"进行界定，以便辞退违纪员工时减少损失。当然，制定这些劳动标准时，应该注意常识和合理性，避免过于苛刻而"显失公正"。

2. 用人单位劳动标准的程序规范

用人单位劳动标准的制定程序包括一般程序和法定程序。一般程序包括收集资料进行分析、确定目标及工作标准、提出编写提纲、起草、征求意见、修改、审批和公布；法定程序包括合法性审查、协商、公示或告知、备案。其中，法定程序是核心。程序规范主要是指法定程序规范。

（1）通过规章制度制定劳动标准的程序规范

①合法性审查。合法性审查是程序规范的第一步。规章制度初稿起草完成以后，首先应该进行合法性审查，检查是否存在违反劳动法的内容。如果本单位缺

乏熟悉劳动法的人员，则应该聘请劳动法律师进行。

②协商。合法性审查结束后，还要进行协商，这是法定程序。《劳动合同法》第四条规定："用人单位在制定、修改或者决定有关劳动报酬、工作时间、休息休假、劳动安全卫生、保险福利、职工培训、劳动纪律以及劳动定额管理等直接涉及劳动者切身利益的规章制度或者重大事项时，应当经职工代表大会或者全体职工讨论，提出方案和意见，与工会或者职工代表平等协商确定。在规章制度和重大事项决定实施过程中，工会或者职工认为不适当的，有权向用人单位提出，通过协商予以修改完善。"一般认为，以下程序可以视为协商程序：第一，召开职工大会或者职工代表大会通过；第二，由企业工会参与制定；第三，如果既未召开职工大会或者职工代表大会，也未设立工会，则应通过适当方式，在制定规章过程中使员工有提出意见、建议的权利，并且员工的建议和意见应充分反映在规章制定过程中。

需要指出的是，在协商过程中，用人单位要注意保留职工代表大会或者全体职工讨论的纪要或记录，并由参加人员或记录人员签名保留作为证据，同样也要保留工会或者职工代表平等协商过程纪要或记录。

③公示或告知。协商程序之后是公示或告知程序，这也是法定程序。《劳动合同法》第四条规定："用人单位应当将直接涉及劳动者切身利益的规章制度和重大事项决定公示，或者告知劳动者。"

用人单位规章制度公示中应注意保留已经公示的证据。以下方法可以达到这样的效果：第一，将规章交由每个员工阅读，并且在阅读后签字确认。阅读规章的签字确认，可以通过制作表格进行登记，也可以制作单页的声明由员工签字，内容包括员工确认"已经阅读"并且承诺"遵守"。第二，在厂区将规章内容公告，并且将公告的现场进行拍照、录像等方式的记录备案，并可由厂区的治安、物业管理等人员见证。第三，召开职工大会公示，并以适当方式保留证据。第四，委托工会公示，并保留证据。

④备案。备案是规章制度制定程序的最后一步程序，也是附加程序，该程序不影响规章制度的效力。原劳动部《关于对新开办用人单位实行劳动规章制度备案制度的通知》规定，用人单位劳动规章制度应该送交劳动行政部门审查备案。

需要说明的是，是否送交劳动行政部门审查备案，并不影响用人单位规章制度的效力及生效时间；但遇到劳动纠纷需要适用用人单位规章制度时，如果证明其合法性存在困难，则经过劳动行政部门审查备案的程序在一定程度上能够起到证明和使规章合法化的作用。

（2）通过集体合同制定劳动标准的程序规范

①制订集体合同草案。集体合同应由工会代表职工与用人单位签订，没有建立工会的用人单位，由职工推举的代表与用人单位签订。一般情况下，各个用人

单位应当成立集体合同起草委员会或者起草小组，主持起草集体合同。起草委员会或者起草小组应当深入进行调查研究，广泛征求各方面的意见和要求，提出集体合同的初步草案。

②审议。将集体合同草案文本提交职工大会或职工代表大会审议。职工大会或职工代表大会审议时，由企业经营者和工会主席分别就协议草案的产生过程、依据及涉及的主要内容作说明，然后由职工大会或职工代表大会对协议草案文本进行讨论，做出审议决定。劳动和社会保障部于 2004 年颁布的《集体合同规定》第三十六条规定：经双方协商代表协商一致的集体合同草案或专项集体合同草案应当提交职工代表大会或者全体职工讨论。职工代表大会或者全体职工讨论集体合同草案或专项集体合同草案，应当有 2/3 以上职工代表或者职工出席，且须经全体职工代表半数以上或者全体职工半数以上同意，集体合同草案或专项集体合同草案方获通过。

③签字。集体合同草案经职工大会或职工代表大会审议通过后，由双方首席代表签字或盖章。

④登记备案。集体合同签订后，应将集体合同的文本及其各部分附件一式三份提请县级以上劳动行政主管部门登记备案。劳动行政部门有审查集体合同内容是否合法的责任，如果发现集体合同中的项目与条款有违法、失实等情况，可不予登记或暂缓登记，发回企业对集体合同进行修正。如果劳动行政部门在收到集体合同文本之日起 15 日内，没有提出意见，集体合同应发生法律效力，企业行政、工会组织和职工个人均应切实履行。

⑤公布。集体合同一经生效，企业应及时向全体职工公布。

（3）通过劳动合同样本确立劳动标准的程序规范

用人单位通过劳动合同样本确立劳动标准，在程序上没有严格要求。一般是用人单位自行或委托有关专业咨询机构，参考有关劳动合同范本，制做出用于与劳动者签订劳动合同的格式文本，并将用人单位有关工作时间、工资、福利、补充保险、劳动保护、岗位职责要求等内容纳入到劳动合同格式文本之中。

但是，需要指出的是，用人单位通过劳动合同格式文本形式确立的劳动标准并不立即对劳动者生效，而需要经劳动者签字认可方可生效。其签订应遵循劳动合同签订的程序要求。根据《劳动合同法》第十六条的规定，由用人单位与劳动者协商一致，并经用人单位与劳动者在劳动合同文本上签字或者盖章生效。劳动合同文本由用人单位和劳动者各执一份。具体来讲，用人单位将劳动合同格式文本交付劳动者，劳动者没有异议的，则可签字认可；劳动者有异议的，特别是对于劳动标准格式文本的内容有异议的，则须双方协商，达成一致。如果对于格式文本的内容有修改的，则形成仅适用于该劳动者的劳动条件，而非普遍适用于用人单位的、具有重复性的用人单位劳动标准。需要指出的是，在协商的过程中，用人单位有告知义务，并应当对于格式条款的内容做出明确解释说明；劳动者有说明义务。根据《劳动合同法》第八条，用人单位招用劳动者时，应当如实告知劳动者工作内容、工作条件、工作地点、职业危害、安全生产状况、劳动报酬，以及劳动者要求了解的其他情况；用人单位有权了解劳动者与劳动合同直接相关的基本情况，劳动者应当如实说明。

7.3.4　用人单位劳动标准的效力

每个用人单位由于自身特点不同，制定各自的劳动标准，这种标准只要不违反国家法律的规定，就不受国家强制力的约束。但是一旦制定，其在用人单位内部就发生当然的约束力，用人单位与劳动者都应该主动遵守，否则受损害的一方可以通过法律的方式得到相应的救济。

用人单位劳动标准的效力取决于用人单位劳动标准的制定方式。以集体合同确定的劳动标准，遵守关于集体合同效力的规定；以规章制度确定的劳动标准，遵守关于规章制度效力的规定；以劳动合同确定的劳动标准，遵守关于劳动合同效力的规定。

规章制度、集体合同和劳动合同之间的效力等级遵守两个原则：

1. 就高不就低原则

劳动标准散见于不同层次的规范性文件和合同文本中，其效力等级从高到低依次为：集体合同、规章制度、劳动合同。如果集体合同、规章制度与劳动合同规定的事项不一样，三者具有同等的法律效力，因为从法律规定来看，集体合同、规章制度和劳动合同都具有法律效力，三者对不同的事项做出不同规定的，各自在各自的范围内适用。因此，较高等级文件的内容可以成为较低等级文件的补充，即较高等级文件已有规定的，较低等级文件不必重复规定。较低等级文件不得与较高等级文件相抵触。当然，用人单位集体合同、内部规章制度和劳动合同都必须遵守法律法规的规定。只有这样，才能真正保障它们的约束力。

2. 更有利原则

如果规章制度与劳动合同、集体合同对同一事项做出规定且规定的内容不一致，应以劳动者请求适用且对劳动者最有利的那个等级文件为准。《最高人民法院关于审理劳动争议案件适用法律若干问题的解释（二）》第十六条指出："用人单位制定的内部规章制度与集体合同或者劳动合同约定的内容不一致，劳动者请求优先适用合同约定的，人民法院应予支持。"最高人民法院对于这个规定给出的原因是，确定劳动合同和集体合同的优先适用效力，主要目的是防止用人单位，特别是企业的经营管理者不正当行使劳动用工管理权，借少数人的民主侵害多数职工依法享有的民主权利，因为如果用人单位利用其劳动规章制度的单方面制定权，对单位职工做出有悖于劳动合同和集体合同，甚至国家法律法规的规定，其内容必将被认定为无效。

第 8 章　劳动合同管理

8.1　劳动合同订立

8.1.1　劳动合同概述

1. 劳动合同的概念

劳动合同，亦称劳动契约或劳动协议。我国《劳动法》第十六条规定，劳动合同是劳动者与用人单位确立劳动关系、明确双方权利义务的协议。

2. 劳动合同的分类

（1）按照劳动合同的期限划分

劳动合同按照期限划分，可分为固定期限劳动合同、无固定期限劳动合同和以完成一定工作任务为期限的劳动合同。

（2）按照用工形式划分

按照用工形式划分，劳动合同可分为一般劳动合同和特殊劳动合同。一般劳动合同是指劳动者和用人单位在正常情况下，按照一般的劳动时间和劳动条件所达成的关于双方权利义务关系的协议。它是通常形式下的劳动合同，它是全日制的和直接的劳动合同。特殊劳动合同主要包括非全日制劳动合同和劳务派遣劳动合同两种。非全日制劳动合同是指劳动者和用人单位签订的，以小时计酬为主，劳动者在同一用人单位一般平均每日工作时间不超过 4 小时，每周工作时间累计不超过 24 小时的特殊形式的劳动合同。劳务派遣合同是指劳务派遣单位（用人单位）和派遣劳动者签订的劳动合同。合同签订后，劳务派遣单位将派遣劳动者派遣至劳务派遣接受单位（用工单位）。在劳务派遣关系中，受派遣劳动者和劳务派遣单位签订劳动合同，劳务派遣单位和实际用工单位签订劳务派遣协议。

8.1.2 劳动合同的订立原则

《劳动合同法》第三条第一款规定，订立劳动合同，应当遵循合法、公平、平等自愿、协商一致、诚实信用的原则。

合法原则的含义，既包括劳动合同当事人在订立和履行中必须遵守法律，也包括劳动合同当事人必须遵守社会公德，不得违背社会公共利益，违背公序良俗。

平等原则是指劳动合同当事人在合同关系中的法律地位平等，用人单位不得将自己的意志强加给劳动者。

自愿原则强调劳动合同的订立与劳动关系的建立取决于双方当事人的合意，是意思自治原则的体现。

8.1.3 劳动合同的订立程序

1. 向劳动者告知本单位信息和进行员工背景调查

《劳动合同法》第八条规定，用人单位招用劳动者时，应当如实告知劳动者工作内容、工作条件、工作地点、职业危害、安全生产状况、劳动报酬以及劳动者要求了解的其他情况；用人单位有权了解劳动者与劳动合同直接相关的基本情况，劳动者应当如实说明。

比较而言，用人单位的告知义务内容比较广泛，所列举事项基本涉及了劳动合同的全部内容，而且劳动者还有权要求了解劳动合同以外的其他情况，只要不涉及用人单位的商业秘密或者其他重要的商业信息，其实质界限是劳动者是否要求了解。

对于劳动者的告知义务，《劳动合同法》则有所限制，其只需告知与劳动合同直接相关的基本情况。如果与劳动合同不直接相关，或者与劳动合同直接相关但不属于劳动者基本情况的，劳动者可以拒绝告知。其实质界限，应当是是否为劳动者履行劳动义务所必要，而且不得基于歧视性理由。

2. 拟定和发出签约通知

人力资源部门在确定录用人选后，对经选定的录取人员，按照与用人部门商定的用人日期，向录取人员发出"签约通知"，并在"签约通知"中注明签约时间、地点、联系人、签约时须携带的文件等。

3. 准备合同文本及签约

将双方协商一致的内容，写入劳动合同书。也可以在事先准备的劳动合同文本草稿中逐条落实双方协商一致的内容，形成劳动合同书。劳动合同书应当制作一式两份，劳动者本人和用人单位各持一份。劳动合同经双方签字或盖章后生效。

8.1.4 劳动合同的内容

劳动合同的内容，即劳动合同的条款，它是劳动合同当事人双方权利、义务、责任的具体化。依据《劳动合同法》第十七条的规定，劳动合同的条款可以分为必备条款和约定条款。

1. 必备条款

根据《劳动合同法》第十七条第一款的规定，劳动合同的必备条款包括以下内容：

（1）用人单位的名称、住所和法定代表人或者主要负责人

其中，"名称"应当是用人单位报有关职能部门登记注册的名称，如企业应当填写报工商行政管理机关登记注册的名称；"住所"，如果用人单位是法人，则一般是主要办事机构所在地，有几个办事机构时，则以起决策作用的主要办事机构所在地为其住所；"法定代表人"是指依法代表法人行使民事权利、履行民事义务的主要负责人；"主要负责人"主要是非法人单位因没有法定代表人，则应写明其管理机构的负责人。

（2）劳动者的姓名、住址和居民身份证号码或者其他有效身份证件号码

其中，"姓名"应当是本人有效身份证件中载明的姓名；"住址"即住所的地址，住所为户籍所在地的居住地，经常居住地与住所不一致的，经常居住地视为住所；中国劳动者应当载明居民身份证号码，境外劳动者应当载明护照等其他有效身份证件号码。

（3）劳动合同期限

劳动合同期限是双方当事人相互享有权利、履行义务的时间界限，即劳动合同的有效期限。该条款应当表明劳动合同期限的形式，其中，固定期限劳动合同应当规定其起止日期；无固定期限劳动合同仅规定其起始日期而不规定其终止日期；以完成一定工作任务为期限的劳动合同应当规定起始日期和特定工作任务内容。

（4）工作内容和工作地点

工作内容，即劳动者具体从事的职业、工种或岗位，还可包括工作任务、劳动定额和职责等。工作地点是指劳动者所在岗位的具体地理位置，实质上就是所谓的合同履行地。

（5）工作时间和休息休假

工作时间是指在企业、事业、机关、团体等单位中，必须用来完成其所担负的工作任务的时间。休息休假是指企业、事业、机关、团体等单位的劳动者按规定不必进行工作，而自行支配的时间。工作时间和休息休假的约定须符合劳动法律、法规和集体合同的有关规定，可包括工作班制、休息休假办法等内容。

（6）劳动报酬

劳动报酬是指劳动者与用人单位确定劳动关系后，因提供了劳动而取得的报酬。劳动报酬主要包括以下几个方面：①用人单位工资水平、工资分配制度、工资标准和工资分配形式；②工资支付办法；③加班、加点工资及津贴、补贴标准和奖金分配办法；④工资调整办法；⑤试用期及病、事假等期间的工资待遇；⑥特殊情况下职工工资（生活费）支付办法；⑦其他劳动报酬分配办法。劳动合同中有关劳动报酬条款的约定，要符合我国有关最低工资标准的规定。

（7）社会保险

社会保险是政府通过立法强制实施，由劳动者、劳动者所在的工作单位或社区以及国家三方面共同筹资，帮助劳动者及其亲属在遭遇年老、疾病、工伤、生育、失业等风险时，防止收入的中断、减少和丧失，以保障其基本生活需求的社会保障制度。社会保险由国家成立的专门性机构进行基金的筹集、管理及发放，不以营利为目的，一般包括医疗保险、养老保险、失业保险、工伤保险和生育保险。

（8）劳动保护、劳动条件和职业危害防护

劳动条件是指用人单位为劳动者从事劳动提供的必要条件，包括劳动保护条件和其他劳动条件。劳动保护条件即劳动安全卫生条件，即用人单位为了防止劳动过程中的事故，减少职业危害，保障劳动者的生命安全和健康而采取的各种措施。其他劳动条件是指用人单位为使劳动者顺利完成劳动合同约定的工作任务，为劳动者提供的必要的物质和技术条件。

（9）法律、行政法规规定应当纳入劳动合同的其他事项

值得注意的是，这里的"法律、行政法规规定应当纳入劳动合同的其他事项"，应当不包括《劳动法》第十九条规定的"劳动纪律"、"劳动合同终止的条件"和"违反劳动合同的责任"。

2. 约定条款

约定条款是指劳动者和用人单位在必备条款之外，双方根据具体情况协商约定的权利义务条款。依据《劳动合同法》第十七条第二款的规定，劳动合同中可以约定的条款包括：试用期约定、培训约定、保密约定、补充保险和福利待遇约定等。需要说明的是，除了《劳动合同法》中明确的这些约定条款外，对劳动法律法规没有禁止的、不违反《劳动合同法》的基本事项，用人单位和劳动者完全可以约定另外的条款，就其他方面的权利义务做出有法律效力的约定。例如，关于劳动者兼职的约定、关于协议解除劳动合同的约定等。

此外，与劳动合同内容有关的，还有专项协议。所谓专项劳动协议是指已经确立劳动关系的劳动者与其用人单位就某种特定事项所签订的专项协议。

（1）试用期条款

根据《劳动合同法》的规定，试用期与劳动合同期限并存，不得仅约定试

用期。劳动合同仅约定试用期的，试用期不成立，该期限为劳动合同期限。试用期包含在劳动合同期限内，且与劳动合同期限同时开始。实践中，要注意区分试用期与学徒期、见习期等概念。学徒期是对进入某些工作岗位的新工人进行以师傅指导学徒的方式进行培训的期限。见习期是对大中专和技校毕业生分配到用人单位后进行上岗培训的期限。对于学徒期、见习期都有特别的规定，应当参照执行。《劳动合同法》对于劳动合同的试用期的成立条件、适用范围、期限长度以及工资报酬等进行了全面规定。

①适用范围。《劳动合同法》在第十九条和第七十条规定了试用期的适用范围，包括：A. 同一用人单位与同一劳动者只能约定一次试用期，即同一劳动者在同一用人单位已实行过试用期后，再次订立劳动合同的，无论岗位变化与否，也无论与前一次已实行过试用期的就业有无时间间隔或间隔时间有多长，都不适用试用期。B. 以完成一定工作任务为期限的劳动合同，不足 3 个月的固定期限劳动合同不得约定试用期。C. 非全日制用工双方当事人不得约定试用期。

②期限长度。基于试用期所具有的防范劳动风险和用工风险的功能以及劳动（用工）风险程度受劳动合同期限长度制约的事实，《劳动合同法》第十九条将试用期的最长期限与劳动合同期限对应，分别对不同期限的劳动合同规定了不同的试用期最长期限，即：劳动合同期限 3 个月以上不满 1 年的，试用期不得超过 1 个月；劳动合同期限 1 年以上不满 3 年的，试用期不得超过 2 个月；3 年以上固定期限和无固定期限的劳动合同，试用期不得超过 6 个月。

③试用期工资待遇。试用期内劳动者的工资水平在一定程度上低于试用期满后的劳动者，应当属于正常现象，但如果过度则属于滥用试用期来侵犯劳动者合法权益。为此，《劳动合同法》第二十条对试用期内劳动者的工资待遇规定了特别基准，即劳动者在试用期的工资不得低于本单位相同岗位最低档工资或者劳动合同约定工资的 80%，并不得低于用人单位所在地的最低工资标准。其中，"本单位相同岗位最低档工资"，是指在同一用人单位内部与试用期内劳动者所在岗位相同的岗位上，正式工的最低档工资标准；"劳动合同约定工资"，是指劳动合同约定的劳动者在试用期满后的月工资标准；用人单位所在地的最低工资标准是试用期内劳动者所得工资的底线。

（2）培训协议

培训协议分为一般培训协议和专项培训协议。一般培训是指用人单位为劳动者提供的通用性或入门性知识和技能的培训。专项培训协议是指用人单位与劳动者之间就提供专项培训所达成的协议。

《劳动合同法》规定劳动合同双方可以就专项培训协议做出服务期和违约金的约定。服务期，是指当事人双方约定的，对劳动者有特殊约束力的，劳动者因获得特殊的劳动条件而应当与用人单位持续劳动关系的期限。《劳动合同法》第二十二条第一款规定，用人单位为劳动者提供专项培训费用，对其进行专业技术培训的，可以与该劳动者订立协议约定服务期。据此，服务期约定具有两个要件：①培训内容为专业技术培训。②培训费用由用人单位提供且为专项培训费用，包括用人单位为了对劳动者进行专业技术培训而支付的有凭证的培训费用、培训期间的差旅费用以及因培训产生的用于该劳动者的其他直接费用。

劳动者违反服务期约定的，应当按照约定向用人单位支付违约金。《劳动合同法》对违约金数额做了限制，在双方约定服务期违约金时，所约定的数额不得超过用人单位提供的培训费用。这里所指的培训费用包括用人单位为了对劳动者进行专业技术培训而支付的有凭证的培训费用、培训期间的差旅费用以及因培训产生的用于该劳动者的其他直接费用。

（3）保密协议

保密协议是指用人单位与劳动者之间就保守用人单位的商业秘密和与知识产权相关的保密事项所达成的协议。

①保密义务的客体。可以约定劳动者对用人单位承担保密义务的，仅限于商业秘密和与知识产权相关的保密事项。

商业秘密是指不为公众所知悉，能为权利人带来经济利益，具有实用性并经权利人采取保密措施的技术信息和经营信息。由单位研制开发或者以其他合法方式掌握的、未公开的、能给单位带来经济利益或竞争优势，具有实用性且本单位采取了保密措施的技术信息，称为技术秘密，与经营信息相并列，是商业秘密的组成部分。

所谓"与知识产权相关的保密事项"，也称为"准商业秘密"，是指那些尚未纳入知识产权法保护范围，又不构成商业秘密，但对用人单位仍具有一定保密价值的事项（或信息）。它与"商业秘密"相并列，二者共同构成了WTO制定的《与贸易有关的知识产权协议》所规定的"未公开信息"。

②劳动合同可以约定的保密事项。《劳动合同法》第二十三条规定，用人单位与劳动者可以在劳动合同中约定保守用人单位商业秘密和与知识产权相关的保密事项。保密条款或者保密协议中可以约定如下主要事项：

一是保密义务人。保密义务人应当限于由于职务或工作原因而知悉用人单位商业秘密和与知识产权相关的保密事项的劳动者。

二是保密内容、范围。保密内容主要是劳动者在特殊岗位可能知悉的秘密，包括设计、程序、产品配方、制作工艺、制作方法、管理诀窍、客户名单、货源情报、产销策略、招投标中的标底及标书内容等信息。

三是保密措施。在劳动关系存续期间，保密措施主要有：第一，脱密措施。依据《劳动部关于企业职工流动若干问题的通知》（劳部发〔1996〕355号）规定，在劳动合同中可以约定用人单位有权单方决定对负有保密义务的劳动者，在劳动合同终止前或该劳动者提出解除劳动合同后一定期间内（不超过6个月），调整其工作岗位，变更劳动合同的相关内容。在《北京市劳动合同规定》和

《上海市劳动合同条例》中还规定，脱密期内劳动者仍与用人单位有劳动关系，享有相关待遇；不得让其回家待岗，并以此为借口不发工资或者克扣工资。第二，兼职受竞业限制。在劳动者和用人单位关于兼职的协议中，可以约定负有保密义务的劳动者在兼职中应当受到竞业限制。在劳动关系解除或终止后，保密措施主要是约定竞业限制。

四是违反保密义务的责任。违反保密义务的责任包括赔偿损失、竞业限制违约金等。

（4）竞业限制协议

《劳动合同法》第二十三、二十四条所规定的竞业限制，是指在解除或终止劳动合同后，负有竞业限制义务的劳动者不得到与本单位生产或者经营同类产品、从事同类业务的有竞争关系的其他用人单位，或者自己开业生产或者经营同类产品、从事同类业务。关于竞业限制的性质，值得注意的是：第一，竞业限制作为一种保密措施，旨在保护用人单位合法权益，但限制了劳动者的择业自由。第二，竞业限制义务是一种约定义务，而非法定义务。

①竞业限制义务主体的范围。承担竞业限制义务应当以负有保密义务为前提，而负有保密义务应当以知悉用人单位的商业秘密和与知识产权相关的保密事项并且有合同约定为前提。《劳动合同法》第二十四条第一款规定，竞业限制的人员限于用人单位的高级管理人员、高级技术人员和其他负有保密义务的人员。

②竞业限制事项约定的限制。

A. 对竞业限制的范围、地域的限制。依据《劳动合同法》第二十四条第二款的规定，竞业限制只能限制劳动者到"与本单位生产或者经营同类产品、业务的有竞争关系的其他用人单位"或者"自己开业生产或者经营与本单位有竞争关系的同类产品、业务"。在实践中，判断有无竞争关系，除了产品、业务是否同类外，还要考虑地域、时间等因素。即使产品、业务同类，对于产品、业务是否同类和是否有竞争关系的界定，需要以竞争法等其他相关立法为依据。

B. 对竞业限制期限的限制。《劳动合同法》第二十四条第二款规定，竞业限制期限不得超过2年。其起点应当是劳动合同解除或终止之日，而不是发现劳动者有违反竞业限制行为之日。

③竞业限制的补偿。竞业限制对劳动者而言，意味着就业机会甚至劳动收入的减少，其职业发展也可能受到不利影响。因而，用人单位应当给劳动者以相应补偿。《劳动合同法》对竞业限制的经济补偿数额未做出规定，仅在第二十三条第二款作了如下限制：第一，只能在劳动合同解除或终止后支付，而不能在劳动合同解除或终止以前或当时支付；第二，应当在竞业限制期内按月支付，这样才足以保障劳动者不因竞业限制而影响其常态的生存条件。至于用人单位未履行支付经济补偿的义务如何处理的问题，法律没有明确规定，但是有些地方性法规对此做出了规定。

④违反保密事项与竞业限制条款的责任。《劳动合同法》第九十条规定，劳动者违反劳动合同中约定的保密义务或者竞业限制，给用人单位造成损失的，应当承担赔偿责任。《劳动合同法》第二十三条第二款中规定，劳动者违反竞业限制约定的，应当按照约定向用人单位支付违约金。

8.2 劳动合同履行与变更

8.2.1 劳动合同履行的概念

劳动合同的履行，是指合同当事人双方履行劳动合同所规定义务的法律行为，亦即劳动者和用人单位按照劳动合同的要求，共同实现劳动过程和各自合法权益。

劳动合同的履行，应遵循以下原则：

（1）亲自履行原则

合同当事人双方都必须以自己的行为履行各自依据劳动合同所承担的义务，而不得由他人代理。其中，劳动者的义务只能由本人履行，用人单位的义务只能由单位行政中的管理机构和管理人员在其职责范围内履行。

（2）全面履行原则

《劳动合同法》第二十九条规定"用人单位与劳动者应当按照劳动合同的约定，全面履行各自的义务"，从而确立了劳动合同的全面履行原则。劳动合同的内容是一个整体，合同条款之间的内在联系不能割裂。合同当事人必须履行合同的全部条款和各自承担的全部义务，既要按照合同约定的标准及其种类、数量和质量履行，又要按照合同约定的时间、地点和方式履行。

（3）协作履行原则

劳动关系是一种需要用人单位和劳动者合作才能够顺利实现的社会关系，劳动关系和谐是劳动合同双方顺利履行合同义务的前提。因此，在劳动合同履行过程中，当事人双方应当相互理解，为对方履行劳动合同创造条件。

8.2.2 劳动合同履行的法律规定

《劳动合同法》第三章对劳动合同的履行做出了详细的规定，主要体现在以下几个方面：

一是关于劳动报酬的规定。《劳动合同法》第三十条规定：用人单位应当按照劳动合同约定和国家规定，向劳动者及时足额支付劳动报酬。用人单位拖欠或者未足额支付劳动报酬的，劳动者可以依法向当地人民法院申请支付令，人民法院应当依法发出支付令。

二是关于加班的规定。《劳动合同法》第三十一条规定：用人单位应当严格执行劳动定额标准，不得强迫或者变相强迫劳动者加班。用人单位安排加班的，应当按照国家有关规定向劳动者支付加班费。

三是关于安全生产的规定。《劳动合同法》第三十二条规定：劳动者拒绝用人单位管理人员违章指挥、强令冒险作业的，不视为违反劳动合同。劳动者对危害生命安全和身体健康的劳动条件，有权对用人单位提出批评、检举和控告。

四是关于用人单位变动的规定。《劳动合同法》第三十三条规定，用人单位变更名称、法定代表人、主要负责人或者投资人等事项，不影响劳动合同的履行。《劳动合同法》第三十四条规定，用人单位发生合并或者分立等情况，原劳动合同继续有效，劳动合同由承继其权利义务的用人单位继续履行。

8.2.3　劳动合同履行中的常见问题

1. 试用期管理

试用期是劳动合同的约定条款，可以约定，也可以不约定。试用期手续办理主要包括以下步骤：

（1）试用期的合法性审核

试用期的约定和执行必须符合法律的规定，包括试用期的期限、工资以及是否应当约定试用期等进行核实。

（2）试用期满前的考核

试用期满前应当对员工进行一次考核，根据劳动者是否符合所招聘岗位录用条件，决定是否需要解除劳动合同。

（3）试用期满后留用的转正手续

员工试用期满经考核合格决定留用的，应当及时为其办理转正手续，特别是对于试用期工资与转正后工资不同的，应当及时办理相关手续，以免因手续办理延误造成拖欠工资。

2. 医疗期管理

医疗期是指企业职工因患病或非因工负伤停止工作治病休息不得解除劳动合同的时限。《企业职工患病或非因工负伤医疗期规定》（劳部发〔1994〕479号）第三条规定，企业职工因患病或非因工负伤，需要停止工作医疗时，根据本人实际参加工作年限和在本单位工作年限，给予3个月到24个月的医疗期。《劳动部关于贯彻执行〈中华人民共和国劳动法〉若干问题的意见》（1995年）第七十六条规定，患特殊病的职工在2年内尚不能痊愈的，经企业和劳动行政部门批准可适当延长医疗期。如果规定的医疗期届满，但劳动者的病伤尚未医疗终结或者医疗终结而其劳动能力受损，经劳动能力鉴定机构证明，缺乏或丧失从事原工作或者用人单位在现有条件下为其所安排新工作的劳动能力，就无法继续履行劳动合同，用人单位可以预告解除劳动合同。

（1）关于医疗期的计算

《企业职工患病或非因工负伤医疗期规定》（劳部发〔1994〕479号）第三条规定：①实际工作年限10年以下的，在本单位工作年限5年以下的为3个月，5年以上的为6个月。②实际工作年限10年以上的，在本单位工作年限5年以上的为6个月，5年以上10年以下的为9个月，10年以上15年以下的为12个月，15年以上20年以下的为18个月，20年以上的为24个月。另外，《企业职工患病或非因工负伤医疗期规定》第四条规定：医疗期3个月的，按6个月内累计病休时间计算；6个月的，按12个月内累计病休时间计算；9个月的，按15个月内累计病休时间计算；12个月的，按18个月内累计病休时间计算；18个月的，按24个月内累计病休时间计算；24个月的，按30个月内累计病休时间计算。可见，医疗期应从病休第一天开始，累计计算。比如，享受3个月医疗期的职工，如果从2014年1月1日起第一次病休，那么该职工的医疗期应在1月1日至6月30日之间确定，在此期间累计病休3个月即视为医疗期满。其他期限医疗期的计算依此类推。

（2）关于医疗期的待遇

《劳动部关于贯彻执行〈中华人民共和国劳动法〉若干问题的意见》第五十九条规定，职工患病或非因工负伤治疗期间，在规定的医疗期间内由企业按有关规定支付其病假工资或疾病救济费，病假工资或疾病救济费可以低于当地最低工资标准支付，但不能低于最低工资标准的80%。

医疗期管理的重要内容就是准确记录劳动者因病或非因工负伤，进行治疗康复的病假起止时间，因为准确记录医疗期，是用人单位依据《劳动合同法》的规定解除劳动合同的前提条件，而且用人单位对此也负有举证责任。

3. 职业病、工伤手续办理

职业病、工伤手续办理一般遵循的步骤包括：界定工伤、职业病的范围，界定工伤、职业病伤残等级，确定工伤、职业病期间的待遇。

（1）界定工伤、职业病的范围

工伤范围的界定，必须以立法中的明文规定为依据。关于工伤范围的法律规定，一般有三类：

第一，规定在哪些情况下发生的急性伤害应当属于工伤。《工伤保险条例》第十四条规定，职工由于下列情形之一而伤亡的，应认定为工伤：①在工作时间和工作场所内，因工作原因受到事故伤害的；②工作时间前后在工作场所内，从事与工作有关的预备性或者收尾性工作受到事故伤害的；③在工作时间和工作场所内，因履行工作职责受到暴力等意外伤害的；④患职业病的；⑤因工外出期间，由于工作原因受到伤害或者发生事故下落不明的；⑥在上下班途中，受到非本人主要责任的交通事故或城市轨道交通、客运轮渡、火车事故伤害的；⑦法律、行政法规规定应当认定为工伤的其他情形。

第二，规定在哪些情况下发生的急性伤害，虽不属于工伤，但视同工伤。《工伤保险条例》第十五条规定的这类情况有：①在工作时间和工作岗位，突发疾病死亡或者在48小时之内经抢救无效死亡的；②在抢险救灾等维护国家利益、公共利益活动中受到伤害的；③职工原在军队服役，因战、因公负伤致残，已取得革命伤残军人证，到用人单位后旧伤复发的。

第三，规定在哪些情况下发生的急性伤害不属于工伤。《工伤保险条例》第十六条规定，职工由于下列情形之一而造成的伤亡，不应认定为工伤：①故意犯罪；②酗酒或者吸毒的；③自残或者自杀的。

职业病一般是指劳动者在劳动过程中接触职业性有害因素所导致的疾病。它同特定职业密切联系，属于职业性有害因素对劳动者健康的慢性伤害。我国现行的法定职业病范围，依《职业病目录》（卫法监发［2002］108号）规定，包括尘肺、职业性放射性疾病、职业中毒、物理因素所致职业病、生物因素所致职业病、职业性皮肤病、职业性眼病、职业性耳鼻喉口腔疾病、职业性肿瘤、其他职业病等10类，共115种。随着经济的发展、科技的进步和劳动卫生工作的加强，职业病范围将逐步扩大。

（2）界定工伤、职业病伤残等级

致残和死亡是工伤后果的两种主要形式，《工伤与职业病致残程度鉴定标准》按照职工伤残后丧失劳动能力程度和护理依赖程度将残废划分为10个等级，符合评残标准1~4级的为全部丧失劳动能力；5~6级的为大部分丧失劳动能力；7~10级的为部分丧失劳动能力。因工死亡包括因工伤事故或职业中毒直接导致死亡、工伤或职业病医疗期间死亡、工伤旧伤复发或职业病旧病复发死亡，以及因工致残（1~4级）享受伤残抚恤金期间死亡。

工伤（职业病）的伤害结果大小，一般分为死亡、完全残废（永久、全部丧失劳动能力）、部分残废（永久、部分丧失劳动能力）、暂时全部丧失劳动能力、暂时部分丧失劳动能力。与此对应，工伤保险待遇可分为工伤医疗待遇、工伤致残待遇和因工死亡待遇。

（3）确定工伤、职业病期间的待遇

根据《工伤保险条例》第三十三条规定，职工因工作遭受事故伤害或者职业病需要暂停工作接受工伤医疗的，在停工留薪期内，原工资福利待遇不变，由所在单位支付。停工留薪期一般不超过12个月。伤情严重或者情况特殊，经设区的市级劳动能力鉴定委员会确认，可以适当延长，但延长不得超过12个月。工伤职工评定伤残等级后，停发原待遇，按照《工伤保险条例》第五章的有关规定享受伤残待遇。工伤职工在停工留薪期满后仍需治疗的，继续享受工伤医疗待遇。生活不能自理的工伤职工在停工留薪期需要护理的，由所在单位负责。

职工因工致残待遇因伤残等级不同而有高低之分，一般包括一次性伤残补助金、伤残津贴、生活护理费等项。职工因工死亡，其近亲属按照规定享受丧葬补助金、供养亲属抚恤金和一次性工亡补助金。

8.2.4　劳动合同变更

　　劳动合同变更是指当事人双方依法修改或补充劳动合同内容的法律行为。它发生于劳动合同生效或成立后尚未履行或尚未完全履行期间。

　　根据《劳动合同法》第三十五条规定，用人单位与劳动者协商一致，可以变更劳动合同约定的内容。变更劳动合同，应当采用书面形式。变更后的劳动合同文本由用人单位和劳动者各执一份。协商变更一般是由一方当事人就劳动合同的期限、约定薪酬、工作岗位、工作地点等内容向另一方提出变更动议，双方在协商一致的基础上达成变更协议，并且应当采用书面形式。

　　劳动合同的变更可以分为协商变更和用人单位单方变更。协商变更可以在劳动合同履行过程中，由当事人任何一方提出，双方经协商一致后，书面变更劳动合同。用人单位单方变更根据劳动合同变更的原因，可以划分为用人单位因生产经营需要而发生的劳动合同变更以及用人单位作为解除劳动合同前置程序的劳动合同变更。因生产经营需要而发生的劳动合同变更是指用人单位因生产经营的需要而调整劳动者的工作岗位、工作地点、工资水平等变更劳动合同的行为，也被称为用人单位的调岗、调薪行为。作为解除劳动合同前置程序的变更则指依据我国《劳动合同法》第四十条的规定，下列三种情形下，用人单位可以和劳动者协商变更工作岗位，如果劳动者拒绝变更，则用人单位可以依法解除劳动合同并支付相应的经济补偿：①劳动者患病或者非因工负伤，在规定的医疗期满后不能从事原工作的；②劳动者不能胜任工作的；③劳动合同订立时所依据的客观情况发生重大变化，致使劳动合同无法履行的。

8.2.5　劳动合同变更的程序

　　劳动合同的变更应当采用书面形式，但其书面形式应当同劳动合同的书面形式一样不作为有效要件。《最高人民法院关于处理劳动争议案件适用法律若干问题的解释（四）》中明确规定：如果劳动合同变更未采用书面形式，但是已经实际履行了口头变更的劳动合同超过一个月，且变更后的劳动合同内容不违反法律、行政法规、国家政策以及公序良俗，当事人以未采用书面形式为由主张劳动合同变更无效的，人民法院不予支持。

　　劳动合同协商变更的程序包括下述主要环节：

　　（1）预告变更要求

　　需要变更合同的一方当事人，应当按照规定时间提前向对方当事人提出变更合同的要求，说明变更合同的理由、条款、条件，以及请求对方当事人答复的期限。

（2）按期做出答复

得知对方当事人提出的变更合同的要求后，通常应当在对方当事人要求的期限内做出答复，可以表示同意，也可以提出不同意见而要求另行协商，如果不属于法定应当变更合同的情况，还可以表示不同意。

（3）签订书面协议

当事人双方均同意变更合同的，应当就合同变更达成书面协议，并签名盖章。

（4）分执劳动合同文本

变更后的劳动合同文本由用人单位和劳动者各执一份。

劳动合同依法变更的法律后果，即合同当事人双方的权利和义务，从变更合同的协议所约定之日起发生变更。如果约定的权利和义务变更日期在合同变更手续完毕日期之前，那么，在前一日期至后一日期之间劳动者因合同变更而应增加的利益，则应当追补，如补发工资等。

8.3 劳动合同解除与终止

8.3.1 劳动合同解除

1. 劳动合同解除的概念

劳动合同解除是指劳动合同依法订立之后，尚未全部履行之前，因一定法律事实的出现，合同双方当事人或一方当事人依法提前终止劳动合同的法律效力的行为[①]。

2. 劳动合同解除的类型和法律规定

（1）协商解除

《劳动合同法》第三十六条规定用人单位与劳动者协商一致，可以解除劳动合同。

（2）劳动者即时解除

①需告知的即时解除。《劳动合同法》第三十八条第一款规定，用人单位有下列情形之一的，劳动者可以解除劳动合同但需要告知用人单位：

- 未按照劳动合同约定提供劳动保护或者劳动条件的；
- 未及时足额支付劳动报酬的；
- 未依法为劳动者缴纳社会保险费的；
- 用人单位的规章制度违反法律、法规的规定，损害劳动者权益的；
- 因存在《劳动合同法》第二十六条第一款规定的"以欺诈、胁迫的手段

---

① 王昌硕. 劳动法学［M］. 北京：中国政法大学出版社，1999.

或者乘人之危，使对方在违背真实意思的情况下订立或者变更劳动合同"的情形致使劳动合同无效的；

- 法律、行政法规规定劳动者可以解除劳动合同的其他情形。

②无须告知的即时解除。《劳动合同法》第三十八条第二款规定，用人单位有下列情形之一的，劳动者可以立即解除劳动合同，不需事先告知用人单位：

- 用人单位以暴力、威胁或者非法限制人身自由的手段强迫劳动者劳动的；
- 用人单位违章指挥、强令冒险作业危及劳动者人身安全的。

（3）劳动者预告解除

《劳动合同法》第三十七条规定的是劳动者预告解除。劳动者提前30日以书面形式通知用人单位，可以解除劳动合同。劳动者在试用期内提前3日通知用人单位，可以解除劳动合同。

（4）用人单位即时解除

《劳动合同法》第三十九条规定，劳动者有下列情形之一的，用人单位可以解除劳动合同：

①在试用期间被证明不符合录用条件的；

②严重违反用人单位的规章制度的；

③严重失职，营私舞弊，给用人单位造成重大损害的；

④劳动者同时与其他用人单位建立劳动关系，对完成本单位的工作任务造成严重影响，或者经用人单位提出，拒不改正的；

⑤因存在《劳动合同法》第二十六条第一款规定的"以欺诈、胁迫的手段或者乘人之危，使对方在违背真实意思的情况下订立或者变更劳动合同"的情形致使劳动合同无效的；

⑥被依法追究刑事责任的。

（5）用人单位预告解除

根据《劳动合同法》第四十条的规定，劳动者有下列情形之一的，用人单位提前30日以书面形式通知劳动者本人或者额外支付劳动者1个月工资后，可以解除劳动合同：

①劳动者患病或者非因工负伤，在规定的医疗期满后不能从事原工作，也不能从事由用人单位另行安排的工作的；

②劳动者不能胜任工作，经过培训或者调整工作岗位，仍不能胜任工作的；

③劳动合同订立时所依据的客观情况发生重大变化，致使劳动合同无法履行，经用人单位与劳动者协商，未能就变更劳动合同内容达成协议的。

经济性裁员是用人单位预告解除劳动合同的特殊形式，《劳动合同法》第四十一条对其进行了规定：有下列情形之一，需要裁减人员20人以上或者裁减不足20人但占企业职工总数10%以上的，用人单位提前30日向工会或者全体职工说明情况，听取工会或者职工的意见后，裁减人员方案经向劳动行政部门报告，可以裁减人员：

①依照企业破产法规定进行重整的；

②生产经营发生严重困难的；

③企业转产、重大技术革新或者经营方式调整，经变更劳动合同后，仍需裁减人员的；

④其他因劳动合同订立时所依据的客观经济情况发生重大变化，致使劳动合同无法履行的。

裁减人员时，应当优先留用下列人员：

①与本单位订立较长期限的固定期限劳动合同的；

②与本单位订立无固定期限劳动合同的；

③家庭无其他就业人员，有需要扶养的老人或者未成年人的。

用人单位依照本条第一款规定裁减人员，在6个月内重新招用人员的，应当通知被裁减的人员，并在同等条件下优先招用被裁减的人员。

（6）用人单位不得预告解除的情形

《劳动合同法》第四十二条规定，劳动者有下列情形之一的，用人单位不得依照《劳动合同法》第四十条的规定预告解除劳动合同：

①从事接触职业病危害作业的劳动者未进行离岗前职业健康检查，或者疑似职业病病人在诊断或者医学观察期间的；

②在本单位患职业病或者因工负伤并被确认丧失或者部分丧失劳动能力的；

③患病或者非因工负伤，在规定的医疗期内的；

④女职工在孕期、产期、哺乳期的；

⑤在本单位连续工作满15年，且距法定退休年龄不足5年的；

⑥法律、行政法规规定的其他情形。

8.3.2　劳动合同终止

劳动合同终止是指劳动合同的法律效力依法被消灭，即劳动关系由于一定法律事实的出现而终结，劳动者与用人单位之间原有的权利义务不再存在。

1. 劳动合同终止的事由

根据《劳动合同法》以及《劳动合同法实施条例》，劳动合同终止的事由包括：

（1）劳动合同期满

劳动合同期满是指定期劳动合同所约定的期限届满或以完成一定工作任务为期限的劳动合同所约定的工作任务完成。除劳动合同依法续订或依法延期外，劳动合同期满即行终止。

（2）劳动者达到法定退休年龄的，或开始依法享受基本养老保险待遇的，劳动合同即行终止

（3）劳动者死亡，或者被人民法院宣告死亡或者宣告失踪

宣告死亡，是指自然人下落不明满 4 年的，或因意外事故下落不明，从事故发生之日起满 2 年的，经利害关系人申请，由法院宣告其死亡。宣告失踪，是指自然人离开自己的住所或居所，没有任何消息达 2 年，处于生死不明状态，经利害关系人申请，由法院在查明事实后依法宣告为失踪人。

（4）用人单位被依法宣告破产

我国现行立法中，只有企业破产制度。企业破产，是指企业因不能偿付到期债务而依法经一定程序由法院消灭其主体资格。

（5）用人单位被吊销营业执照、责令关闭、撤销或者用人单位决定提前解散

属于经营主体资格消灭的情形，而用人单位资格以经营主体资格为基础，故经营主体资格被消灭，劳动合同即终止。

（6）法律、行政法规规定的其他情形

2. 劳动合同延期终止的事由

作为劳动合同终止的例外情况，存在劳动合同的延期终止情形，即劳动合同期满时因存在法定的特殊情形，劳动合同应当续延至相应的情形消失时终止。它作为劳动合同终止的一种特殊形式，与劳动合同期满终止对应，是劳动合同期满终止的例外和对劳动合同期满终止的补充。

延期终止的事由，即法定的阻却劳动合同期满终止的法律事实。存在该事由，劳动合同应当续延至该事由消失时终止。

《劳动合同法》第四十五条将延期终止的事由限定为预告辞退禁止性条件：

①从事接触职业病危害作业的劳动者未进行离岗前职业健康检查，或者疑似职业病病人在诊断或者医学观察期间的。劳动合同期满时，从事接触职业病危害作业而未进行离岗前职业健康检查者，劳动合同应当续延至离岗前职业健康检查完毕时终止。而疑似职业病病人，应当续延至诊断期或医学观察期届满时终止。

②在本单位患职业病或者因工负伤并被确认丧失或者部分丧失劳动能力的。工伤劳动者劳动合同的终止，按照国家有关工伤保险的规定执行。

③患病或者负伤，在规定的医疗期内的。患普通病或者非因工负伤者，应当续延至规定的医疗期届满时终止。

④女职工在孕期、产期、哺乳期的。女职工的劳动合同如果在孕期、产期、哺乳期内期限届满的，应当分别续延至规定的孕期、产期、哺乳期届满时终止。

⑤在本单位连续工作满 15 年，且距法定退休年龄不足 5 年的。

⑥法律、行政法规规定的其他情形。例如，根据《工会法》（2001 年修订）第五十二条和《集体合同规定》（2004 年）第二十八条的规定，工会工作人员、职工一方协商代表应当分别续延至任工会职务期满或任协商代表期满时终止。

第9章 集体协商与集体合同管理

9.1 集体协商与集体合同概述

9.1.1 集体协商与集体合同基本概念

1. 集体协商

集体协商是指职工一方的代表与企业方面的代表，就签订集体合同或专项集体合同或其他劳动关系的事项，依法进行商谈的行为[①]。集体协商在国外文献中也称为集体谈判。

目前，集体协商可分为用人单位层级集体协商、行业性集体协商和区域性集体协商三种主要类型，集体合同也分为用人单位层级集体合同、行业性集体合同和区域性集体合同。在本书中，如不作特别说明，集体协商与集体合同均指用人单位层级集体协商与集体合同。

2. 集体合同

集体合同是工会或职工代表代表职工一方与用人单位或其团体根据法律、法规、规章的规定，就劳动报酬、工作时间、休息休假、劳动安全卫生、职业培训、保险福利等事项，通过集体协商签订的书面协议，一般分为综合性集体合同和专项集体合同两种形式。

3. 集体协商和集体合同的关系[②]

集体协商是订立集体合同的法定必经程序和实现方式，集体合同则是集体协

---

① 中华全国总工会组织部．全国工会工资集体协商培训教材［M］．北京：中国工人出版社，2011．
② 中华全国总工会组织部．全国工会工资集体协商培训教材［M］．北京：中国工人出版社，2011．

商的一种法律结果。未经集体协商而签订的集体合同是无效合同，集体协商的水平直接影响着集体合同的质量及可行性。

4. 集体合同与劳动合同的区别①

劳动合同是工会或职工代表代表职工一方与用人单位或其团体确立劳动关系、明确双方权利和义务的协议。

集体合同是指用人单位与本单位职工根据法律、法规、规章的规定，就劳动报酬、工作时间、休息休假、劳动安全卫生、职业培训、保险福利等事项，通过集体协商签订的书面协议。

集体合同与劳动合同相比较，有如下主要区别：

（1）当事人不同

劳动合同当事人为单个劳动者和用人单位；集体合同当事人为劳动者团体（即工会代表全体劳动者）和用人单位或其团体，故又称团体协约或团体合同。

（2）目的不同

订立劳动合同的主要目的，是确立劳动关系；订立集体合同的主要目的，是为确立劳动关系设定具体标准，即在其效力范围内规范劳动关系。

（3）内容不同

集体合同与劳动合同相比，更加强调职工方的权利和用人单位一方的义务。劳动合同以单个劳动者的权利和义务为内容，一般包括劳动关系的各个方面；集体合同以集体劳动关系中全体劳动者的共同权利和义务为内容，可能涉及劳动关系的各个方面，也可能只涉及劳动关系的某个方面。

（4）形式不同

劳动合同在有的国家为要式合同，在有的国家则要式合同与非要式合同并存；集体合同一般为要式合同。

（5）效力不同

劳动合同对单个用人单位和劳动者有法律效力；集体合同对签订合同的单个用人单位或用人单位团体所代表的全体用人单位，以及工会所代表的全体劳动者，都有法律效力。并且，集体合同的效力高于劳动合同的效力。此外，它们在订立程序等方面也有所不同。

9.1.2 集体协商与集体合同的基本内容

集体协商双方可以就下列多项或某项内容进行集体协商，签订集体合同或专项集体合同：

（1）劳动报酬

（2）工作时间

---

① 王全兴. 劳动合同法条文精解［M］. 北京：中国法制出版社，2011.

（3）休息休假

（4）劳动安全与卫生

（5）补充保险和福利

（6）女职工和未成年工特殊保护

（7）职业技能培训

（8）劳动合同管理

（9）奖惩

（10）裁员

（11）集体合同期限

（12）变更、解除集体合同的程序

（13）履行集体合同发生争议时的协商处理办法

（14）违反集体合同的责任

（15）双方认为应当协商的其他内容

9.2 集体协商流程

9.2.1 集体协商的基本程序[①]

根据《劳动合同法》、《集体合同规定》和《工资集体协商试行办法》等法律、法规、政策的规定，集体协商应当按照以下程序进行：

1. 产生集体协商代表

2. 提出协商要约

3. 做好协商的准备

（1）宣传教育工作

（2）熟悉有关法律法规

（3）搜集了解与集体协商有关的情况和资料

（4）充分征求职工的意见

（5）明确协商代表分工

（6）制订集体协商实施方案

（7）确定集体协商记录员

4. 正式协商

（1）召开协商会议

（2）集体合同的起草

---

① 中华全国总工会组织部. 全国工会工资集体协商培训教材［M］. 北京：中国工人出版社，2011.

5. 职工（代表）大会讨论通过

6. 首席代表签字

7. 审查备案

8. 公布实施

9. 履行

10. 监督检查

9.2.2 集体协商的主体①

1. 集体协商代表的产生

集体协商代表（以下统称协商代表），是指按照法定程序产生并有权代表本方利益进行集体协商的人员。集体协商双方的代表人数应当对等，每方至少 3 人，并各确定 1 名首席代表。

（1）职工一方的协商代表

职工一方的协商代表由本单位工会选派。未建立工会的，由本单位职工民主推荐，并经本单位半数以上职工同意。

职工一方的首席代表由本单位工会主席担任。工会主席可以书面委托其他协商代表代理首席代表。工会主席空缺的，首席代表由工会主要负责人担任。未建立工会的，职工一方的首席代表从协商代表中民主推举产生。

（2）用人单位一方的协商代表

用人单位一方的协商代表，由用人单位法定代表人指派，首席代表由单位法定代表人担任或由其书面委托的其他管理人员担任。

（3）其他事项

①协商代表履行职责的期限由被代表方确定。

②集体协商双方首席代表可以书面委托本单位以外的专业人员作为本方协商代表。委托人数不得超过本方代表的1/3。

③首席代表不得由非本单位人员代理。

④用人单位协商代表与职工协商代表不得相互兼任。

⑤女职工较多的，职工方协商代表中应当有女代表。工会女职工委员会负责人应当是协商代表②。

2. 对职工方协商代表的保护

企业内部的协商代表参加集体协商视为提供了正常劳动。

职工一方协商代表在其履行协商代表职责期间劳动合同期满的，劳动合同期限自动延长至完成履行协商代表职责之时。除出现下列情形之一的，用人单位不

---

① 中华人民共和国劳动和社会保障部. 集体合同规定［G］. 2004.
② 江苏省人大常委会. 江苏省集体合同条例［G］. 2004.

得与其解除劳动合同：

①严重违反劳动纪律或用人单位依法制定的规章制度的；

②严重失职、营私舞弊，对用人单位利益造成重大损害的；

③被依法追究刑事责任的。

职工一方协商代表履行代表职责期间，用人单位无正当理由不得调整其工作岗位。

职工一方协商代表与用人单位发生争议，可以向当地劳动争议仲裁委员会申请仲裁。

9.2.3 集体协商的准备工作

1. 议题意见、资料的收集和整理①

（1）熟悉有关法律法规

（2）搜集了解与集体协商有关的情况和资料

（3）充分征求职工的意见

2. 拟定协商议题

协商议题的拟定，首先要注意协商的民主性，即代表不等于代替，要积极收集职工真正关心的议题和建议；其次要注意有关议题信息来源的科学性；最后要注意拟定议题的合理性。

不应忽视沟通的环节。职工方和企业方的沟通，尤其是对重要的敏感性问题或可能会产生分歧意见的问题，通过会前的非正式协商，坦诚交换意见，有利于达成共识。

3. 起草集体合同草案

（1）拟订草案的参照

拟订草案应参照有关法律、法规和政策，以及同行业和具有可比性企业的劳动标准，包括集体合同范本和其他与签订集体合同相关的资料等。

（2）起草方的规定

集体合同作为一种法律文书，草案文本可以由工会提出，也可以由用人单位提出，还可以由用人单位与工会共同组织有关人员起草。

9.2.4 集体协商要约②

集体协商要约，是集体协商主体的任何一方依法就签订集体合同或专项集体合同、协调劳动关系其他相关事宜，以书面形式向对方提出进行集体协商要求的行为。

职工和企业任何一方均可提出进行集体协商的要求。集体协商的提出方应向

另一方提出书面的协商意向书，明确协商的时间、地点、内容等，另一方接到协商意向书后，应于 20 日内予以书面答复。无正当理由不得拒绝进行集体协商。

企业工会组织应主动向企业提出协商要约，启动协商程序，积极促进与企业开展集体协商和签订集体合同。企业工会提出协商要约有困难的，其上一级工会可依法代替基层工会向企业提出协商要约。

集体协商要约书应该明确提出进行集体协商的时间、地点和议题等，还应附有协商代表资格认定书。应围绕劳动报酬、工作时间、休息休假、保险福利、劳动安全卫生、女职工特殊权益保护和职工培训等涉及劳动关系方面的主要问题，确定集体协商要约行动的内容。根据实际情况，每年可确定 1～2 个协商主题，有重点、有目标地开展集体协商要约行动，集中力量，上下联动，突破难点。对于集体合同履行中出现的问题，也可通过集体协商要约行动予以解决。

9.2.5　集体协商会议召开

集体协商会议由双方首席代表轮流主持，并按下列程序进行：

①宣布议程和会议纪律；

②一方首席代表提出协商的具体内容和要求，另一方首席代表就对方的要求做出回应；

③协商双方就商谈事项发表各自意见，开展充分讨论；

④双方首席代表归纳意见，达成一致的，应当形成集体合同草案或专项集体合同草案，由双方首席代表签字。

集体协商过程中的临时提议，取得对方同意后，可以列入协商程序。

9.3　集体合同订立

9.3.1　集体合同的订立生效程序

经过集体协商的集体合同草案的生效，必须经历三个法定程序。

1. 经职代会审议通过

集体合同草案必须提交职工代表大会或者全体职工讨论通过。职代会通过的草案，双方协商代表才能签字。

2. 签署

集体合同经职工代表大会审议后，由集体协商双方首席代表签字。

3. 报劳动行政部门审查及生效

签字后的集体合同必须提交劳动行政部门审查。集体合同签订后，应当自双方首席代表签字之日起 10 日内，由用人单位一方将文本一式三份报送劳动保障行政部门审查。劳动保障行政部门对集体合同有异议的，自收到文本之日起 15

日内将《审查意见书》送达双方协商代表，用人单位与本单位职工就劳动保障行政部门提出异议的事项经集体协商重新签订集体合同，并于 15 日内报送劳动行政部门重新审查。如果劳动行政部门自收到集体合同文本之日起 15 日内未提出异议的，集体合同即行生效。生效的集体合同，应当自生效之日起由协商代表及时以适当的形式向本方全体人员公布。

9.3.2　集体合同订立

经双方协商代表协商一致的集体合同草案或专项集体合同草案应当提交职工代表大会或者全体职工讨论。

职工代表大会或者全体职工讨论集体合同草案或专项集体合同草案，应当有 2/3 以上职工代表或者职工出席，且须经全体职工代表半数以上或者全体职工半数以上同意，集体合同草案或专项集体合同草案方获通过。

集体合同草案或专项集体合同草案经职工代表大会或者职工大会通过后，由集体协商双方首席代表签字。

集体合同或专项集体合同期限一般为 1～3 年，期满或双方约定的终止条件出现，即行终止。

集体合同或专项集体合同期满前 3 个月内，任何一方均可向对方提出重新签订或续订的要求。

9.3.3　集体合同审查[①]

1. 集体合同的报审

集体合同或专项集体合同签订或变更后，应当自双方首席代表签字之日起 10 日内，由用人单位一方将文本一式三份报送劳动保障行政部门审查。

集体合同或专项集体合同审查实行属地管辖，具体管辖范围由省级劳动保障行政部门规定。

中央管辖的企业以及跨省、自治区、直辖市的用人单位的集体合同应当报送人力资源和社会保障部或人力资源和社会保障部指定的省级劳动保障行政部门。

2. 行政部门的审查

劳动保障行政部门对报送的集体合同或专项集体合同应当办理登记手续。

劳动保障行政部门应当对报送的集体合同或专项集体合同的下列事项进行合法性审查：

①集体协商双方的主体资格是否符合法律、法规和规章规定；
②集体协商程序是否违反法律、法规、规章规定；
③集体合同或专项集体合同内容是否与国家规定相抵触。

---

① 中华人民共和国劳动和社会保障部. 集体合同规定［G］. 2004.

3. 审查的结果与处理

（1）劳动保障行政部门对集体合同或专项集体合同提出异议的情况

劳动保障行政部门对集体合同或专项集体合同有异议的，应当自收到文本之日起 15 日内将《审查意见书》送达双方协商代表。《审查意见书》应当载明以下内容：

①集体合同或专项集体合同当事人双方的名称、地址；

②劳动保障行政部门收到集体合同或专项集体合同的时间；

③审查意见；

④做出审查意见的时间。

《审查意见书》应当加盖劳动保障行政部门印章。

用人单位与本单位职工就劳动保障行政部门提出异议的事项经集体协商重新签订集体合同或专项集体合同的，用人单位一方应当再次按规定将文本报送劳动保障行政部门审查。

（2）未提出异议的情况

劳动保障行政部门自收到文本之日起 15 日内未提出异议的，集体合同或专项集体合同即行生效。

生效的集体合同或专项集体合同，应当自其生效之日起由协商代表及时以适当的形式向本方全体人员公布。

9.4　工资集体协商

9.4.1　工资集体协商的概念

工资集体协商，是指职工代表与企业代表依法就企业内部工资分配制度、工资分配形式、工资收入水平等事项进行平等协商，在协商一致的基础上签订工资协议的行为。工资协议是指专门就工资事项签订的专项集体合同。已订立集体合同的，工资协议作为集体合同的附件，并与集体合同具有同等效力。依法订立的工资协议对企业和职工双方具有同等约束力。职工个人与企业订立的劳动合同中关于工资报酬的标准，不得低于工资协议规定的最低标准。

9.4.2　工资集体协商的内容

1. 工资集体协商的内容

工资集体协商一般包括以下内容：

（1）工资协议的期限

（2）工资分配制度、工资标准和工资分配形式

（3）职工年度平均工资水平及其调整幅度

（4）奖金、津贴、补贴等分配办法

（5）工资支付办法

（6）变更、解除工资协议的程序

（7）工资协议的终止条件

（8）工资协议的违约责任

（9）双方认为应当协商约定的其他事项

2. 工资集体协商需参考的因素

协商确定职工年度工资水平应符合国家有关工资分配的宏观调控政策，综合参考下列因素：

（1）地区、行业、企业的人工成本水平

（2）地区、行业的职工平均工资水平

（3）当地政府发布的工资指导线、劳动力市场工资指导价位

（4）本地区城镇居民消费价格指数

（5）企业劳动生产率和经济效益

（6）国有资产保值增值

（7）上年度企业职工工资总额和职工平均工资水平

（8）其他与工资集体协商有关的问题

9.4.3 工资集体协商的程序

工资集体协商的程序与集体协商的程序相同，其程序方面重点注意以下几个要点：

1. 提出书面的协商意向书

职工和企业任何一方均可提出进行工资集体协商的要求。工资集体协商的提出方应向另一方提出书面的协商意向书，明确协商的时间、地点、内容等。另一方接到协商意向书后，应于20日内予以书面答复，并与提出方共同进行工资集体协商。

2. 搜集有关的真实情况和资料

在不违反有关法律、法规的前提下，协商双方有义务按照对方要求，在协商开始前5日内，提供与工资集体协商有关的真实情况和资料。

3. 讨论审议草案

工资协商草案应提交职工代表大会或职工大会讨论审议。

4. 企业行政方制作工资协议文本

工资集体协商双方达成一致意见后，由企业行政方制作工资协议文本。工资协议经双方首席代表签字盖章后成立。

5. 审查工资协议并监督检查其执行情况

县级以上劳动保障行政部门依法对工资协议进行审查，对协议的履行情况进

行监督检查。

工资集体协商一般情况下一年进行一次。职工和企业双方均可在原工资协议期满前 60 日内，向对方书面提出协商意向书，进行下一轮的工资集体协商，做好新旧工资协议的相互衔接。

第 10 章　劳动规章制度建设

10.1　劳动规章制度的制定

10.1.1　劳动规章制度的内涵

劳动规章制度是指用人单位按照法定程序制定的，在用人单位内部对用人单位和劳动者都具有约束力的工作规则的总称。其内容依据《劳动合同法》第四条第二款规定，劳动规章制度包括劳动报酬、工作时间、休息休假、劳动安全卫生、保险福利、职工培训、劳动纪律以及劳动定额管理。

10.1.2　劳动规章制度的重要性

1. 劳动规章制度是企业正常运行的保证，组织成员行动的指南

在组织运行的过程中，针对组织内部成员的劳动用工管理而言，主要可以运用以下四种工具：分别是劳动法律法规、双方当事人签订的劳动合同、集体合同以及企业劳动规章制度。在劳动关系管理中，由于劳动法律法规的局限性、劳动合同的单一性以及集体合同在劳动关系管理中作用的有限性等特点，企业劳动规章制度较好地弥补了以上三种劳动关系管理工具的缺陷，与这三种劳动关系管理工具共同构成了劳动关系管理体系。

劳动规章制度虽属调整个别劳动关系的规范，但劳动规章制度规定的是企业共通的权利义务，适用于用人单位的所有劳动者。劳动规章制度明确了组织的劳动条件和组织成员的行为规范，可以大量减少因劳动条件不统一或对行为规范的解释不一致所带来的劳动争议和劳动纠纷。

2. 劳动规章制度是企业奖惩的依据

在具体的劳动条件确定和劳动关系运行中，很容易对抽象法律规范的理解和解读产生歧义从而引发劳动争议。企业的劳动规章制度就是对以上抽象的法律规范的具体规定与解释，它进一步明确了工作场所的劳动条件与行为规范。

劳动规章制度是企业劳动条件及劳动纪律等方面的具体规定，无论其法律性质如何，劳动规章制度都对企业的劳动者具有规范作用。因此，组织的奖惩必须以劳动规章制度为依据，这样才有助于组织对工作场所的正常管理，保障企业的良性运转，预防劳动争议的发生。

3. 劳动规章制度是劳资双方维权的利器

劳动规章制度是用以规范劳动者个人与用人单位之间的个别劳动关系运行的用人单位规则，也是用人单位制定劳动合同的主要依据之一。

根据我国法律，劳动规章制度要"通过民主程序制定"才具有法律效力，即"用人单位在制定、修改或者决定有关劳动报酬、工作时间、休息休假、劳动安全卫生、保险福利、职工培训、劳动纪律以及劳动定额管理等直接涉及劳动者切身利益的劳动规章制度或者重大事项时，应当经职工代表大会或者全体职工讨论，提出方案和意见，与工会或者职工代表平等协商确定"。通过民主程序制定的规章制度应该是劳资双方利益妥协和利益平衡的结果，一旦劳动规章制度具有法律效力，它就不再仅仅是资方维权的工具，也顺理成章地成为了劳方维权的利器。

10.1.3 劳动规章制度制定的法律依据

目前，我国关于企业劳动规章制度制定的法律依据主要包括《宪法》、《劳动法》、《劳动合同法》、《公司法》以及其他配套法律法规。

《宪法》第五十三条规定："中华人民共和国公民必须遵守宪法和法律，保守国家秘密，爱护公共财产，遵守劳动纪律，遵守公共秩序，尊重社会公德。"这里提到的劳动纪律就是企业劳动规章制度的重要组成部分。

《劳动法》第三条第二款规定："劳动者应当完成劳动任务，提高职业技能，执行劳动安全卫生规程，遵守劳动纪律和职业道德。"这里的"劳动纪律"指的是用人单位制定的劳动规章制度。《劳动法》第四条规定："用人单位应当依法建立和完善劳动规章制度，保障劳动者享有劳动权利和履行劳动义务。"这里的"应当"表明制定劳动规章制度，既是用人单位的法定权利也是用人单位的法定义务。依据《劳动法》第二十五条规定，劳动者严重违反劳动纪律或者用人单位劳动规章制度的，用人单位可以解除劳动合同。

《劳动合同法》第四条规定："用人单位应当依法建立和完善劳动规章制度，保障劳动者享有劳动权利、履行劳动义务。用人单位在制定、修改或者决定有关劳动报酬、工作时间、休息休假、劳动安全卫生、保险福利、职工培训、劳动纪律以及劳动定额管理等直接涉及劳动者切身利益的劳动规章制度或者重大事项时，应当经职工代表大会或者全体职工讨论，提出方案和意见，与工会或者职工代表平等协商确定。在劳动规章制度和重大事项的决定实施过程中，工会或者职工认为不适当的，有权向用人单位提出，通过协商予以修改完善。"该法明确规定了用人单位必须依法建立和完善劳动规章制度，制定劳动规章制度程序必须合法。

《公司法》第十八条第三款规定："公司研究决定改制以及经营方面的重大问题、制定重要的劳动规章制度时，应当听取公司工会的意见，并通过职工代表大会或者其他形式听取职工的意见和建议。"该法明确规定了用人单位有制定劳动规章制度的权利。

《最高人民法院关于审理劳动争议案件适用法律若干问题的解释》第十九条规定："用人单位根据《劳动法》第四条之规定，通过民主程序制定的劳动规章制度，不违反国家法律、行政法规及政策规定，并已向劳动者公示的，可以作为人民法院审理劳动争议案件的依据。"

《最高人民法院关于审理劳动争议案件适用法律若干问题的解释（二）》第十六条规定："用人单位制定的内部劳动规章制度与集体合同或者劳动合同约定的内容不一致，劳动者请求优先适用合同约定的，人民法院应予以支持。"

10.1.4 劳动规章制度制定的程序

根据《劳动合同法》第四条的规定，劳动规章制度制定的程序一般包括起草、讨论、通过和公示四个步骤。

1. 起草草案

劳动规章制度的起草一般有两种情况：一种是为订立新劳动规章制度的新法案起草，一种是修改旧规章的修正案的起草。起草人一般是企业行政人员，也可委托外界顾问或专家代为起草。制定草案的具体过程可依照以下顺序进行：

（1）选定起草人员

拟定劳动规章制度是一项具有一定政策性、知识性和技术性的工作，需要专业的团队才能完成。企业应当选择懂法律政策，熟悉企业实际经营状况，有管理知识以及较高文字写作能力的人员组成起草班子，承担企业劳动规章制度的起草工作。起草班子中既要有企业领导和人事劳资管理业务人员，也要吸收工会干部和职工群众参加，以形成多层次的人员组合。对起草班子的人数没有特别的规定，但是要遵循精干有效的原则。如果企业难以组成专业化的起草班子，也可以委托专门的劳动保障政策法律咨询机构代为起草。

（2）拟定起草大纲

为了保证起草工作能够有序进行，在组建了起草班子后，要由起草人员拟定劳动规章制度大纲。所谓的劳动规章制度大纲，就是确定其基本框架、体系构成、内容梗概，明确起草工作的指导思想、方法步骤、人员分工、起草工作的要求以及完成起草工作的时间等。起草大纲须经企业行政部门讨论审定后方可开始起草工作。起草大纲决定着以后起草工作的成败，一定要反复论证，多征求群众和有关专家的意见，确定成熟后再着手起草。

（3）形成草案文稿

起草工作人员按照起草大纲确定的框架和内容，在计划的时间内进行起草工作，形成劳动规章制度草案的文稿。形成的草案文稿虽然不是正式的劳动规章制度，但也应符合劳动规章制度的外在表现形式，即符合一般的格式，内容也应全面。

2. 职工讨论

《劳动合同法》第四条第二款规定：用人单位在制定、修改或者决定有关劳动报酬、工作时间、休息休假、劳动安全卫生、保险福利、职工培训、劳动纪律以及劳动定额管理等直接涉及劳动者切身利益的劳动规章制度或者重大事项时，应当经职工代表大会或者全体职工讨论，提出方案和意见，与工会或者职工代表平等协商确定。这里确立了劳动规章制度在制定程序上必备的法律程序，即经由职工代表大会或全体职工讨论、修改。

企业劳动规章制度草案的修改，应按照一定的步骤次序进行。通常先由起草工作人员自行修改，然后召开职工代表大会或经全体职工大会讨论、修改之后，再在起草人员征求各方意见的基础上进行综合整理、去粗取精，对文稿进行修改补充。在讨论、听取修改意见时，要让大家畅所欲言，把对劳动规章制度草案的各种意见都发表出来，既要听取同意的、赞扬的意见，也要听取批评的、反对的意见。经过反复讨论和征求意见，对文稿做反复的修改后，形成比较成熟的审议文稿。

3. 协商通过

企业的劳动规章制度草案经职工代表大会或全体职工征求意见后，企业应对意见或方案进行梳理、修订和总结，完善劳动规章制度草案，从而形成制度建议稿，然后，企业需要派代表同工会或者企业职工代表共同对企业劳动规章制度建议稿进行协商，最终形成企业劳动规章制度的终稿。在我国，虽然司法解释要求劳动规章制度要"通过民主程序制定"才能具有法律效力，但对何为民主制定并无明确的条款进行说明。考察我国相关法规政策和司法实践，我们一般认为，民主制定包含工会同意、职代会通过、职工代表投票通过等几种方式。

4. 制度公示

公示是指把劳动规章制度告知每一个新加入企业的劳动者，或者把新制定的劳动规章制度正式公布，告知企业的所有劳动者。企业制定的劳动规章制度，经法定程序，确认其内容合法、程序有效后，要由企业法定代表人签字并加盖企业行政公章，作为正式文件向全体员工正式公布。关于公示的方式，我国并不存在相关的规定或要求。在实务中，企业公示的目的是使员工知晓企业的劳动规章制度，可以通过网站、电子邮件、公告栏、员工手册、会议、培训和劳动合同附件等手段进行公示，告知员工必须遵守企业制定的劳动规章制度。需要指出的是，作为企业内部的劳动关系工作者，还必须有证据证明员工已经知晓企业的劳动规章制度，否则后果非常严重。

10.2 劳动规章制度实施与评估

10.2.1 劳动规章制度的实施主体及原则

劳动规章制度实施的主体是企业行政主体和员工，一方面，劳动规章制度是企业行政主体发布的，并且是企业行政主体进行劳动管理的重要依据之一；另一方面，企业生产劳动的主体是员工，劳动规章制度的实施必须依靠全体员工来执行。劳动规章制度规范的是员工在劳动过程中的行为，因此，劳动规章制度的实施是在企业行政主体的监督下，员工对劳动规章制度的遵守和执行。

劳动规章制度实施的目的在于规范员工生产劳动过程中的劳动行为，以保证正常的生产劳动秩序。为确保劳动规章制度的客观性、准确性和公正性，在其实施过程中也应当遵循一些基本的准则，劳动规章制度实施时应遵守的原则包括：严格执行，依章治企原则；前后统一，全面实施原则；各司其职，协作实施原则；劳动规章制度的实施应及时、合理。

10.2.2 劳动规章制度的评估

劳动规章制度评估是指由企业通过专门机构和人员，依据国家法律法规的规定及企业的实际情况，根据特定的目的，遵循适用的标准，按照一定的程序，运用科学的方法，对劳动规章制度进行评定和判断的过程。

一套完整的劳动规章制度体系，除了科学合理地制定和有效地执行外，还需要对劳动规章制度执行以后的效果进行判断，以确定劳动规章制度的价值，这种活动就是劳动规章制度的评估。因而，劳动规章制度评估是劳动规章制度执行过程中的一个重要环节，是调整、持续、修订或终止劳动规章制度的重要依据，是确认劳动规章制度价值的重要手段。

10.2.3 劳动规章制度的评估方式

劳动规章制度对企业的正常运转起到了不可或缺的作用，但是劳动规章制度的评估也是比较复杂的，因此企业在对劳动规章制度进行评估时，可以从多角度、多层面将劳动规章制度进行分层剖析，逐一进行评估分析。

比较常见的劳动规章制度评估方式主要分为三类：第一类是对劳动规章制度

方案本身的评估，侧重于对劳动规章制度内容的评估分析，其目的在于分析、比较各种不同的劳动规章制度方案，指出每个方案的可行性以及相对的优缺点。第二类是劳动规章制度制定过程的评估，侧重于过程控制，强调劳动规章制度制定过程中的方法和流程。第三类是对劳动规章制度实施效果的评估，其着眼点是劳动规章制度实施带来的效果，是一种以结果为导向的评估。

10.2.4 劳动规章制度评估要素

有效的劳动规章制度评估体系主要由五个基本要素构成。第一，劳动规章制度的评估主体。劳动规章制度评估体系的评估主体，是指评估由什么机构、部门或人员来实施对企业劳动规章制度的评估。第二，劳动规章制度的评估对象。劳动规章制度体系的评估对象是评估的客体。根据实际需要，企业可以选取对劳动规章制度体系中某一项、某几项或是整个劳动规章制度体系进行评估。第三，劳动规章制度的评估目标。劳动规章制度评估体系的目标是整个运行的指南和目的，其目的在于鉴定人们所执行的劳动制度在达到预期目标上的效果，通过优化劳动规章制度运行机制的方式来强化和扩大劳动规章制度的效果。第四，劳动规章制度的评估标准。劳动规章制度评估标准是判断评估对象优劣的基准，是劳动规章制度实施评估的基础。第五，劳动规章制度的评估方法，这是劳动规章制度评估的具体手段。

10.2.5 劳动规章制度评估方法

在实务中，常见的劳动规章制度评估方法通常可以分为两类：一类是定性分析，主要包括图表评估法、强制排序法、对比评估法等；另一类是定量分析，主要包括成本效益法、层次分析法等。需要指出的是，任何一种分析方法都有各自的特点和局限性，评估主体应该灵活地根据企业的实际情况选择相适应的评估方法，以下选取若干比较具有代表性的评估方法进行介绍。

1. 图表评估法

图表评估法是在劳动规章制度评估中普遍采用的方法，例如绩效考核制度评价、职位晋升制度评价等均可以用这种方法。劳动规章制度依据设定表格中所提取的要素进行评估，该表是等递尺度的，因此，此种方法又称为评级量表法，常用李克特5点量表。评估人员只需要根据被评估对象填写表格的情况，把各项得分加总，便得出了图标评估的结果。

2. 简单排序评估法

简单排序评估法适用于对若干劳动规章制度进行比较和评估，具体做法是将所有需要进行评估的劳动规章制度作为评估对象，通过简单排序对这一系列劳动规章制度进行比较和评估，但是，此方法无法对某一项劳动规章制度进行评估。用这种方法进行劳动规章制度评估的时候，不是把每项劳动规章制度的执行表现与某一具体指标逐一对照，而是采用在执行的劳动规章制度之间进行相互比较，进行从优到劣的排列。简单排序评估法常常被应用于定性比较，但是此法无法说明被比较的项目之间在数量上的差距具体有多大。

3. 配对比较评估法

配对比较评估法是将每个评估对象的每一项特征作为指标，与其他评估对象两两进行比较，这种比较方法适用于多项劳动规章制度的评估。但是，如果有待比较的若干项劳动规章制度差别过大将不适用于此法。此外，一旦比较的项目过多，程序就会比较复杂，因为配比的次数将是按照 [n (n−1)] /2（其中 n = 项数）的公式增长的。此外，配对比较评估法仅能反映被评估劳动规章制度之间的排序（或名次），而无法反映若干劳动规章制度之间的差距大小。

4. 层次分析法

层次分析法是从经济系统论的思想出发，将评估对象视为一个系统，并把这一系列复杂的分体层层分解为若干要素，并将这些要素的支配关系组成逐层递进的层次结构。然后，通过成对比较的方法确定各要素之间的权重分配。最后，综合评估主体，并将评估对象根据重要性进行简单排序。通过这种方法，可以分析评估较为复杂的劳动规章制度体系，对单一劳动规章制度的评估并不适用。层次分析法体现了人的决策、思维判断、综合分析的特征，集合了定量分析和定性分析的处理方式。

10.2.6 劳动规章制度评估的步骤

劳动规章制度评估是有计划、按步骤进行的一种活动，需要遵循一定的步骤。一般来说，劳动规章制度评估可以分为三个步骤：评估的准备、评估的分析与实施、评估结果输出。

1. 评估的准备

企业在劳动规章制度的评估准备阶段，需要完成五项主要工作：确定评估工作的目的；确定评估工作的实施主体；确定评估对象；制订评估方案；确定评估标准和方法。

2. 评估的实施与分析

劳动规章制度的分析与实施是整个劳动规章制度评估活动中最重要的环节之一，实施评估阶段的主要任务包括以下几点：

第一，利用各种调查手段和信息来源，广泛收集有待评估的劳动规章制度信息。在实务中，通常可以采用的方法主要包括：观察法、查阅资料法、调研法、案例分析法、实验法、德尔菲法等。这些方法各有其特点和应用范围，最好是交叉使用、相互配合，以确保所获信息具有广泛性、系统性和准确性。

第二，综合分析已获取的劳动规章制度信息，对原始数据、问卷和资料进行系统的整理、分类、统计和分析，为劳动规章制度评估结果的输出提供依据。

第三，综合运用相应的评估方法，具体进行评估。在进行劳动规章制度的评估时，要坚持评估资料的完整性、科学性、针对性，客观、公正地反映出劳动规章制度的实际运作效果，进而做出评估结论。实施评估阶段，主要有三项工作：信息收集、信息处理、做出结论。

3. 评估结果输出

评估结果输出是劳动规章制度评估活动的最后一个阶段，是达到劳动规章制度评估的最终目的。这一阶段的主要任务是综合判断、分析诊断、反馈信息。综合判断就是从总体上对被评估对象做出一个关于其执行情况的定性或定量的综合意见；或是进行优良程度的区分；或是提出劳动规章制度的制定水平是否达到应有标准的结论。分析诊断就是对被评估的劳动规章制度在执行过程中的优劣得失进行系统的分析、评论，旨在找出存在的问题及问题的症结所在。反馈信息就是将评估活动所获得的信息向有关方面进行报告。反馈信息阶段包括两方面的内容：一是撰写评估报告；二是提出评估工作的总结和建议。

第 11 章　劳资协商与民主管理

11.1　劳资协商

11. 1. 1　劳资协商的概念

劳资协商，一般来说是为区别于集体协商而提出的一个特定概念，它是指在集体协商和集体合同制度以外，由用人单位的工会、职工代表或劳动者个人为一方，与用人单位的雇主代表，就涉及劳动者集体或个人的合法的或法律未加以规定的权益事项和程序规范，以及工会组织自身的权利义务进行商谈的行为。协商的内容主要包括用人单位涉及职工切身利益的重要改革方案和规章制度的制定，用人单位各岗位的工作定额和劳动标准，劳动合同的签订、变更、解除和终止，以及工会组织、工会会员和工会工作人员权益保护的实体和程序规范。劳资协商主要以定期或不定期的劳资协商会议的形式进行，有时也采取正式与非正式协商相结合、个别与集体协商（并非为达成集体合同）相结合的形式进行。

劳资协商的目标并非达成一项集体合同或团体协约，它不是由劳资双方行使共决权的一种决策方式，而是依照法律所规定的程序和事项，采取"先民主、后集中"与定期、不定期的协商方式，使用人单位的改革和发展战略、规章制度、劳动标准的制定和修改能够建立在劳资协商和职工参与的基础之上，使劳动者个人劳动合同的订立、变更、修订、解除和终止能够反映个人的意愿和要求，使劳资协商的机制能够建立和渗透到用人单位任何层次和领域的决策过程中去。它是现代企业制度中职工民主参与和民主管理的重要形式之一，也是集体协商和集体合同制度的重要补充。

11.1.2 劳资协商的一般议题

1. 劳动标准条件规范部分

劳动标准条件规范部分是劳资协商的核心内容和主要议题。主要有以下内容：劳动报酬、工作时间、休息与休假、保险待遇与福利、职业培训、劳动安全与卫生等。其中劳动报酬主要包括：用人单位的工资水平、工资分配制度、工资标准和工资分配形式，工资支付办法，加班、加点工资及津贴、补贴标准和奖金分配办法，工资调整办法，试用期及病、事假等期间的工资待遇，特殊情况下职工工资（生活费）的支付办法，其他劳动报酬的分配办法。

工作时间主要包括：工时制度、加班加点办法、特殊工种的工作时间、劳动定额标准。

休息与休假主要包括：日休息时间、周休息日安排、年休假办法，不能实行标准工时职工的休息休假，其他假期。

保险待遇和福利主要包括：补充保险的种类、范围，基本福利制度和福利设施，医疗期延长及其待遇，职工亲属福利制度。

职业培训主要包括：职业技能培训项目规划的年度计划、职业技能培训费用的提取和使用、保障和改善职业技能培训的措施。

劳动安全卫生主要包括：劳动安全卫生责任制、劳动条件和安全技术措施、安全操作规程、劳保用品发放标准、定期健康检查和职业健康体检。

2. 一般性规定和其他规定

一般性规定主要是指规定劳动合同履行的有关规则。包括职工录用规则，劳动合同的变更、续订规则，辞职、辞退规则等。其他规定通常作为劳动条件标准的补充条款。

11.1.3 组织实施劳资协商活动的法律依据

1. 工会或职工代表与用人单位的劳资协商

（1）用人单位劳动规章制度或重大事项上的劳资平等协商

我国2008年1月实施的《劳动合同法》扩大了职工在劳动规章制度方面的参与权。其第四条规定，用人单位在制定、修改或者决定有关劳动报酬、工作时间、休息休假、劳动安全卫生、保险福利、职工培训、劳动纪律以及劳动定额管理等直接涉及劳动者切身利益的规章制度或者重大事项时，应当经职工代表大会或者全体职工讨论，提出方案和意见，与工会或者职工代表平等协商。在规章制度和重大事项决定实施的过程中，工会或者职工认为有不适当的，有权向用人单位提出，通过协商予以修改完善。

就劳资平等协商的内容而言，规章制度包括工作时间、休息休假、劳动安全卫生、劳动纪律以及劳动定额管理等，重大事项包括劳动报酬、保险福利、职工培训等。一般来说，企业建立工会的，与企业工会协商；没有建立工会的，与职工代表协商。在充分听取工会和职工代表意见，经过民主程序以后，由用人单位最终确定。形象地说，它是一种"先民主、后集中"的决策方式。①

劳资平等协商还反映在劳方在规章制度和重大事项决定上的异议程序。有些用人单位的规章制度和重大事项决定不违法，但不合理、不适当。因此，在规章制度实施的过程中，工会或者职工认为用人单位规章制度不适当的，有权向用人单位提出，通过协商做出修改完善。

（2）用人单位单方解除劳动合同时的劳资协商

《工会法》第二十一条规定，在企业单方面解除职工劳动合同时，应当事先将理由通知工会，工会认为企业违反法律、法规和有关合同，要求重新研究处理时，企业应当研究工会的意见，并将处理结果书面通知工会。《劳动法》第三十条规定，用人单位解除劳动合同，工会认为不适当的，有权提出意见。如果用人单位违反法律、法规或者劳动合同的，工会有权要求重新处理；劳动者申请仲裁或者提起诉讼时，工会应当依法给予支持和帮助。

上述法律的规定实质上使工会对用人单位单方解除劳动合同的行为拥有知情权和监督权，我们可以将之理解为在特定问题上的劳资协商。《劳动合同法》基本上延续了上述法律的有关规定，它规定，用人单位单方解除劳动合同，应当事先将理由通知工会。用人单位违反法律、行政法规规定或者劳动合同约定的，工会有权要求用人单位纠正。用人单位应当研究工会的意见，并将处理结果书面通知工会。如果工会认为用人单位单方解除劳动合同违反了法律、行政法规的规定或者劳动合同约定的，有权以书面形式正式提出不同意见，要求用人单位纠正错误的解除行为。这是工会的一项法定权利，任何组织和个人都不得剥夺和侵犯。工会提出不同意见，有利于用人单位发现和纠正违法或者违反约定的单方解除劳动合同的行为，防止劳动争议的出现。

此外，为了更好地保护工会及工会成员履行职责，防止工会成员因履行职责、提出纠正意见而受到用人单位的排挤甚至解除劳动合同，2003年最高人民法院颁布了《关于在民事审判工作中适用<中华人民共和国工会法>若干问题的解释》。其中第六条规定，根据《工会法》第五十二条规定，人民法院审理涉及职工和工会工作人员因参加工会活动或者履行工会法规定的职责而被解除劳动合同的劳动争议案件，可以根据当事人的请求裁判用人单位恢复其工作，并补发被解除劳动合同期间应得的报酬；或者根据当事人的请求裁判用人单位给予本人年收入二倍的赔偿，并参照《违反和解除劳动合同的经济补偿办法》第八条规定给予解除劳动合同时的经济补偿金。

由于《劳动合同法》根据我国市场经济发展的要求，适当放宽了用人单位

---

① 信春鹰. 中华人民共和国劳动合同法释义［M］. 北京：法律出版社，2007：16.

进行经济性裁员的法定条件，为了尽量缓解经济性裁员对劳动者和整个社会的安定所造成的冲击，《劳动合同法》第四十一条延续了《劳动法》关于经济性裁员的程序性规定，要求用人单位按照以下顺序履行法定程序：第一，必须提前30日向工会或者全体职工说明情况，并听取工会或者职工的意见。这相当于规定了时限的劳资协商。针对现实生活中，有的企业已建立了工会，有的企业还没有建立工会的情况，已建立工会的用人单位进行经济性裁员，可以选择向工会或者全体职工说明情况，并听取工会和职工的意见。没有建立工会的用人单位进行经济性裁员，应当向全体职工说明情况，听取职工的意见。第二，裁减人员的方案应当向劳动行政部门报告。即用人单位向工会或者全体职工说明情况，听取工会或者职工的意见、对裁减人员方案进行必要修改后，形成正式的裁减人员方案，报告劳动行政部门。

（3）劳动关系履行过程中的劳资协商

《劳动合同法》第七十八条规定，工会依法维护劳动者的合法权益，对用人单位履行劳动合同、集体合同的情况进行监督。用人单位违反劳动法律、法规和劳动合同、集体合同的，工会有权提出意见或者要求纠正；劳动者申请仲裁、提起诉讼的，工会依法给予支持和帮助。此项规定可以视为劳动关系履行过程中的劳资协商制度。

全国总工会的《关于进一步推进劳动合同制度实施的通知》中着重强调了实施劳动合同制度中的工会的监督检查和协商的作用，要求工会要将劳动合同的执行情况作为工会劳动监督的重点，建立和完善监督检查机构和组织，积极开展监督检查工作，监督劳动合同双方认真履行劳动合同。要加强劳动关系协调机制中各项制度间的有机衔接，劳动合同的标准不得低于集体合同的规定。注意发挥劳动合同在劳动争议调解、仲裁和诉讼中的作用，做到有法可依，依法办事。企业工会要加强与行政方的沟通和协调，督促企业认真履行劳动合同。对于企业未兑现劳动合同的行为，工会要依法要求行政方进行整改，或支持职工通过仲裁或诉讼的方式解决。

此外，全总的《企业工会工作条例（试行)》和各地的工会工作条例中还规定了两种制度以保证工会监督权的实现：

①建立劳动法律监督委员会，地方总工会及产业、乡镇（街道）工会应当设立工会劳动保障法律监督委员会。职工人数较少的企业应设立工会劳动法律监督员，基层工会根据实际需要可以设立工会劳动保障法律监督委员会，对企业执行有关劳动报酬、劳动安全卫生、工作时间、休息休假、女职工和未成年工保护、保险福利等劳动法律法规情况进行群众监督。工会劳动保障法律监督委员会的成员为本级工会劳动保障法律监督员。镇、街道以上工会的工会劳动法律监督组织可以委派工会劳动法律监督员进入本辖区内的用人单位，履行监督、调查职责。工会劳动法律监督员应当具备以下条件：一是熟悉劳动法律、法规，具备一

定的政策水平和工作能力；二是热心维护职工群众的合法权益；三是奉公守法，清正廉洁。工会劳动保障法律监督员由工会发给监督员证。

②建立劳动保护监督检查委员会，生产班组中设立工会小组劳动保护检查员。建立完善工会监督检查、重大事故隐患和职业危害建档跟踪、群众举报等制度，建立工会劳动保护工作责任制；依法参加职工因工伤亡事故和其他严重危害职工健康问题的调查处理；协助与督促企业落实法律赋予工会与职工安全生产方面的知情权、参与权、监督权和紧急避险权；开展群众性安全生产活动。

2. 劳动者个人与用人单位的劳资协商

劳资协商也包括劳动者个人在劳动关系确立、运行或终止时与用人单位的协商权利，我国《劳动法》、《劳动合同法》等法律都对这类劳资协商作了明确规定。

《劳动法》、《劳动合同法》在规定劳动合同订立的原则时，明确将平等自愿、协商一致作为一项重要原则。

《劳动合同法》对劳动合同的订立、变更、解除和终止过程中的劳动者与用人单位的协商权利作了以下规定：第一，用人单位与劳动者协商一致，可以订立固定期限劳动合同。第二，用人单位与劳动者协商一致，可以订立以完成一定工作任务为期限的劳动合同。第三，劳动合同由用人单位与劳动者协商一致，并经用人单位与劳动者在劳动合同文本上签字或者盖章生效。第四，劳动合同对劳动报酬和劳动条件等标准约定不明确，引发争议的，用人单位与劳动者可以重新协商。第五，用人单位与劳动者协商一致，可以变更劳动合同约定的内容。变更劳动合同，应当采用书面形式。第六，用人单位与劳动者协商一致，可以解除劳动合同。

11.1.4 召开劳资协商会议的流程

1. 协商会议事前信息的收集及组织筹办人员的选择

2. 明确协商会议的目的与必要性

协商会议目标必须用书面方式列明，必须切合实际，必须具体且可以衡量。

3. 与会者的选择

与会人员主要分为下列两类：一是劳资双方的代表；二是能够推进协商会议发展的人员。

4. 会议日程的安排要求

根据议程的具体内容、要求，合理安排日程。同时，要充分考虑会期、会议议程等情况。

5. 协商会议的管理

在策划协商会议时，劳动关系协调员应遵循以下三项原则：第一，宜早不宜迟；第二，全面考虑；第三，订出落实的会议时间表。

11.2 民主管理

11.2.1 员工民主参与

1. 员工民主参与的概念

员工民主参与可以定义为：员工通过一定的企业机构，介入管理决策的制定和实施，通过与管理层的交互作用，参与和影响管理行为的过程。

2. 员工民主参与的形式

员工民主参与的形式很多，可以从以下三个角度进行划分：第一，按照参与的程度和方法区分，可分为直接参与和间接参与。直接参与允许员工个人积极参与决策过程；间接参与则主要是通过员工代表站在员工的立场上与资方进行讨论与协商。第二，按照参与的组织等级层次区分，企业组织有多少等级层次，员工参与就有多少层次，从最低层次到董事会层级，都可包括进去。第三，按照目标区分，可分为任务中心型和权力中心型。任务中心型强调工作结构和业绩；权力中心型则强调管理人员权力的决策。

所以，考察员工民主参与的形式要从以上三种因素着手：参与的程度、参与的层级及参与的目标。按照这种方法，就可对照两种不同的，但又是互相补充的战略：上行和下行参与战略进行区分。①

（1）直接参与形式

直接参与形式，也叫"下行参与"。直接参与属于个人参与，是指员工个人直接参与管理方面的决策，或者参加企业组织内部的一些管理机构，这些决策过去是由管理者做出的，管理机构也是由管理人员组成的。直接参与的形式总的说来只适用于较低层次的决策，这种参与方式强调的是员工个人、工作小组以及当时的工作环境，因而既是直接参与形式，也是任务中心型的参与形式。这种方式之所以称之为"下行"，是因为这种参与形式是资方出于某种目的而发展起来的，参与是由资方提供的，作为组织变革的一部分，资方把有限范围内决策的权力和责任从管理人员手中转移到员工手中。这种方式希望直接激发员工个人的工作积极性，提高工作满意度，加强员工对组织目标、决策的认同，而这些目标和决策都是资方早已确定的。

（2）间接参与形式

间接参与形式也叫"上行参与"。间接参与属于代表参与，是指员工通过代表参与决策，它是建立在员工集体利益基础之上的，通过间接参与方式，员工集

---

① 杨体仁，李丽林. 市场经济国家劳动关系——理论·制度·政策 [M]. 北京：中国劳动社会保障出版社，2000：372-373.

体可以扩大对企业组织高层决策的影响，所以也是权力中心型。这种方式之所以还被称之为"上行参与"，是因为它企图通过把集体谈判的范围扩大到一个更广泛的决策中，扩大到组织的更高层次来保护员工的利益，强调的是把员工的影响扩大到企业决策和重大计划之中，而这些决策和重大计划过去往往掌握在管理人员的权力范围之中。

（3）分享制①

除了上述两种员工参与决策与管理制度之外，还要考虑一种员工参与的财政形式，即分享制。这里只介绍两种财政参与形式：报酬分享制及组织所有权分享制。

报酬分享制以企业业绩为基础付给员工报酬，这一报酬是员工正常报酬的额外部分。企业的业绩以利润水平、附加值、生产销售水平来衡量。

组织所有权分享制是通过直接给员工个人或代表员工利益的组织一定数量股票的形式，使工分享企业利润。

11. 2. 2 厂务公开

1. 厂务公开制度概述

厂务公开制度是企业管理一方按照一定的程序向本企业职工公开企业生产经营管理的重大事项、涉及职工切身利益的规章制度和经营管理人员廉洁从业的相关情况，听取职工意见，接受职工监督的民主管理制度。

厂务公开制度是 20 世纪 90 年代中期在公有制企业中建立起来的职工民主参与制度，到 1999 年 2 月，中共中央纪律检查委员会、国务院经济贸易委员会和中华全国总工会联合发出《关于推行厂务公开制度的通知》，要求在国有企业、国家和集体控股企业建立厂务公开制度。2002 年 6 月，中共中央办公厅、国务院办公厅联合下发了《关于在国有企业、集体企业及其控股企业深入实行厂务公开制度的通知》（以下简称《两办通知》），具体规定了厂务公开的指导原则、总体要求、活动内容和组织领导，该通知是国有企业实行厂务公开制度的主要政策依据。实行厂务公开制度的目的是给予职工知情权，职工的知情权是职工民主参与和民主管理的前提条件。2012 年 2 月 13 日，中共中央纪委、中共中央组织部、国务院国有资产监督管理委员会、监察部、中华全国总工会和中华全国工商业联合会联合印发了《企业民主管理规定》，该规定将非国有企业、集体企业及其控股企业也纳入了厂务公开制度的建立范畴，具体规定了厂务公开的主要负责人和相应机构、指导原则以及公开事项。这三个规定的适用范围是不同的。前两个规定仅适用于国有企业、集体企业及其控股企业。而《企业民主管理规定》

---

① 杨体仁，李丽林.市场经济国家劳动关系——理论·制度·政策［M］.北京：中国劳动社会保障出版社，2000：374-375.

则将适用范围扩大到了非公有制企业。

2. 厂务公开的主要内容

根据《两办通知》的要求，厂务公开的内容包括四个方面：

（1）企业重大决策问题

主要包括企业中长期发展规划，投资和生产经营重大决策方案，企业改革、改制方案，兼并、破产方案，重大技术改造方案，职工裁员、分流、安置方案等重大事项。

（2）企业生产经营管理方面的重要问题

主要包括年度生产经营目标及完成情况，财务预决算，企业担保，大额资金使用，工程建设项目的招投标，大宗物资采购供应，产品销售和盈亏情况，承包租赁合同执行情况，企业内部经济责任制落实情况，重要规章制度的制定等。

（3）涉及职工切身利益方面的问题

主要包括劳动法律法规的执行情况，集体合同、劳动合同的签订和履行，职工提薪晋级、工资奖金分配、奖罚与福利，职工养老、医疗、工伤、失业、生育等社会保障基金缴纳情况，职工招聘，专业技术职称的评聘，评优选先的条件、数量和结果，职工购房、售房的政策和住房公积金管理以及企业公积金和公益金的使用方案，安全生产和劳动保护措施，职工培训计划等。

（4）与企业领导班子建设和党风廉政建设密切相关的问题

主要包括民主评议企业领导人的情况，企业中层领导人员、重要岗位人员的选聘和任用情况，干部廉洁自律规定执行情况，企业业务招待费使用情况，企业领导人员工资（年薪）、奖金、兼职、补贴、住房、用车、通讯工具使用情况，以及出国出境费用支出情况等。

2012 年新颁布的《企业民主管理规定》对厂务公开规定内容如下：

企业应当向职工公开下列事项：经营管理的基本情况；招用职工及签订劳动合同的情况；集体合同文本和劳动规章制度的内容；奖励处罚职工、单方解除劳动合同的情况以及裁员的方案和结果，评选劳动模范和优秀职工的条件、名额和结果；劳动安全卫生标准、安全事故发生情况及处理结果；社会保险以及企业年金的缴费情况；职工教育经费提取、使用和职工培训计划及执行的情况；劳动争议及处理结果情况；法律法规规定的其他事项。

国有企业、集体企业及其控股企业除公开上述相关事项外，还应当公开下列事项：投资和生产经营管理重大决策方案等重大事项、企业中长期发展规划；年度生产经营目标及完成情况，企业担保，大额资金使用、大额资产处置情况，工程建设项目的招投标，大宗物资采购供应，产品销售和盈亏情况，承包租赁合同履行情况，内部经济责任制落实情况，重要规章制度的制定等重大事项；职工提薪晋级、工资奖金收入分配情况；专业技术职称的评聘情况；中层领导人员、重要岗位人员的选聘和任用情况，企业领导人员薪酬、职务消费和兼职情况以及出国出境费用支出等廉洁自律规定执行情况，职工代表大会民主评议企业领导人员的结果；依照国家有关规定应当公开的其他事项。

3. 厂务公开的实现形式

根据《两办通知》的要求，厂务公开的主要载体是职工代表大会。要按照有关规定，认真落实职代会的各项职权。要通过实行厂务公开，进一步完善职代会民主评议企业领导人员制度，坚持集体合同草案提交职代会讨论通过，企业业务招待费使用情况、企业领导人员廉洁自律情况、集体合同履行情况等企业重要事项向职代会报告制度，国有及国有控股的公司制企业由职代会选举职工董事、职工监事制度等，不断充实和丰富职代会的内容，提高职代会的质量和实效，落实好职工群众的知情权、审议权、通过权、决定权和评议监督权，建立符合现代企业制度要求的民主管理制度。在职代会闭会期间，要发挥职工代表团（组）长联席会议的作用。

厂务公开的日常形式还应包括厂务公开栏、厂情发布会、党政工联席会和企业内部信息网络、广播、电视、厂报、墙报等，并可根据实际情况不断创新。同时，在公开后应注意通过意见箱、接待日、职工座谈会、举报电话等形式，了解职工反映的情况，不断改进工作。

11.2.3 职工代表大会制度

1. 职工代表大会的性质

2012年2月颁布的《企业民主管理规定》再次明确规定：职工代表大会（或职工大会）是职工行使民主管理权力的机构，是企业民主管理的基本形式。职工代表大会是企业实行民主管理的基本制度，是职工参与企业管理的基本形式。职工代表大会是由全体职工选举的职工代表组成的，它以职工的广泛参与为特征；他们代表全体职工行使民主管理的权力，表达全体员工的意志，体现大多数职工的利益，以少数服从多数为原则。职工代表大会行使的权力是民主管理的权力，按《全民所有制工业企业职工代表大会条例》规定，它是指"审议企业重大决策，监督行政领导，维护职工合法权益等方面的权力"。

2. 职工代表大会组织制度

（1）职工代表大会的组织机构

职工代表大会的组织机构包括大会主席团、代表团（组）和根据工作需要而设立的经常性或临时性的专门小组。职工代表大会主席团是职工代表大会会议期间的组织领导机构，并主持会议。其成员应包括工人、技术人员、管理人员和企业的领导干部。其中工人、技术人员、管理人员应超过半数。主席团成员必须是本届职工代表大会的正式代表，其人数可根据职工代表人数的多少来决定。主席团不实行常任制。职工代表大会开展的活动是统一组织起来的职工代表的活动，在企业组织中，职工代表按照分厂、车间、科室组成代表团（组），推选团

（组）长。被推选出来的职工代表按所在生产和工作单位组成的代表团（组）开展活动。代表团（组）长一般应由分厂、车间或科室工会主席担任。职工代表大会的专门工作小组是根据职工代表大会工作需要而设置的执行专门任务的临时性或经常性机构。专门工作小组的成员一般在职工代表中提名，根据职工代表人数及要解决问题的难易度确立小组的人数，每个小组 3～5 人不等，也可以聘请少数有特殊专长的非职工代表参加，但须经过职工代表大会通过。专门小组对职工代表大会负责，承办职工代表大会交付的各项工作。

（2）职工代表大会的组织原则

民主集中制是职工代表大会的组织原则，也是职工代表大会的基本制度。职工代表大会实行民主集中制反映了职工、职工代表、职工代表大会之间的个人服从组织、部分服从整体、少数服从多数的关系。

（3）职工代表大会的工作制度

职工代表大会的工作制度应包括：职工代表大会的会议制度、职工代表大会专门小组工作制度、职工代表大会团（组）长和专门小组负责人联席会议制度、职工代表活动制度以及民主管理考评制度。其中，职工代表大会会议制度的工作应包括决定职工代表大会的届期、每年召开会议的次数、会议议题、议程、决议形成与修改等事项。职工代表大会专门小组工作制度是保证各专门小组围绕职工代表大会相关职权的政策落实而设立的制度，它是承上启下的枢纽机构。职工代表大会团（组）长和专门小组负责人联席会议由单位的工会委员会召集，联席会议可以根据会议内容邀请党政负责人或其他有关人员参加。所讨论确定的问题，需向下一次职工代表大会报告，并予以确认。职工代表活动制度包括对职工代表参加职工代表大会会前、会中及会后活动的要求，规定日常活动时间、活动内容及组织领导等内容。民主管理考评制度是企事业单位为了促进贯彻和执行职工代表大会实施细则，以及职工代表大会决议的落实，保障职工民主管理权力的责任管理制度。

3. 确定职代会议题的一般程序

确定职工代表大会议题的一般程序：

①会议召开之前，工会委员会应通过广泛征求职工代表和职工群众的意见，了解当前本单位生产经营和管理中存在的主要问题和职工群众迫切要求解决的重大问题。

②工会委员会同行政领导进行协商，并提请党委讨论，形成对大会议题的初步意见。

③召开职工代表团（组）长和职工代表大会专门小组负责人联席会议进行讨论，征求意见。

④由工会向职工代表大会预备会议提出大会议题的建议，并由预备会议讨论通过。

遇有重大事项，经行政领导人、党委、工会讨论或 1/3 以上职工代表提议，召开临时会议，即以该重大事项为议题。

4. 职工代表大会代表的产生

（1）职工代表的条件

《全民所有制工业企业职工代表大会条例》规定，按照法律规定享有政治权利的企业职工，均可当选为职工代表。这是职工代表的基本条件，也是审定职工代表资格的依据。新颁布的《企业民主管理规定》第九条规定：有女职工和劳务派遣职工的企业，职工代表中应当有适当比例的女职工和劳务派遣职工代表。一般而言，只要职工与用人单位建立了劳动关系，就拥有了当选为职工代表的资格。劳务派遣工比较特殊，他们的劳动关系是与用人单位建立的，但实际劳动却是在用工单位进行的，用工单位职工代表大会中也应当有他们的代表。

（2）职工代表的任期

《企业民主管理规定》规定，职工代表实行常任制，职工代表任期与职工代表大会的届期一致，可以连选连任。职工代表常任制，是指职工代表在任期内始终享有职工代表的权利并履行职工代表的义务，并接受原选举部门的监督。为了保障职工代表大会工作经常化、制度化，就必须使职工代表相对稳定。

（3）职工代表的比例和构成

《企业民主管理规定》第八条规定：企业可以根据职工人数确定召开职工代表大会或者职工大会。企业召开职工代表大会的，职工代表人数按照不少于全体职工人数的 5% 确定，最少不少于 30 人。职工代表人数超过 100 人的，超出的代表人数可以由企业与工会协商确定。

《全民所有制工业企业职工代表大会条例》规定："职工代表中应当有工人、技术人员、管理人员、领导干部和其他方面的职工。其中企业和车间、科室行政领导干部一般为职工代表总数的 1/5。青年职工和女职工应当占适当比例。为了吸收有经验的技术人员、经营管理人员参加职工代表大会，可以在企业或者车间范围内，经过民主协商，推选一部分代表。"这是条例做出的原则性规定。《企业民主管理规定》第九条规定：职工代表大会的代表由工人、技术人员、管理人员、企业领导人员和其他方面的职工组成。其中，企业中层以上管理人员和领导人员一般不得超过职工代表总人数的 20%。有女职工和劳务派遣职工的企业，职工代表中应当有适当比例的女职工和劳务派遣职工代表。

（4）职工代表的选举

《全民所有制工业企业职工代表大会条例》规定："职工代表的产生，应当以班组或者工段为单位，由职工直接选举。大型企业的职工代表，也可以由分厂或者车间的职工代表相互推选产生。"《企业民主管理规定》第二十四条规定：职工代表应当以班组、工段、车间、科室等为基本选举单位由职工直接选举产生。规模较大、管理层次较多的企业的职工代表，可以由下一级职工代表大会的代表选举产生。

职工代表的选举，首先由工会委员会根据《全民所有制工业企业职工代表大会条例》和《企业民主管理规定》拟定职工选举职工代表的议案，包括名额的分配、选举的办法和步骤、各类人员的比例，然后由工会委员会召开的职工代表团（组）长和专门小组或工会委员会扩大会议，或者由职代会筹备委员会讨论通过，并由各级工会组织按选举办法主持选举。

（5）职工代表的补选和撤换

职工代表在任期内与企业解除劳动关系，代表资格自行终止，缺额由原选举单位按照规定补选，补选条件和程序与选举职工代表的条件和程序相同。任期内的职工代表在企业内部调动工作的，代表资格予以保留，原选举单位的代表缺额，通过民主程序另行增补。因工作需要调离本单位或本选区或长期病假等原因，不能履行选区职工的代表职责时，代表资格自行终止，由原选区按照职工代表选举程序补选。

职工代表对选举单位的职工负责，选举单位的职工有权监督或者撤换本单位的职工代表。职工代表在任期内出现下列情况时，原选举单位职工有权撤换：一是被依法剥夺政治权利或被企业开除的，应立即取消其代表资格；二是无故不参加职工代表大会活动，严重失职的；三是因停薪留职长期病事假、脱产学习等情况，不能参加职工代表大会各项活动的；四是因为其他原因不能履行代表义务，失去原选举单位职工信任的。

11.2.4 职工董事、职工监事制度

1. 职工董事、监事制度的基本概念

职工董事、职工监事制度，是依照法律规定，通过职工代表大会选举产生的职工代表作为董事会、监事会成员参与公司决策、管理和监督，代表和维护职工合法权益，促进企业健康发展的制度。凡依法设立董事会、监事会的公司都应建立职工董事、职工监事制度。

职工董事、监事是相对于产权所有者的代表而言的，他们是由职工选举产生而不是由出资人委派产生的。因此，他们的身份虽然可以称为"职工董事"、"职工监事"，并享有资方董事和监事相同的权利，但他们的代表性却非常明确，即在董事会和监事会上代表职工的利益。当然这种代表并不意味着与资方代表必然会形成利益的对立，而是通过参与高层的决策，协调劳资双方的利益，促成企业利益共同体的实现。

推行职工董事、职工监事制度，在我国现行法律及党和政府的政策文件中都有明确规定，是建立现代企业制度，完善公司法人治理结构的重要内容；是维护职工合法权益，调动和发挥职工的积极性和创造性，建立和谐稳定的劳动关系，促进企业改革、发展、稳定的内在需要。

2. 职工董事、监事的推选

《企业民主管理规定》明确规定：公司制企业应当依法建立职工董事和职工监事制度，依法在公司章程中明确规定职工董事、职工监事的具体比例和人数，这是企业开展这项活动的直接依据。

（1）职工董事和职工监事条件

职工董事、职工监事人选的基本条件是：

①必须是本公司的职工。能坚持党的基本理论、路线、方针和政策，熟悉并能够贯彻执行国家有关法律、行政法规和规章制度，具有一定的政策水平和决策能力。

②遵纪守法，办事公道，坚持原则，廉洁自律，忠于职守。密切联系群众，能够代表和维护职工的合法权益，善于表达职工意愿，受到职工群众的信赖和拥护。

③具有现代企业专业知识，熟悉企业经营管理或具有相关的工作经验，了解企业生产经营管理、业务技术和相关的法律法规，有较强的参政议政和参与决策、实施监督的能力以及一定的协调沟通能力。

④《公司法》规定，未担（兼）任工会主席的公司高级管理人员不得担任职工董事、职工监事。

（2）职工董事、职工监事的人数比例

《公司法》没有明确规定董事会和监事会中的职工代表比例，但要求企业在公司章程中做出明确规定。职工董事的人数一般应占公司董事会成员总数的1/4。2006年国资委下发的《国有独资公司董事会试点企业职工董事管理办法（试行）》规定：在国有独资公司董事会中，至少要有一名职工董事。因此，现代公司制企业中的董事会和监事会中的职工代表应以"至少一名"作为底线来实行。

（3）职工董事、职工监事的产生程序

①由公司工会提出职工董事、职工监事的候选人，并报告上级工会组织审核。工会主席一般应作为职工董事的候选人，工会副主席一般应作为职工监事的候选人。

②职工董事、职工监事由本公司职工代表大会以无记名投票的方式选举产生。职工董事、职工监事候选人必须获得全体会议代表过半数选票方可当选。

③职工董事、职工监事选举产生后，应报上级工会、有关部门和机构备案，并与其他内部董事、监事一同履行有关手续。

（4）职工董事、职工监事的任期、补选及罢免

①职工董事、职工监事的任期、补选。职工董事、职工监事的任期与公司其他董事、监事的任期相同，可以连选连任。

职工董事、职工监事离职的，其任职资格自行终止。空缺应当及时补选，空缺一般不得超过三个月。

②职工董事、职工监事的罢免。职代会有权罢免职工董事、职工监事，须由1/10以上全体职工或者1/3以上职工代表大会代表联名提出罢免案，罢免案应当写明罢免理由。罢免职工董事、职工监事，须经职工代表大会过半数的职工代表通过。公司未建立职工代表大会的，则须由全体职工过半数同意方为有效。职工董事、职工监事有下列行为之一的，可以对其提出罢免案：职工代表大会或职工大会年度考核评价结果较差的；对公司的重大违法违纪问题隐匿不报或者参与公司编造虚假报告的；泄露公司商业秘密，给公司造成重大损失的；以权谋私，收受贿赂，或者为自己及他人从事与公司利益有冲突的行为损害公司利益的；不向职工代表大会或职工大会报告工作或者连续两次未能亲自出席也不委托他人出席董事会的；其他违反法律、行政法规应予罢免的行为。

3. 职工董事、职工监事的权利与义务

（1）职工董事、职工监事的权利

根据2012年新颁布的《企业民主管理规定》的规定，职工董事依法行使下列权利：参加董事会会议，行使董事的发言权和表决权；就涉及职工切身利益的规章制度或者重大事项，提请召开董事会会议，反映职工的合理要求，维护职工合法权益；列席与其职责相关的公司行政办公会议和有关生产经营工作的重要会议；要求公司工会、公司有关部门和机构通报有关情况并提供相关资料；法律法规和公司章程规定的其他权利。

职工监事依法行使下列权利：参加监事会会议，行使监事的发言权和表决权；就涉及职工切身利益的规章制度或者重大事项，提议召开监事会会议；监督公司的财务情况和公司董事、高级管理人员执行公司职务的行为；监督检查公司对涉及职工切身利益的法律法规、公司规章制度贯彻执行情况；劳动合同和集体合同的履行情况；列席董事会会议，并对董事会决议事项提出质询或者建议；列席与其职责相关的公司行政办公会议和有关生产经营工作的重要会议；要求公司工会、公司有关部门和机构通报有关情况并提供相关资料；法律法规和公司章程规定的其他权利。

（2）职工董事、职工监事的义务

根据2012年新颁布的《企业民主管理规定》的规定，职工董事、职工监事应当履行下列义务：遵守法律法规，遵守公司章程及各项规章制度，保守公司秘密，认真履行职责；定期听取职工的意见和建议，在董事会、监事会上真实、准确、全面地反映职工的意见和建议；定期向职工代表大会述职和报告工作，执行职工代表大会的有关决议，在董事会、监事会会议上，对职工代表大会做出决议的事项，应当按照职工代表大会的相关决议发表意见，行使表决权；法律法规和公司章程规定的其他义务。

4. 职工董事、职工监事的工作程序

职工董事、职工监事应当围绕公司董事会、监事会会议的议题，在参与决策前，深入到职工群众中，充分听取广大职工和工会的意见和建议，广泛收集职工代表反映的情况，如实反映工会、职代会或代表团（组）长和专门委员会（小组）联席会等方面形成的意见。每次董事会、监事会后，由职工董事、职工监事向工会委员会通报情况。每年职工董事、职工监事向职工代表大会进行述职报告一次，接受职工代表大会的询问。职代会每年对职工董事、职工监事就履行工作职责等情况进行一次评议，并根据评议结果，对认真履行职工董事、职工监事职责的人员提出奖励意见。职工董事、职工监事的更换要按照民主程序进行，对不称职或者有严重过失的职工董事、职工监事由职代会罢免。

5. 职工董事、职工监事制度的工作机制

在实际工作中，职工董事、职工监事要发挥应有的作用，需要企业及工会给予积极的支持，建立相应的工作机制来保证职工董事、职工监事切实履行职责。

（1）信息沟通机制

工作中，由于信息不对称，职工董事、职工监事掌握的信息是有限的，缺乏必要的信息渠道，对企业的重大问题不了解。而且有些文件是按照行政级别来确定传阅范围的，仅凭会前或会上的有限时间去调查了解，很难全面掌握情况。不能保证对企业生产经营发展的知情权，就难以实现真正的参政议政。因此，必须建立畅通的信息沟通机制，让职工董事、职工监事全面了解详细的情况。

（2）咨询参谋机制

企业涉及的问题是多方面的，职工董事、职工监事要做到对所有方面的问题都了解、都熟悉是不可能的。从实践经验来看，可以为职工董事、职工监事成立"智囊团"之类的组织，还可以聘请咨询服务机构或有关专家、学者为职工董事、职工监事提供好的建议。

（3）监督机制

职代会对职工董事、职工监事的工作要监督检查。职工董事、职工监事应定期向职代会汇报，做述职报告，一年至少一次。由职工代表对他们进行评议，然后职代会做出决议。如果过半数职工代表对职工董事或职工监事的工作不满意，就应该罢免或撤换，并做相应的替补。

（4）保护机制

职工董事、职工监事的权利受到法律保护，职工董事、职工监事依法行使职权，任何组织和个人不得压制、阻挠和打击报复。职工董事、职工监事自任职之日起，劳动合同自动延长至任期结束。职工董事、职工监事任职期间及不担任职工董事、职工监事后，公司不得解除其劳动合同，或者做不利于其工作条件的岗位变动。如果任期届满不再担任职工董事、职工监事的职工代表，公司单方面解

除劳动合同时，应当事先将理由通知工会。

（5）工作指导机制

上级工会应加强对职代会和职工董事、职工监事工作的指导，加强对职工代表的培训，不断提高政策水平、业务水平和参与管理的能力，依法维护职工董事、职工监事的合法权利。

第 12 章　员工申诉与劳动争议处理

12.1　员工申诉

12.1.1　员工申诉概述

1. 员工申诉的概念

员工申诉是指员工认为在工作中遭到不平等待遇或发现用人单位内部的不法行为时，提出要求解决的行为。其内容可以涵盖用人单位管理、用人单位决策以及其他关乎员工切身利益的事项。具体包括：集体合同、工作规则及其他企业内部规则的制定及内容；用人单位根据内部规定，对员工的命令、禁止、许可、免除、认可、受理、通知、确认等各方面的意思表示；用人单位所提出的各项发展计划、生产计划、营销计划、业务计划等的构想与行动；用人单位依有关的内部规定而采取的劝告、诱导等非强制性的事实行为；用人单位给予员工的奖励、实施的惩罚等行为。

2. 员工申诉的分类

员工申诉通常可以分为两类：个人申诉和集体申诉。个人申诉多是由于管理方对员工进行惩罚引起的纠纷，通常由个人或工会代表提出。其内容范围从管理方发出书面警告，到员工最终被解雇的整个过程中可能引发的任何争议。争议的焦点：是否违反了集体合同中规定的个人和团体的权利。

集体申诉是为了集体利益而提起的政策性申诉，通常是工会针对管理方（在某些情况下，也可能是管理方针对工会）违反协议条款的行为提出的。集体申诉虽不直接涉及个人权利，但却影响整个谈判单位的团体利益，通常由工会委员会的成员代表工会的利益提出。

3. 员工申诉的作用

员工申诉制度为处理劳资之间的纠纷、分歧和不满，提供了有序的方法。企业组织内员工申诉制度的建立，具有以下作用：

①提供员工依照正式程序，维护其合法权益的救济渠道；

②疏解员工情绪，改善工作气氛；

③审视人力资源管理制度与规章的合理性；

④促进组织的内部公平；

⑤与集体合同结合，保障集体合同的顺利履行；

⑥减轻高层管理者处理员工不满事件的负荷；

⑦提高企业内部自行解决问题的能力，避免外力介入或干预，使问题扩大或恶化。

12.1.2 员工申诉的受理

员工申诉的受理是指，当员工对用人单位的日常管理或者工作情况等方面有建议或者存在异议向单位的行政管理部门提出时，单位行政管理部门以及相关人员对上述情况做出积极的回应的一系列行为的总称。员工申诉的受理主要包括以下几个方面：

①正面回答员工提出的问题；

②慎重考虑员工的要求；

③耐心阐述申诉的解决方案和理由；

④及时对员工的处境表示关注。

12.1.3 员工申诉的调查

了解争议事实的真相和员工本人的意愿是解决争议的前提条件之一。一般来说，员工申诉调查的方法有：

1. 资料检索

资料检索是指在员工申诉案件中，对企业现有各项资料的收集与分析。其收集的资料应包括：员工的有关资料，如个人档案、人事评价、培训资料、绩效评估等；企业方面的资料，如规章制度、会议文件、企业与员工签订的劳动合同以及国家有关劳动法律法规和劳动政策等。

2. 直接调查

员工申诉案件的协调人员通过直接接触的方法来搜集、整理有关情况。

3. 外部咨询

通过购买的方式从有关组织机构、咨询机关等取得的相关资料。对所获得的资料应当建立资料库进行分类，归档保管，以便对劳动争议的解决提供有力的支持。

4. 提出处理建议与方案

在调查结束后，员工申诉处理人员应结合申诉事项调查的真实情况给出初步处理建议，并上报主管部门。

12.2 冲突与争议的基本概念

12.2.1 冲突的概念

冲突是广泛存在的，在工作场所也是如此。在西方社会，经常使用工作场所冲突（Workplace Conflict）的概念。工作场所冲突可能是以下某一个或者多个因素综合作用的结果：资源的稀缺性（如时间、责任、地位和预算等）、价值取向（如政治偏好、宗教信仰和道德观念等）、世界观（如何理解世界）、对事实的争议等①。从分类情况看，工作场所冲突可以大致分为两个类型：任务型冲突和关系型冲突。任务型冲突是指因为工作方式、任务利弊等意见不一致产生的冲突；关系型冲突是指因为人的价值取向、幽默感等性格观念因素产生的冲突。工作场所冲突也可以细化为五种主要类型：事实冲突、专业/技术冲突、人际冲突、法律冲突（属于雇佣关系）和意见冲突。其中绝大多数的工作场所冲突源于组织文化和结构，比如员工自我管理的权利、工作纪律、工作强度、沟通方式等②。

12.2.2 冲突管理

1. 冲突认识的变迁

对于冲突的认识，按照出现的时间顺序，管理学界主要有三种观点。罗宾斯将这三种观点的变化称为"冲突观念的变迁"③。20世纪30~40年代的"传统观点"认为，冲突是暴乱、破坏、非理性的同义词，冲突的出现意味着组织内功能失调，必须加以避免；20世纪40年代末至70年代中叶的"人际关系观点"认为，群体内的冲突是不可避免的，存在"对群体工作绩效产生积极动力的潜在可能性"，组织应当接纳冲突；20世纪70年代之后，管理学界出现了"相互作用观点"，越来越多的学者鼓励冲突，认为一定水平的冲突能够使群体保持旺盛的生命力和不断创新的活力（如图12-1所示）。相互作用的观点并不是忽视组织冲突的消极影响，它最大的贡献在于提醒人们从正反两方面看待冲突，并主动对冲突进行管理。

---

① DE DREU C K W. The virtue and vice of workplace conflict: Food for (pessimistic) thought [J]. Journal of Organizational Behavior. 2008, 29 (1): 5-18.
② LIBERMAN E, LEVY Y F, SEGAL P. Designing an internal organizational system for conflict management based on a needs assessment [M]. Dispute Resolution Journal, May/June, 2009: 62-74.
③ 罗宾斯. 组织行为学精要 [M]. 郑晓明, 译. 5版. 北京: 机械工业出版社, 2000: 251-257.

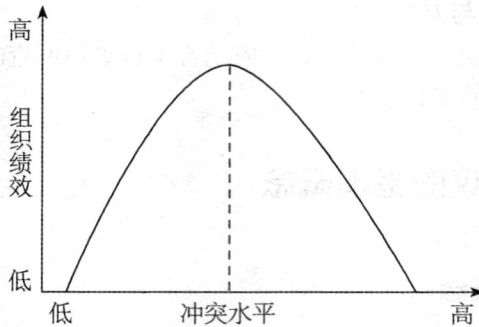

图12-1　冲突水平与组织绩效

2. 冲突管理研究的认识

随着学者们开始认识到冲突的正面效应，有关冲突管理的研究大多把冲突分为两种类型，这种划分被称为"二分法"。比较有代表性的是 Rahim 提出的"功能正常型冲突"（Functional Conflict）和"功能失调型冲突"（Dysfunctional Conflict），或者分为"建设型冲突"（Constructive Conflict）和"破坏型冲突"（Destructive Conflict）来讨论①。Rahim 把学者们的观点总结为以下三点：

①对个人或群体绩效有消极影响的冲突，应该消减；

②有些冲突对个人或群体绩效有正面影响，往往是由于对业务、政策或组织其他问题的不同意见而引起，这类冲突应当培养并保持适当的数量；

③组织成员应采取更具建设性的方式来处理冲突。

3. 冲突管理方式的认识

关于冲突的管理方式，尤其是微观企业层面的冲突管理方式，管理学界主要有一维模型和二维模型的划分。一维模型认为冲突管理只存在合作和竞争两种状态，非合作即竞争。学者们逐渐认识到一维模型的局限性，从而发展出了冲突管理的二维模型。最早引入二维模型的学者是 Blake 和 Mouton，如图12-2所示，横坐标表示对人的"关心"，把纵坐标定义为"关心生产"的维度，从而区分出了五种冲突管理方式，即竞争（Competing）、合作（Collaborating）、妥协（Compromising）、逃避（Avoiding）和宽容（Accommodating）②。

12.2.3　冲突与争议的区别

提到冲突，就不得不提到争议的概念。冲突与纠纷是一个既相关联又不完全相同的概念。要明晰两者的异同，首先要对冲突和争议这两个单词的词义进行区别。在权威的朗文英语词典中，冲突（Conflict）的解释为"a state of

---

① RAHIM M A. Empirical studies on managing conflict［J］. International Journal of Conflict Management, 2000, 11（1）：5-8.

② BLAKE R, SHEPARD H, Mouton J. Managing intergroup conflict in industry［M］. Houston：Gulf Pub. Co, 1964.

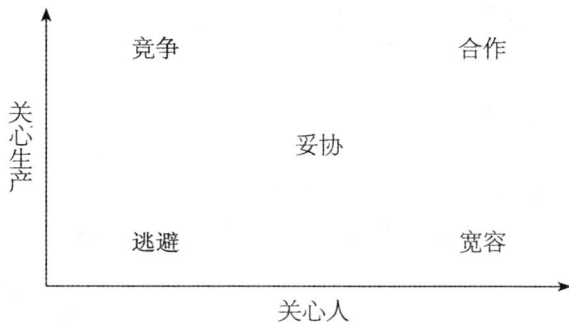

图 12-2　冲突管理的二维模型

disagreement or argument between people, groups, countries etc. ", 即在人群间、团队间或者国家间出现的一种意见不一致或争论的状态。而争议（Dispute）的解释则为 "a serious argument or disagreement", 即严重的意见不一致或争论。可以看出，就英语的词意来说，两者均指的是在不同主体之间存在的意见不一致或争论的状态，只是争议的程度要比冲突更加严重。冲突与争议的差异不仅表现在严重程度上，其在内容、解决方式等方面也存在着一定的差异性。

1. 程度不同

冲突是一种较为泛指的不一致的状态，对抗的程度较低；而争议则特指严重的不一致，对抗的程度较高，可能以多种较为激烈的形式表现出来。

依据严重程度来划分冲突和争议得到不少学者的认可，例如，Bacharach 和 Lawler[①] 认为冲突是指几乎在任何组织中都可能存在的摩擦，这种摩擦产生于员工对合理行为期望上的不匹配。换句话说，冲突更接近于没有爆发的矛盾之意。很多时候，冲突只是一种员工心中的不满意，而争议是冲突的一个子集，是需要在某种条件下寻求解决方案的冲突（如图 12-3 所示）。因此，冲突并不总是转变为争议，它们有时被忽略，有时被抑制，有时被认为不够重要而不被单独处理。

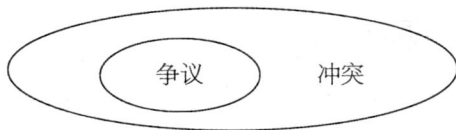

图 12-3　冲突与纠纷关系图

2. 内容不同

冲突和争议都用于描述一种不一致。但是冲突包含了一些潜在的、还没有凸显的矛盾；而争议则只是指已经爆发的显著的矛盾。冲突并不是总是会转化为争议，一部分冲突，可能会被顺利地化解，或者以其他方式被压抑；另一部分冲

---

① BACHARACH S B, LAWLER E J. Power and Politics in Organizations [M]. San Francisco：Jossey-Bass. 1980.

突，由于没有被正确地解决，可能会转变成为争议。

3. 解决方式不同

冲突是两个或两个以上的个人在团体或组织中的一种不和谐。这些不同主体存在利益、目标或优先次序上的分歧。冲突可以是正式的，也可以是非正式的，冲突的化解可以通过第三方介入，也可以不借助于第三方，可以通过事前的、主动的和非正式的手段来进行治理。而争议则是更加正式和艰难的，充满着矛盾和争论。因此，有必要使用正式的机制，例如调解、仲裁、诉讼或其他解决办法来解决争议，通常还需要第三者的介入。具体的解决方式对比见表 12-1，其中所列的解决方法从简单到复杂、解决方式的对抗性从弱到强，冲突和争议在解决方法的选择上还是表现出了比较明显的差异，

表 12-1　　　　　　　　　　　　　**冲突和争议解决方法的差异**

	解决方法（简单→复杂，弱对抗→强对抗）						
	规避	调停	协商	ADR	仲裁/判决	诉讼	其他激烈对抗
冲突	√	√	√	√	√	√	√
争议	×	较少	较少	√	√	√	√

可见，虽然冲突和争议两者都存在着会恶化到需要诉诸法院判决甚至更加激烈的对抗的可能性，但是，部分冲突可以通过较为简单的、对抗性较为弱的方法得以解决；而争议更多地依赖较为复杂和正式的解决方式。

总而言之，冲突与争议是两个有紧密联系但是又有显著区别的概念。冲突是不同主体之间潜在的或者已经发生了的不一致；争议则是不同主体之间较为严重和显著的不一致。

12.3　劳动争议处理

12.3.1　劳动争议的概念

劳动争议（Labor Dispute）又称为劳动纠纷，它是劳动关系当事人因劳动权利义务发生分歧而引起的争议，其中劳动者一方可以是单个的劳动者，也可以是劳动者组成的团体。

在世界范围内，从法律的视角来看，各国对劳动争议的界定稍有不同。列举法是法律法规对劳动争议界定的主要方式，这也有两种具体的列举方式，一种是直接列举属于劳动争议范围的纠纷，此范围就代表了法院可以受理的劳动争议范畴，另一种则是列举不属于劳动争议的范围。例如，国务院 1993 年颁布的《企业劳动争议处理条例》的第二条列举了劳动争议的范围。最高人民法院《关于审理劳动争议案件适用法律若干问题的解释》（法释［2001］14 号）第一条从

人民法院受理劳动争议的角度界定了其范围：①劳动者与用人单位在履行劳动合同过程中发生的纠纷；②劳动者与用人单位之间没有订立书面劳动合同，但已形成劳动关系后发生的纠纷；③劳动者退休后，与尚未参加社会保险统筹的原用人单位因追索养老金、医疗费、工伤保险待遇和其他社会保险费而发生的纠纷。2008年5月1日实施的《劳动争议调解仲裁法》第二条列举了六类可适用于该法的劳动争议情形，划定了劳动争议的范围：①因确认劳动关系发生的争议；②因订立、履行、变更、解除和终止劳动合同发生的争议；③因除名、辞退和辞职、离职发生的争议；④因工作时间、休息休假、社会保险、福利、培训以及劳动保护发生的争议；⑤因劳动报酬、工伤医疗费、经济补偿或者赔偿金等发生的争议；⑥法律、法规规定的其他劳动争议。第二种通过列举不属于劳动争议的情形来界定劳动争议的法律法规如《最高人民法院关于审理劳动争议案件适用法律若干问题的解释（二）》（法释〔2006〕6号）第七条规定了不属于劳动争议范围的情形：①劳动者请求社会保险经办机构发放社会保险金的纠纷；②劳动者与用人单位因住房制度改革产生的公有住房转让纠纷；③劳动者对劳动能力鉴定委员会的伤残等级鉴定结论或者对职业病诊断鉴定委员会的职业病诊断鉴定结论的异议纠纷；④家庭或者个人与家政服务人员之间的纠纷；⑤个体工匠与帮工、学徒之间的纠纷；⑥农村承包经营户与受雇人之间的纠纷。

劳动争议是一个在中国劳动关系学界广泛使用的概念。它是以劳动关系为中心的各方已经发生的意见不一致，但是不包括劳动者之间发生的争议，不包含潜在的还没有凸显的冲突。从学者研究的视角来看，我国一些学者认为劳动争议的概念应该有广义和狭义之分。广义的劳动争议是指用人单位和劳动者因劳动关系所发生的一切纠纷；狭义的劳动争议是指用人单位与劳动者因劳动权利、劳动义务发生分歧而引起的争议[①]。

以下四种情形不属于我国可以适用有关劳动法律法规的劳动关系主体，他们之间所发生的争议也不属于劳动争议的范畴：①在公务员法范畴内的机关与其实行聘任制的公务员；②事业单位与其编制内的工作人员；③社团组织与其工作人员；④军队聘用单位与其文职人员。

12.3.2　劳动争议构成的要素

任何一种法律关系都是由主体、内容、客体三要素构成的。劳动争议作为一种法律关系，也由这三要素构成。

1. 争议的主体

劳动争议的主体是指争议的双方当事人，是劳动权利义务的承受者，包括用人单位和劳动者。"用人单位"是我国劳动法中的一个特定概念，指依法签订劳

---

① 董保华. 劳动法论［M］. 北京：世界图书出版公司，1999：284.

动合同，招用和管理劳动者，并按法律规定或合同约定向劳动者提供劳动条件、劳动保护和支付劳动报酬的劳动组织。《劳动法》第二条规定，"用人单位"包括我国境内的企业、个体经济组织、国家机关、事业组织、社会团体。劳动者，是指达到法定年龄16周岁，且具有劳动能力，能够依法签订劳动合同，独立给付劳动并获得劳动报酬的自然人。如果作为劳动者的一方因病、工伤等原因死亡的，其亲属可以作为劳动争议的当事人。

2. 争议的内容

劳动争议的内容是劳动权利与劳动义务。只有双方因劳动权利与义务发生纠纷，才可能是劳动争议。劳动争议的内容一般包括用人单位的用人自主权、工资奖金分配权，用人单位依法建立与完善规章制度的权利以保障劳动者享有劳动权利与履行劳动义务等；劳动者的平等就业权、选择职业的权利、取得劳动报酬的权利、休息休假的权利、享有社会保障和福利的权利，以及劳动者完成劳动任务、提高职业技能、遵守劳动纪律和职业道德的义务等。

3. 争议的客体

劳动争议的客体，是指劳动争议主体的权利和义务所指向的对象，即劳动争议所要达到的目的与结果，包括行为、物与人身相联系的非物质财富。

12.3.3 劳动争议的分类

1. 个别劳动争议与集体劳动争议

如果按劳动争议劳动者一方当事人的人数进行划分，那么劳动争议可分为个别劳动争议和集体劳动争议。个别劳动争议是指劳动者一方当事人数量在规定限额（1～9人）以下的，与用人单位发生的纠纷。集体劳动争议是指劳动者一方当事人数量在规定限额以上的，且因共同理由与用人单位发生的纠纷。根据《劳动争议调解仲裁法》第七条规定，发生劳动争议的劳动者一方在10人以上，并有共同请求的，可以推举代表参加调解、仲裁或者诉讼活动。

值得注意的是，集体合同争议与集体劳动争议是不同的概念，它们的划分依据不同。集体合同争议是与劳动合同争议相对应的概念。劳动合同争议是基于劳动合同发生的争议，发生在单个劳动者与用人单位之间。集体合同争议是基于集体合同发生的争议，通常发生在工会与用人单位之间。

2. 权利争议与利益争议

如果按照标的类型进行划分，劳动争议可分为权利争议与利益争议。这是一种理论划分，相关法律并未直接出现这种称谓，但这种划分方法已经在立法中明显体现。具体而言，权利争议是可诉的，而利益争议是不可诉的。

权利争议是指对现行法律、集体合同与劳动合同所规定的权利，在实施或解释上所发生的争议。我国的权利争议，属于劳动争议仲裁处理的范围。

利益争议是指在集体协商时双方为订立、续订或变更集体合同条款而产生的争议，即对集体合同规定的权利及其变更或提出新的权利要求而引起的争议。

12.3.4　劳动争议产生的原因

劳动争议是多种原因共同作用形成的，包括社会经济运行环境、经济体制改革、用人单位管理效率、集体合同和劳动合同运行状态、工会协调力度以及法律法规的健全程度等。

1. 社会经济总体运行环境是产生劳动争议的客观原因之一

随着我国市场经济体制的不断完善，与之相适应的现代企业制度不断推进，以往传统、单一型的劳动关系被打破。一方面，用人单位的用人制度变得灵活多样，使得劳动关系也趋于多样化、复杂化，不能正确处理双方的权利义务关系，势必会产生争议。另一方面，我国劳动力市场长期存在严重的供过于求的现象，劳动者就业压力大，处于弱势地位，使得其合法权益受到损害，导致劳动争议案件的数量不断攀升。

市场经济建设过程中的企事业单位改制在一定程度上也导致了劳动争议的产生。一方面是国有企业改制过程中比较多的下岗、内退、买断工龄现象导致劳动争议的产生。这部分争议的内容主要集中在下岗生活费水平、社会保险缴纳情况等方面。另一方面是事业单位改制过程中人员分类中既不属于公务员编制又不属于合同制用工的劳动者与用人单位之间产生的争议，这部分争议由于处于法律法规的空白地带，处理起来难度很大。

2. 劳动关系双方不同的利益追求是产生争议的根本原因

市场经济条件下，一方面，用人单位之间的竞争日益激烈，作为独立的经济体，其追求利润最大化的目标日渐清晰；另一方面，劳动者与用人单位之间的"铁饭碗"关系被打破，劳动者追求个人利益最大化的诉求更加强烈，双方在利益追求方面产生分歧，导致争议不断发生。

在追求利润最大化的过程中，有的用人单位只注重眼前的经济利益，忽略内部管理，致使管理极不规范。例如延长试用期的时间，超过法律要求的最长六个月时间，压低试用期的工资水平，不足正常工资的80%等，这些做法看似降低了用工成本，实则违反了法律的规定，势必会增加违法成本，不仅损害了劳动者的合法权益，对用人单位的长期发展也极其不利。再如，有的用人单位利用规章制度在内部的管理地位，不按照法律要求制定，内容和制定程序都不合乎法律规定，损害劳动者的合法利益。这些行为都会导致劳动者与用人单位之间发生劳动争议。

劳动者在追求个人利益最大化的过程中，有的采取消极甚至违法的行为获得利益，导致劳动争议的产生。例如有的劳动者为了获得就业机会，在求职过程中向用人单位提供虚假信息；在劳动生产过程中不认真对待工作，不严格履行责任，甚至给用人单位带来经济损失等。当然，也有一部分劳动者是通过合法程序维护自身的利益而引发劳动争议。第一种情况是要受到法律的制裁的,是应该被制止的行为;第二种情况体现了劳动者的法律意识、维权意识在不断增强,寻求法律手段来维护自己的权益,这是社会所提倡和鼓励的行为。

3. 劳动合同和集体合同履行不规范是产生争议的直接原因

①劳动合同未能及时签订,劳动者和用人单位双方在生产劳动中的权利、义务不能在最初得到明确,生产过程中双方的权益很难得到保证。②用人单位没有完全按照法律法规所规定的合同内容来制定劳动合同中的条款,使得双方利益受损,但是由于用人单位处于强势地位,利益受损一方多为劳动者。③双方在履行劳动合同的过程中,未能严格遵守其中的条款,对双方造成损失。④解除和终止劳动合同不规范产生了劳动争议,这部分争议所占的比例较大,主要原因集中在解除和终止的理由不合法,经济补偿金、经济赔偿金的约束不合法等方面。⑤集体合同的订立程序不合法、工会未能严格履行其为劳动者争取合法利益的义务、集体合同的标准不合乎法律要求等,都会促使劳动争议的产生。

4. 协调监管制度缺位是产生争议的原因之一

政府和社会对劳动合同、集体合同的履行情况进行监督的制度不健全,不能很好地监督劳动关系双方合法权益的受保护程度。其中一个重要表现是工会未能严格履行其职责,工会的调解、监督职责到位与否间接影响劳动争议发生率的高低。

12.3.5 劳动争议处理方式

衡量劳动关系的和谐程度有六个"率"指标,分别是劳动合同签订率、社会保险缴费率、工资正常增长率、劳动争议和调结案率、安全事故发生率、企业与职工的双满意率。如何实现六个"率"指标,构建和谐劳动关系,关键在于完善三个机制:一是用人单位内部的劳动争议预防协商机制,二是用人单位内部劳动者诉求表达机制,三是调、裁、诉紧密衔接的劳动争议处理机制。其中,前两种机制是预防为主的利益协调机制。

1. 协商

劳动争议的协商,是指劳动者与用人单位为解决劳动争议,通过平等自愿、互谅互让的沟通商谈的方式,在认清事实,明辨是非的情况下,化解矛盾达成共识的过程。一般有如下方式:当事人之间的直接协商,劳动者邀请工会组织或第三方共同与用人单位进行协商,以及当事人代表协商。

2. 调解

劳动争议的调解,是指在各类调解组织的主持下,依据法律规范和道德规范,劝说争议双方当事人,通过民主协商、互谅互让,达成协议,从而消除争议的一种方法与活动。

调解原则贯穿于争议处理程序的始终,它不仅是调解组织的调解行为,也是处理劳动争议的一般工作原则，是劳动争议仲裁程序中应进行的工作。《劳动争议调解仲裁法》第四十二条规定"仲裁庭在做出裁决前，应当先行调解；调解达成协议的，仲裁庭应当制作调解书；调解书应当写明仲裁请求和当事人协议的结果。调解书由仲裁员签名，加盖劳动争议仲裁委员会印章，送达双方当事人。调解书经双方当事人签收后，发生法律效力。调解不成或者调解书送达前，一方当事人反悔的，仲裁庭应当及时做出裁决"，表明调解在劳动争议仲裁中是法定程序。

3. 仲裁

劳动争议仲裁，指经争议当事人申请，由劳动争议仲裁委员会对争议当事人因劳动权利、义务等问题产生的争议进行评价、调解与裁决的一种处理争议的方式。争议仲裁是一项具有准司法性质的处理劳动争议的方法，生效的劳动争议裁决都具有法律强制力。

目前劳动争议处理与人事争议处理在仲裁办案程序与仲裁机构上已经统一。在组织设立方面，《劳动争议仲裁组织规则》第二条规定，劳动争议仲裁委员会（以下称仲裁委员会）由人民政府依法设立，专门处理劳动、人事争议（以下称争议）案件。人力资源和社会保障行政部门负责指导本行政区域内的调解仲裁工作，组织协调处理跨地区、有影响力的重大争议，负责仲裁员的管理、培训等工作。在人员组成方面，《劳动争议仲裁组织规则》第六条规定，仲裁委员会由干部主管部门代表，人力资源和社会保障行政部门等相关行政部门代表，军队及聘用单位文职人员工作主管部门代表，工会代表，用人单位代表等组成。

我国劳动争议仲裁采取了"仲裁前置，裁审衔接"的体制。此外，《劳动争议调解仲裁法》第四十七条规定，对两类争议仲裁案件进行终局裁决，裁决书自做出之日起发生法律效力，这是附条件的"一裁终局"制度。这两类争议案件包括：①追索劳动报酬、工伤医疗费、经济补偿或者赔偿金，不超过当地月最低工资标准12个月金额的争议；②因执行国家的劳动标准在工作时间、休息休假、社会保险等方面发生的争议。同时，该法第四十八条规定，劳动者如果对这些终局裁决有异议，可以自收到仲裁裁决书之日起15日内向人民法院提起诉讼。这项规定实际是对劳动者的司法救济，表明劳动法律关系区别于普通民事法律关系，更加侧重于保护劳动者的合法权益。

需要注意的是，利益争议只能依靠人力资源和社会保障部门协调进行解决，不能申请仲裁。除此之外，如果要解决其他的劳动争议，必须经过劳动争议仲裁程序。只要当事人一方申请仲裁，且符合受案条件，劳动争议仲裁委员会给予受理；当事人如果要起诉到法院，必须先经过仲裁，否则人民法院不予受理。例如，因签订集体合同发生的集体合同争议是对利益争议的一种法律表述，不能申请仲裁。

4. 诉讼

劳动争议诉讼包括劳动争议诉讼与人事争议诉讼。《劳动法》第八十三条规定，劳动争议当事人对仲裁裁决不服的，可以自收到仲裁裁决书之日起 15 日内向人民法院提起诉讼；一方当事人在法定期限内不起诉又不履行仲裁裁决的，另一方当事人可以申请人民法院强制执行。因此，当事人向人民法院提起劳动争议诉讼必须满足两个条件：一是劳动争议已经经过仲裁；二是满足自收到裁决书之日起 15 日内向人民法院提起诉讼的时间要求。

目前人民法院依据《民事诉讼法》和《劳动争议调解仲裁法》的规定，对劳动争议案件进行审理，实行两审终审制，即如果劳动争议的当事人不服一审人民法院的判决，可向上一级人民法院上诉，后者的判决是二审判决，是生效的终审判决，当事人必须执行。

尽管用人单位对《劳动争议调解仲裁法》第四十七条规定的劳动争议案件终局裁决持有异议，也不得向人民法院提起诉讼。《劳动争议调解仲裁法》第四十九条规定，用人单位在有证据证明第四十七条规定的仲裁裁决中包含的六种情形之一时，可以自收到仲裁裁决书之日起 30 日内向劳动争议仲裁委员会所在地的中级人民法院申请撤销裁决。而人民法院经组成合议庭审查核实裁决有以上规定情形之一的，应当裁定撤销。此外，仲裁裁决被人民法院裁定撤销的，当事人可以自收到裁定书之日起 15 日内就该劳动争议事项向人民法院提起诉讼。

12.4 集体劳动争议

12.4.1 集体劳动争议的概念

集体劳动争议的概念有狭义和广义之分。狭义的集体劳动争议是指劳动者一方当事人数量在规定限额以上的，且因共同理由与用人单位发生的纠纷。根据《劳动争议调解仲裁法》第七条规定，发生劳动争议的劳动者一方在 10 人以上，并有共同请求的，可以推举代表参加调解、仲裁或者诉讼活动。因此，狭义的集体劳动争议所涉及的劳动者一方当事人的人数至少为 10 人，且这些劳动者有共同诉求，通过推举代表参加调解、仲裁或诉讼活动。

广义的集体劳动争议除了包括狭义的集体劳动争议外，还包括集体合同争议（又称团体争议）与集体行动争议。集体合同争议是指基于集体合同发生的争议，通常发生在工会与用人单位之间。集体合同争议可分为两种情况：一是因签订集体合同发生的争议，即在集体协商过程中发生的争议；二是因履行集体合同发生的争议。集体行动争议是指由于劳动者的集体行动而引发的集体劳动争议。

12.4.2 集体劳动争议的特征与分类

1. 集体劳动争议的特征

集体劳动争议具有以下特征：

（1）争议主体的特殊性

集体劳动争议是指劳动者一方当事人数量在一定限额以上，且有共同请求的劳动争议。它对劳动者一方的人数有较为严格的限制。一般来说，集体劳动争议的一方是用人单位，另一方是有共同诉求的多个劳动者集体。

（2）争议内容有特定性

集体劳动争议中的集体合同争议，引起争议的标的涉及订立、变更或履行集体合同等一般劳动条件事项。其内容具有广泛性和整体性，而其他的劳动争议只涉及劳动者个人。

（3）集体劳动争议影响力较广泛

集体劳动争议主体的特殊性以及内容的特定性，事关劳动者的整体权利义务，这就决定了集体劳动争议影响的广泛性。若处理不及时或不得当，极易导致出现其他激化矛盾的行为。

（4）集体劳动争议突发性强，处理难度增大

突发性强、处理难度大，是集体劳动争议的又一特点。集体劳动争议往往在企业、工会组织和政府毫无预防的情况下突然发生，工人自发形成停工、罢工、堵马路等集体行为，而且比较容易形成连锁反应，再加上应急处理渠道不畅通，难以通过协商方式来处理。这些群体性事件的发生，事前往往缺乏协商、谈判或者调解程序，事件一旦发生，给企业生产和管理秩序带来直接冲击，给政府和工会也带来了很大的压力。由于这类争议成因复杂，影响面广，当事人情绪激动，处理难度大。

2. 集体劳动争议的分类

根据我国现行法律法规的规定，我国的集体劳动争议主要分为以下三类：第一类为多个劳动者"有共同请求的"集体劳动争议；第二类为集体合同争议；第三类为集体行动争议①。

（1）一般集体劳动争议

一般集体劳动争议，即狭义的集体劳动争议，也称"多人争议"，指同一用人单位的多个劳动者基于共同的理由与用人单位发生的争议。通常情况下，一般集体劳动争议和个别劳动争议区分的界限在于劳动者一方的人数。我国《劳动争议调解仲裁法》第七条规定："发生劳动争议的劳动者一方在十人以上，并有共同请求的，可以推举代表参加调节、仲裁或者诉讼活动。"此条规定可以看做是我国区分个别劳动争议和一般劳动争议的标准，即劳动者一方的人数在 10 人以下，则为个别劳动争议；劳动者一方的人数在 10 人以上，且基于同样的理由和同一用人单位发生劳动争议，即可视为集体劳动争议。

《劳动争议调解仲裁法》规定，此类集体劳动争议可以代表人诉讼的方式处

---

① 常凯. 劳动法［M］. 北京：高等教育出版社，2011.

理。但是最高法院的文件规定：在实际处理当中，更多的是采用了化整为零的方法，即先拆解为多个个别劳动争议，再采取合并审理的方式。这种审理方式使得这一类集体劳动争议变成多个个别劳动争议的松散集合。

（2）集体合同争议

集体合同争议分为签订集体合同发生的争议和履行集体合同发生的争议。这是两种不同性质的争议。签订集体合同发生的争议，是一种确权性质的争议，即利益争议。基于这种争议的不可诉性，我国《劳动法》第八十四条第一款规定：当事人协商解决不成的，当地人民政府劳动行政部门可以组织有关各方协调处理。《集体合同规定》第四十九条规定：集体协商过程中发生争议，双方当事人不能协商解决的，当事人一方或双方可以书面向劳动保障行政部门提出协调处理申请；未提出申请的，劳动保障行政部门认为必要时也可以进行协调处理。据此，因签订集体合同发生争议的处理，只能协商、协调处理。现行法律中还没有经协商、协调不成如何处理的规定，在国外一般是允许以依法采取集体行动的方式向对方施压来迫使达成妥协意见，达到解决问题的目的。目前我国的一些地方，如广州、深圳、大连等地，都已经进行了这一方面的立法尝试。

履行集体合同发生的争议，是一种特别的合同履行争议。对此，我国《劳动法》第八十四条第二款规定：因履行集体合同发生争议，当事人协商解决不成的，可以向劳动争议仲裁委员会申请仲裁；对仲裁裁决不服的，可以自收到仲裁裁决书之日起 15 日内向人民法院提起诉讼。《集体合同规定》第五十五条规定：因履行集体合同发生的争议，当事人协商解决不成的，可以依法向劳动争议仲裁委员会申请仲裁。《劳动合同法》第五十六条规定：用人单位违反集体合同，侵犯职工劳动权益的，工会可以依法要求用人单位承担责任；因履行集体合同发生争议，经协商解决不成的，工会可以依法申请仲裁、提起诉讼。这里表明，因履行集体合同发生争议的处理，没有基层调解程序，可通过仲裁、诉讼的方式解决。

（3）集体行动争议

集体行动是指企事业单位的劳动者为了维护劳动权利或争取劳动利益而举行的停工、罢工或者集体怠工等行为。集体行动争议是指由于劳动者的集体行动而引发的集体劳动争议。在市场经济国家，劳动者的集体行动通常是由工会来组织的，集体行动只是在集体谈判破裂的情况下才举行。但在我国，集体行动往往是劳动者权利受到侵害或利益诉求无法通过正常的渠道表达和实现的情况下自发举行的。

对于这类集体劳动争议的处理，我国《工会法》第二十七条规定："企业、事业单位发生停工、怠工事件，工会应当代表职工同企业、事业单位或者有关方面协商，反映职工的意见和要求并提出解决意见。对于职工的合理要求，企业、事业单位应予以解决。工会协助企业、事业单位做好工作，尽快恢复生产、工作秩序。"据此规定：其一，说明企业、事业单位职工因其劳动权益的诉求得不到满足时，发生停工、怠工行为是一种法律上承认的、客观存在的现象；其二，在解决此类集体劳动争议的过程中，工会"应当"代表职工与所在用人单位进行协商，反映职工的合理要求，在此基础上尽快恢复生产、工作秩序。

第四部分 企业劳资冲突管理系统建设

第13章　冲突管理的基本理论

13.1　工作场所劳资冲突管理的发展

既然冲突是工作场所普遍存在且不可回避的客观事实，那么冲突的双方必须要采取一定的手段来解决这些冲突。在经济社会发展的过程中，曾经出现过多种解决冲突的方法和机制。这些方法从简单到复杂，从肤浅到深入，反映了对冲突及冲突管理理念的重大转变，以及管理手段和管理技术的重大进步。

冲突管理的发展趋势是工作场所冲突通过传统的集体谈判和法院诉讼程序来解决的比例越来越少，更多的是通过非诉讼纠纷解决机制（ADR）和在此基础上产生的冲突管理系统（CMS）来解决；21世纪的最初10年，又产生了整体冲突管理系统（ICMS）。具体而言，工作场所冲突解决方式的发展大致经历了如图13-1所示的路径。

集体谈判和诉讼 ⇒ ADR 非诉讼纠纷解决机制 ⇒ CMS 冲突管理系统 ⇒ ICMS 整体冲突管理系统

图 13-1　冲突治理机制的发展历程

13.1.1　从集体谈判和诉讼到替代性纠纷解决机制

第二次世界大战以后，伴随着美国经济的持续繁荣，美国企业的工会运动达到了高峰。20世纪50年代，集体谈判为解决劳资冲突和争议提供了一条明确的通道，成为当时解决工作场所冲突的一个主要渠道。同时，虽然罢工等激烈对抗的手段从来没有被视为是积极的方式，但它也是解决集体利益纠纷的有效手段。

随着集体谈判的兴起，美国的立法机构也制定了多部法律来规范雇佣关系。从20世纪60年代开始，美国国会至少通过了20多部法规来规范雇佣关系。其中重要的包括：1964 年和 1991 年的《人权法案》（Civil Right Act），1970 年的《职业安全与健康法》（Occupational Safety and Health Act），1974 年的《雇员退休收入保障法案》（Employee Retirement Income Security Act）和 1993 年的《家庭和医疗假期条例》（Family and Medical Leave Act）。

这些法规的出台和实施，从多个角度提高了劳动诉讼的发生率，诉讼的是从工作场所性骚扰到残疾雇员的工作环境问题，再到年龄歧视问题等。到了 90 年代，越来越多的劳动争议被置于法院的监控之下。这些法律和法规的制定，为通过申诉途径解决工作场所冲突铺平了道路。美国劳工部 1994 年的数据显示，从 20 世纪 70 年代到 90 年代的 20 年里，与雇佣相关的诉讼案件增长了 400%。

然而，对于企业和雇主而言，与此相伴的是高昂的诉讼成本。美国司法部 1996 年的数据表明，在雇佣歧视案件中，如果原告胜诉，将得到平均 20 万美元的赔偿，统计显示，大约 1/9 的原告甚至能得到上百万美元的赔偿①。总之，诉讼案件充斥着美国联邦和地方法院，导致了通过传统诉讼来解决劳资争议的方式既耗时又耗成本。劳资争议的诉讼解决方案对于雇主和整个社会经济的正常运行都是低效率的。

因此，从 20 世纪 60 年代开始，美国的企业界、司法界都开始寻找成本较低的冲突解决方法。在这样的背景之下，非诉讼纠纷解决方式（Alternative Dispute Resolution，ADR）逐渐为人所知，并且逐步替代了传统的诉讼方式。所谓非诉讼纠纷解决方式，是相对于诉讼纠纷解决方式而言的，也可以翻译为替代性纠纷解决方式、审判外（诉讼外或判决外）纠纷解决方式。高效率、低成本、民权运动、学术界和法律界的推动等都是推动 ADR 逐步替代传统诉讼方式的重要因素。

1. ADR 的高效率和低成本

造成 ADR 在美国被广泛采用的一个主要原因是 20 世纪 60 年代爆发的"诉讼潮"。"诉讼潮"为法院和诉讼双方都带来了较高的成本，同时也耗费了大量的时间。相比而言，ADR 方式不仅节约了诉讼成本，而且交易成本和机会成本都很小。可见，ADR 方法的流行是劳动争议相关方的社会的、理性的选择。

2. 民权运动和福利国家的影响

20 世纪 60 年代，美国民权运动迅速发展，保护个人权利的立法大量出现，从而使法院的受案量剧增，司法体制的弊端与缺点充分暴露出来。诉讼作为解决争议的方式因其耗时、昂贵和破坏当事人之间的良好合作关系而受到批评②。

同时，在 20 世纪 70 年代，西方学者系统地开展了福利国家与"接近正义"

---

① LIPSKY D B, SEEBER R L. Resolving workplace disputes in the United States：The growth of alternative dispute resolution in employment relations [J]. Journal of Alternative Dispute Resolution in Employment, 2000, 2（3）：37-49.

② Sander F E A. Alternative methods of dispute resolution：An overview [J]. University of Florida Law Review, Winter, 1985：94-100.

运动的研究，其主要的思想就是建立将"社会权力"交给大众的"积极国家"。他们认为，社会变革经历了三个阶段（也称"波"），其中第三波①不仅关心处于不利地位的集团的利益，而且关注整个纠纷处理机构的利益。特别是实体法的简化，以及法院、律师、诉讼等替代手段的产生，在第三次改革浪潮中具有特殊的重要性。

3. 学术界和法律界的推波助澜

ADR 在美国的发展声势浩大，这也要归功于司法界与学术界交相的推波助澜。首先，ADR 在被法院系统采纳后，学术界对 ADR 的发展给予了高度重视。1978 年福特基金会开展了"争议解决新方式"的研究计划，试图发动学术界、司法界、律师等联合探讨解决争议的新方法，1985 年，桑德教授（Frank E. A. Sander）出版了《争议解决多样化》一书。

在立法上，1990 年的《美国民事司法改革法》、《行政争议解决法》、《谈判制定规则法》都包括了 ADR 程序。在机构设置方面，联邦与各州都有专门的 ADR 委员会，美国律师协会（ABA）设有争议解决特别委员会。这些机构为当事人提供 ADR 的规则、条款、中立者和法律顾问等。ADR 在法院系统的运用也向规范化方向迈进：1990 年的《民事司法改革法》要求联邦法院减少民事司法费用，减少并杜绝拖延现象，以便将合适的争议案件纳入 ADR 解决渠道。

综上所述，冲突解决方法在从诉讼转变到 ADR 的过程中，虽然企业一方同样做出了努力，但更多的是依靠企业外部的力量（如法律界、学术界）在推动，企业更多的是被动地在应对变化。同时，ADR 对于企业内部组织的变化并没有太大的影响。ADR 产生的根本原因是由于成本节约以及它可以为法院、企业和雇员都节省大量的时间和金钱。

13.1.2 从 ADR 到冲突管理系统

在 1970—2000 年这 30 年的时间里，美国的许多企业在企业目标、雇员权利和工作组织方式上发生了巨大的变化。造成这些变化的主要原因包括：全球化和日益激烈的商业竞争、美国经济的重组（尤其是制造业的衰退和服务业的兴起）、以互联网普及为代表的技术进步、对美国经济中许多部门管制的放松，以及在 20 世纪六七十年代对个人权利保障的加强等。

美国社会熟练劳动力的缺少也是造成组织产生变化的一个原因。在 1992 年美国管理协会举办的人力资源管理年会上，有 61% 的雇主认为熟练劳动力稀缺，比上一年的 51% 上升了 10 个百分点。同时，第二次世界大战以后，随着"婴儿潮"出生的劳动者开始接近退休年龄，下一代劳动者人数减少，最

---

① 卡佩莱蒂. 福利国家与接近正义 [M]. 刘俊祥，译. 北京：法律出版社，2000：3（英文版序言）.

终导致企业留住合格雇员变得比以往任何时候都更加困难。合格劳动力缺少的事实，可能将在今后一段时间里继续存在，这使得很多组织不得不开始变革。在这个过程中，雇佣关系发生变化的一个主要标志就是工作层级的减少和团队合作的增加。同时，"高绩效工作系统"的产生导致了更少的工作监督和更少的职位层级。这种变化，不仅使得工作团队承担了包括招聘、工作安排和工作纪律等更加广泛的职责，而且允许雇员职位和工作任务有周期性的变动，即岗位轮换。同时，组织开始更多地采用"基于技能的报酬"和"基于绩效的报酬"等灵活多样的激励方式，并且为员工提供在职培训和技能发展的机会。一些采用较为先进工作方式的组织，也更加倾向于使用先进的冲突治理方式。于是，在 ADR 的基础上，产生了更加系统、更加全面的应对冲突的处理方法，即冲突管理系统。

经济和社会环境的变迁、企业自身的变革、冲突管理系统自身的优势以及 ADR 的发展和完善，这些因素都是促使 ADR 逐渐被许多大型企业使用和采纳的原因。

1. 经济社会环境的变化

经济环境和社会环境的变化，导致了工作场所内雇佣关系的变化和组织变革的发生。为了应对 20 世纪后半期出现的熟练劳动力稀缺、全球化趋势、互联网等新技术产生以及对员工权利的进一步重视等变化，组织不得不进行自我的调整以留住高素质的员工，保证组织的核心竞争力。这些变化包括：工作层级的减少、团队合作的增加、激励方式的创新和多样化、员工自治以及对员工权利的尊重和保障。

2. 企业组织自身变革

企业自身的改变，为冲突管理系统创造了环境，这同时反过来又促进了组织的变革。当组织开始改变自身对待员工的理念和做法的时候，相应的对待工作场所冲突的方法也会产生改变。许多企业在为其生存进行了其他必要的组织调整后，才发现自己竟然没有这样的系统，企业的这种认识会给组织变化带来强劲的动力。在意识到争议无法避免，且没有有效手段处理冲突的情况下，一个个组织都在尝试去创造解决争议的新系统。于是，许多组织走得更远，开始实践冲突治理的新方法——冲突管理系统。

3. 冲突管理系统的优势

冲突管理系统把工作场所冲突看做是不可避免的、且不是完全有害的事物。相对于 ADR 作为一种对于传统争议诉讼的替代机制，冲突管理不仅是应对已经产生的争议的，更是主动地去预防和阻止冲突转变为争议，把争议尽量解决在萌芽状态的。ADR 过于关注于司法程序，企业往往仅把 ADR 作为替代诉讼的一种方法，而运用冲突管理系统，不仅能够更加全面地解决冲突，而且能够满足企业劳动关系管理的需要。

4. ADR 的发展和完善

冲突和纠纷、冲突管理和纠纷解决的概念本身已经从多个角度说明了冲突和纠纷的包含关系，冲突管理系统和 ADR 并不是互相替代的关系，可以说冲突管理系统是 ADR 的进一步发展与完善。因为相对于仅为了减少潜在诉讼的 ADR 项目，一个成功的冲突管理系统需要有不同的结构，实施起来也会更加复杂；组织应该把 ADR 项目扩展到冲突管理系统中去。显然，冲突管理系统作为一个系统已经包含了 ADR 的内容和手段。

13.1.3 工作场所冲突管理系统的进一步发展

20 世纪的最后 10 年和 21 世纪初，在冲突管理系统的基础上，学者又提出了整体冲突管理系统[①]（ICMS）的概念。相比于一般的冲突管理系统，整体冲突管理系统更加强调对于组织内出现的事件和问题的预见和关注。它鼓励所有级别的雇员使用冲突管理系统，随时分享自己工作中遇到的任何问题和想法，甚至是在冲突产生之前。和以前希望"规避"冲突不同的是，整体冲突管理系统希望能尽可能多地去发现组织中的冲突，去倾听和暴露可能存在不一致的观点和想法。它为组织中的所有人服务，包括了企业最低级别的员工。

13.2 工作场所冲突管理系统

13.2.1 工作场所冲突管理的方法与程序

1. 工作场所冲突管理的方法

冲突管理的方法是指冲突管理系统通过何种手段去应对和处理组织中出现的冲突。相对于 ADR 较为单一的解决手段（调解和仲裁）而言，冲突管理系统拥有较为丰富和全面的冲突管理方法，这些方法不仅涵盖了 ADR 的方法，而且还延伸到了冲突产生、发展、激化的各个阶段。

虽然在不同的组织中，冲突管理的方法不尽相同，且对于各种方法具体的操作也都不完全吻合，但仍然具有一定的内在一致性。表 13-1 总结了若干种主要的冲突管理方法，供企业借鉴、筛选和使用。

2. 工作场所冲突管理的程序

表 13-1 总结的各种冲突管理方法并不是孤立存在的。在许多组织的冲突管理过程中，都把具有相同性质的方法归纳到一起，形成了冲突管理的程序。大部分的组织实践表明，当冲突管理系统对组织内的冲突进行管理时，通常分作不同

---

① GOSLINE A，et al. Designing integrated conflict management systems：Guidelines for practitioners and decision makers in organizations ［M］. Ithaca city：Cornell University Press，2001.

的阶段来进行处理。在各个阶段中，处理的手段也是根据冲突的激烈和复杂程度，先通过较为简单和低成本的方法来解决，如果有必要的话，再进入较为耗时和耗成本的程序。

表 13-1　　　　　　　　　　　　　冲突管理方法总结

冲突管理方法	具体解释
敞开门	鼓励员工随时报告他们发现的问题，鼓励员工进入冲突管理团队的办公室进行对话和沟通
监察员	组织中专门设置的职位，独立于其他直线管理部门，直接向 CEO 报告和负责。员工可以向他们倾诉和获取帮助
电话热线	有两种类型：一是由专门的人员（包括监察员）来接听并解答，二是采取电话留言的方式
面对面沟通	如果冲突各方愿意，那么在冲突管理团队的安排下，可以进行直接协商和沟通
员工顾问	员工顾问是组织的常规雇员，经过培训之后，他可以向冲突各方提供自己的意见。由于本身是组织的成员，员工顾问具有熟悉人员和情况的优势
程序讨论会议	当以上的工作都无法解决冲突时，该步骤将为员工提供下一步如何处理的程序选择。该会议由一位组织的管理人员、一位员工顾问以及涉及冲突的员工共同参加
内部调解	通常有两种方式：一是由管理者作为调解员，二是由员工作为调解员
同行审查小组	由 3 名员工代表和 2 名管理者代表共 5 人组成，听取冲突各方的陈述、审查冲突解决情况，并得出处理意见。各方如不满意，则进入高管审查或者直接进入外部解决程序
高管审查小组	由 3 名或者 5 名副经理级别的高层管理人员组成，员工可向他们提出申诉，由他们来决定最终的处理意见。各方如不满意，则进入外部解决阶段
外部调解	选择组织外部中立的人员或组织进行调解
仲裁	如果外部调解仍然无效，双方可以进入仲裁阶段
法律顾问	如果仲裁仍然无法达成一致，那么冲突各方寻找法律顾问，准备进行诉讼

　　不同企业由于国家背景、企业文化等方面的差异，形成的冲突管理程序也不尽相同。例如，有的美国企业将冲突管理分为预防/组织、问题解决、第三方介入和顾问建议 4 个程序；加拿大企业则分为 3 个级别的内部程序和 1 个外部程序。欠发达国家的企业，如以色列建立了冲突管理系统的企业把冲突管理程序分为约束性程序和非约束性程序。其中，非约束性程序是指当冲突较为缓和时，冲

突各方可以选择多种解决手段来处理矛盾；约束性手段是指冲突较为激烈时，冲突的各方必须按照规定的程序来进行解决，不能自主地选择解决程序。

虽然各企业对于冲突管理程序的划分并不完全一致，但是其中都体现着一个思路，就是解决的手段和程序可以分为2个大类：内部程序和外部程序，划分的标准是冲突的治理是否牵扯到冲突管理团队以外的第三方人员。冲突管理的程序如图13-2所示。这种分类方法在美国财富1 000强企业中并不少见。内部程序是指可以完全依靠组织内部人员解决的冲突管理方法的集合，外部程序则是指需要借助外部第三方来帮助解决的冲突管理方法。组织鼓励冲突的各方优先选择前期和简单的内部程序来解决问题；如果不满意，他们也可以跳过某些步骤，选择使用较为复杂和高成本的外部程序来处理。

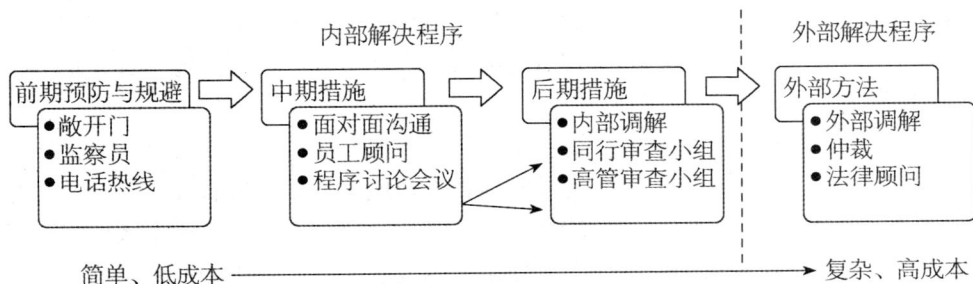

图13-2　冲突管理的程序图

13.2.2　工作场所冲突管理系统的建立

1. 前期准备阶段

在工作场所中，为创建一个有效的冲突管理系统，需要做大量的准备工作，目的是为建立冲突管理系统提供解释、研究和探索的基础。准备阶段需要完成的几项主要任务是：成立冲突管理团队、获得组织高层管理人员的支持以及组织状况评估。

（1）成立冲突管理团队

首先，要成立一个冲突管理团队，即CMS团队。一个合格的CMS团队，应该包括组织内部人员和组织外部人员。组织内部人员包括各利益相关者，如组织内的咨询师、调解员、法律专家、管理人员和人力资源专家；组织外部人员应是冲突管理领域的专家。团队的成员应该尽可能具有多元化的背景，包括性别、种族和级别等。这样能够尽可能地做到公平公正，并且具有信服力。冲突管理团队不仅应该包含各利益相关者的代表，团队成员还应该拥有不同的专业技能，这些技能包括人力资源管理、法律、政治、沟通与谈判等方面的技能。

关于由谁来建立冲突管理团队的问题，主要有两种做法。一种做法是由内部发起人（Internal Champion）来建立冲突管理团队，一般认为内部发起人是组织中最迫切希望建立冲突管理系统的人，他们通常是纠纷频繁发生的部门经理、人力资源主管或者内部顾问等。内部发起人会主动领导建立冲突管理团队，他们对于冲突管理系统的建立具有非常重要的作用和意义。第二种做法是由组织高层管理人员直接发起建立。在这种情况下，组织的一个或者几个部门高管认识到建立冲突管理系统的必要性，直接由他们牵头来完成整个团队的建立工作。造成这种情况的原因可能是由于组织内部纠纷多发，从而引起了高管的关注。

　　CMS团队成立之后，将负责有关冲突管理系统建立和运行的事项。

　　（2）获得高管人员的支持

　　建立冲突管理系统是组织的一次重大变革，因此得到高管人员的认同和支持非常关键，这一工作将由冲突管理团队来完成。如果冲突管理团队是由内部发起人牵头建立的，那么该内部发起人就需要负责向高管展示和说明建立冲突管理系统的必要性和紧迫性，以获得他们的支持。如果冲突管理团队是由高层管理人员发起的，那么这些工作将会变得相对容易，只需要由该高管与其他高管人员进行沟通即可。

　　关于如何获得高管人员的支持，主要有两个方面的工作。第一个方面是提出需要改变的理由。冲突管理团队可以向高管人员展示组织中现有冲突治理方法存在的问题，包括直接或间接导致的生产率下降、法律纠纷、员工道德败坏、员工流失等方面的问题。第二个方面的工作是展示改变的机会。比如冲突管理团队可以建立一个商业案例（Business Case），以此向高管人员展示通过有效的冲突管理，将会给组织带来成本控制、法律风险降低以及其他发展机会。

　　（3）组织状况评估

　　冲突管理团队需要对组织进行分析和认识。对组织进行评估是建立冲突管理系统的前提。只有全面地掌握组织的现状，分析组织的特征与需求，才能正确地认识组织在冲突管理方面存在的问题和需要改进的地方。

　　CMS团队需要对组织的信息进行收集和分析，具体来讲应注意收集以下三个方面的重要信息：①组织文化和亚文化；②组织目前的冲突情况，包括冲突组织中常出现的冲突类型和频率，雇员、管理人员、组织对冲突类型认识的分歧等；③组织中现有的冲突治理方法，包括当雇员在工作场所遭遇冲突的时候，他们经常或者习惯去找谁（部门）来解决。收集信息可以通过类似于"组织评估问卷"的形式开展，问卷包括的维度及其内容见表13-2。

　　2. 系统设计阶段

　　CMS团队在设计组织的冲突管理系统阶段需要完成的主要任务包括：形成初步设计方案、建立支持结构以及试点运行。

　　（1）形成初步设计方案

　　在组织评估之后，冲突管理团队掌握了大量有关组织的重要信息，他们有能力对冲突管理系统做出初步的设计。系统的设计方案应该包括以下几个方面的内容：组织所面临的主要冲突类型和频率、冲突管理方法、冲突管理程序、员工参

表 13-2 **组织评估问卷**

维度	需要关注的重要问题
组织文化	1. 组织中常用的合作形式 2. 雇员参与决策的程度 3. 组织对工作氛围和工作关系的看法 4. 组织是否愿意解决冲突
冲突情况	1. 冲突频率 2. 和人际关系相关的冲突 3. 和工作条件相关的冲突 4. 和专业技能相关的冲突
现有解决方法	1. 压制和忍耐 2. 直接沟通 3. 调解、仲裁 4. 通过工会或者诉讼
找谁解决	1. 找上级 2. 找同事 3. 找人力资源部门 4. 直接报告高级主管

与程度、各程序相关人员的责任等。需要注意的是，在系统设计的时候，注意与组织文化相协调。例如，在一个气氛宽松、管理层级较少的组织中，可以让员工来自由选择冲突管理的程序；而当组织的等级较多，官僚气息较浓时，冲突管理的程序选择需要管理者更多的参与。

关于冲突管理系统人员的构成问题，可以从理论界、实践界找到答案。例如在美国的组织中，冲突管理系统通常由一个企业专门指定的人作为领导。这个人可以是冲突管理系统建立的发起人，可以是企业的一个高层管理者，也可以是监察员。理论界有学者分析了多个组织中的冲突管理方法，发现监察员制度是一个非常普遍且有效的制度设计。冲突管理系统中还应该包含拥有调解技能的人员，这些人员最好来自企业的不同部门，既有普通的员工又有管理人员。当冲突发生时，冲突的员工可以寻找相同部门的调解人员进行沟通。这些冲突顾问和冲突教练有非常重要的作用，发生冲突的员工可以向他们寻求帮助。因此，冲突管理系统一般由领导、监察员、员工顾问以及调解员组成（如图 13-3 所示）。

（2）建立支持结构

在设计完成之后，系统运行需要有财力和人力的支撑。系统的支持结构是一套能够保证冲突管理系统持续运转的措施和设计，包括系统由谁来运行和运行的经费来源。

从工作性质和内容上看，冲突管理系统的工作类似于人力资源管理和法律事

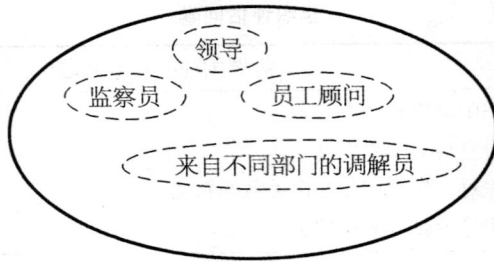

图 13-3 冲突管理系统的人员构成

务，但是不应该简单地交给人力资源部门或者法律部门来运行。从美国企业冲突管理的实践来看，冲突管理系统中的协调员在某些情况下是系统的监察员，直接向最高管理者汇报工作。

冲突管理系统的经费来源主要有两个：冲突管理系统内部解决程序的运行费用通常被纳入组织的预算，而冲突管理系统外部解决程序的费用由使用者即员工与组织共同承担。当冲突处于内部解决程序的阶段时，企业组织应该为冲突管理系统埋单，承担全部费用。

当冲突管理需要由外部第三方人员（外部调解员、仲裁员或者律师）参与时，冲突管理的费用会大幅度提高。例如在百威集团中，当员工要求采用外部程序进行冲突解决时，通常是为员工设立一个费用上限，超过这个费用的部分由集团来承担。波音公司的情况与此不同，以时间作为参考因素，即公司来承担头两天的调解和仲裁费用，超过这个限度后，将由员工和公司一起分担费用。

（3）试点运行

为了保证建立起来的冲突管理系统有效运行，组织可以在系统设计的最后阶段，在内部的某个部门进行试点运行。这样对于企业而言，尤其是较大型的企业，有助于帮助冲突管理团队获得经验和数据。然而，由此带来的缺点是成本提高，并且较小的实施范围不足以提供有效的样本以供冲突管理团队参考。这些因素都会导致企业在进行试点运行决策时非常慎重。

3. 实施运行阶段

冲突管理系统在正式实施和运行阶段的主要工作包括：系统宣传与推广以及对冲突管理团队进行培训。

（1）系统宣传与推广

冲突管理系统的宣传工作可以借鉴企业规章制度公示的方式。例如，编制有关冲突管理手册，发放给企业的所有员工，指导他们在各种情况下如何使用冲突管理系统来解决身边的冲突；各个部门举办活动来向员工面对面地展示冲突管理系统的运行流程。通过公司内部办公网络来宣传和普及冲突管理系统；冲突管理团队可以定期编制月度或者季度报告，向企业管理人员和普通员工通报一段时期内的工作内容。这样一方面可以向管理层展示冲突管理系统的作用，另一方面也可以向普通员工进行宣传，以便更好地指导他们使用冲突管理系统。

（2）对冲突管理团队进行培训

对于 CMS 团队，尤其是团队中的内部调解员来说，具有较高的素质和技能水平是非常关键的，因此从一定程度上看，对 CMS 团队的培训效果直接影响冲突管理系统的运行效果。

对冲突管理团队进行的培训，其内容至少应该包括三个部分：①法律素养，不仅熟悉相关的法律法规，还需要具有一定的调解和仲裁经验；②职业素养，如公正、公平和保密等品质；③多样化的实际操作技术，如搜集事实、分析问题、沟通技巧和提出选择方案等。

关于培训师的选择和培训的方式，除了常规的课程培训之外，还有一种行之有效的方法：即在组织内部进行冲突解决的最初几年，可以引入组织外部有经验的调解员进行联合调解，这可以让内部调解员迅速地在实际工作中积累知识和经验。一段时间之后，当内部调解员能够顺利地完成评估程序时，就不再需要外部调解员的帮助。

4. 制度化阶段

冲突管理系统不是一个"一次性使用"的工具，应该通过一系列的制度设计，使得冲突管理系统嵌入组织中，成为组织中的常态机构，即把冲突管理系统进行制度化。冲突管理系统的制度化主要包含：建立激励制度，持续的沟通、反馈和改进等环节。

如何激励和引导员工使用冲突管理系统呢？最关键的是避免员工因为使用冲突管理系统而遭受到中层管理人员或者其他人的报复。这就涉及信息的保密性，冲突管理系统应该建立严格的保密措施，工作人员应该接受保密性方面的培训。除了保密程序之外，组织的高管可以定期地向员工宣传冲突管理系统的好处，公布冲突管理的成功案例，表达对冲突管理系统的认可和支持。另外，组织可以把成功的冲突管理与绩效考核相联系，以激励冲突管理团队的成员以及有效地使用了冲突管理系统的管理者和员工。

除了激励制度之外，与员工持续的沟通也必不可少，以获得员工的反馈意见，持续进行改进。

第 14 章　劳资冲突管理系统建设

14.1　预防的制度建设

14.1.1　劳资冲突预防机制的建立

只要劳动关系存在，劳资双方有着不同的利益追求，劳动关系双方的争议或纠纷就不可避免。劳资冲突的出现和上升趋势属于市场经济发展过程中的客观现象，问题的关键在于如何缓解。

1. 建立集权化的劳资冲突管理机构

在企业内部建立起一个职责清晰、权责明确的冲突管理机构。因为清晰的职责划分是确保冲突管理体系有效运作的前提。同时，企业应确保冲突管理机构具有高度权威性。

2. 建立劳资冲突预警机制

劳资冲突预警的关键是建立冲突预警机制，包括健全冲突防范制度，保障冲突信息传导畅通，设计应对突发事件的措施。

（1）风险分析和风险评估

风险分析。确认风险和威胁，必须明确风险的来源和种类，企业冲突管理者通过风险分析，在企业内制订相应的计划和措施。

风险评估。风险评估在于评价防范风险资源分配的先后顺序，列出资源分配等级顺序清单。在劳动争议出现时，企业冲突管理人员根据清单迅速地确定冲突事件的影响及其结果，提出对事件的初步估计以及对此做出反应所需使用的资源。

（2）企业劳资冲突预警信息

企业爆发劳资冲突一般都有一定的征兆，企业的管理层必须通过企业信息沟通制度及时捕捉到这些信息，使企业劳动关系的运行避开冲突事件。企业劳资冲突预警信息包括：财务指标、生产率变动趋势、劳动争议、出勤率、人力资源流动率等。

（3）劳资冲突预警传导

劳资冲突预警传导主要包括：行业劳资冲突预警、重大劳资冲突预警以及地域劳资冲突预警等。

14.1.2 企业预防劳资冲突的方式

除了构建劳资冲突预防机制，企业还必须从日常管理中创造和谐的管理氛围，提高员工对企业的认知度和归属感，提供多渠道的员工申述通道，从而降低劳资冲突发生的可能性。在此，本书将介绍管理沟通机制、职业生涯管理、员工支持计划等三种企业管理中常用的方法。

1. 管理沟通机制

现代管理由计划、组织、指挥、协调、控制五大职能构成，而在管理，尤其是在冲突管理过程中，沟通是必不可少的一个环节与工具。沟通是为了阻止所设定的目标，把信息、思想和情感在个人或群体之间传递，并达成共同协议的过程。要让管理沟通有效，必须具备目标明确、达成结论、传递信息三大要素。

劳资沟通是为了实现一定的组织目标，雇主和雇员之间相互传递信息、思想和情感，并达成共同协议的过程。它的主体和客体可以是雇主和雇员个人，也可以是雇主组织和雇员组织。

在劳资沟通制度的建设中，要遵循合法、合情、合理三原则。"合法"指的是在沟通制度的建设中要遵循现行的以《劳动法》、《劳动合同法》等为代表的各种公司及劳动法律法规，在管理实践中确保和维护员工的知情权、参与权和发言权。"合情"指的是沟通制度的建设尤其是劳资沟通制度的建设要在劳资双方相互依存和相互尊重的基础上，以人为本，把员工视为企业的相关利益者，进行动态的建设与管理，才能实现劳动关系的和谐发展。"合理"指的是企业通过科学的沟通制度设计及劳动关系管理，提高企业的经济运行效率，获取竞争优势，实现企业的可持续发展，实际上是对效率目标的落实和追求。

沟通有七个环节：想—说—听—懂—信—做—对。同时也有七个度：参与度（积极）—聆听度（纳见）—归纳度（整合）—关键度（信息的主次）—清晰度（系统）—全局度（抽离）—细节度（换位）。在具体沟通的过程中，要注意把握好七环与七度，方能做到有效沟通与执行。

在具体的工作场所中，人们要面临着多种沟通层次及对象。总体来说，工作场所中的沟通层次包括一对一、一对多、多对多三种，而沟通对象则分为向上、向下，以及左右沟通，见表14-1。

表 14–1 劳资沟通的层次和类型

沟通层次	沟通类型
一对一	面谈；工作辅导，电话沟通；信函往来
交叉协调	会议，座谈，多方通话
团体沟通	报告，授课

劳资沟通渠道的选择是指对传播信息的媒介进行选择。策略性的渠道选择意味着有意识的、深思熟虑的和小心谨慎的根据沟通目标、沟通对象和信息选择沟通渠道，而不是一成不变地选择自己喜欢、感觉舒适的渠道。在当今的背景下，主要有文字渠道、口头渠道以及混合渠道。

表 14–2 展示了常用的沟通渠道。

表 14–2 沟通渠道选择

	高度互动：即时沟通	中等互动	低度互动：非即时互动
文字渠道	短信（手机） 即时通信（电脑） 智能手机	电子邮件（个人的） 博客（在线日志和回应） 维客（合作性网页）	纸质文档 网页 电子邮件
纯口头渠道	电话 电话会议		语音邮件 播客（互联网广播）
混合渠道	面对面 征询或参与性会议 视频会议	叙述与说服性演讲 网络直播 （都可以问答互动）	

2. 职业生涯管理

职业生涯是一个人与工作相关的整个人生历程。虽然它指的是个体的工作行为经历，但职业生涯管理却可以从个人和组织两个角度进行。于是，职业生涯管理包括个人职业生涯管理与组织职业生涯管理两部分。个人的职业生涯管理也称自我职业生涯管理，是以实现个人发展的成就最大化为目的的，通过对个人兴趣、能力和个人发展目标的有效管理实现个人的发展愿望。即在组织环境下，由员工自己主动实施的、用于提升个人竞争力的一系列方法和措施。组织职业生涯管理，是企业组织以组织成员个人的职业发展需求为出发点，通过各种政策措施和活动，为组织成员的职业发展提供机会，从而调动组织成员工作的积极性，实现组织和组织成员的共同发展。

从个人角度来看，职业生涯管理是一个人对自己所要从事的职业、要去的工作组织、在职业发展上要达到的高度等做出规划和设计，并为实现自己的职业目标而积累知识、开发技能的过程。但另一方面，组织是个人职业生涯得以存在和发展的载体，离开了组织，就会没有职业位置，没有工作场所，职业生涯就无从谈起。同样，组织的存在和发展也依赖于个人的职业工作，依赖于个人的职业开发与管理，所以员工的职业生涯管理也是组织的职责。从组织角度对员工的职业生涯进行管理，主要表现为帮助员工进行职业素质测评，制订职业生涯规划，建立各种适合员工发展的职业通道，针对员工发展需求进行培训，给予必要的职业指导，进而促使员工职业生涯的成功。

3. 员工支持计划（EAP）

EAP 英文全称为 Employee Assistance Programs，中文翻译为员工支持计划①。EAP 是一种新生的管理技术方法，是由组织为员工提供系统的、长期的支持项目，是维护劳资双赢的和谐劳动关系的有效手段，通过专业人员对组织的诊断、建议和对员工及其家属的专业指导、培训和咨询等多种方式，帮助解决组织成员及其家属的身心和行为问题，以维护员工的身心健康，提高员工的工作生活质量，提高员工的满意度，降低劳资冲突发生的概率，从而提升组织效率，达到劳资双赢的目的。

企业开展 EAP 项目的最终目的就是提高员工的满意度，预防影响企业绩效的事件发生。所以，本书认为任何影响个人工作绩效的因素都可以纳入 EAP 的服务内容，可涉及个人能力、性格、动机、价值观、态度、压力、工作条件和环境等因素。如今，EAP 已经发展成一种综合性的服务，其内容包括压力管理、职业心理健康、裁员心理危机、灾难性事件、职业生涯发展、健康生活方式、法律纠纷、理财、婚姻、子女教育、饮食习惯、减肥等各个方面，全面帮助员工解决工作问题和个人问题。解决这些问题，主要从三个方面入手：一是针对造成问题的外部压力源本身去处理，即减少或消除不适当的管理和环境因素；二是处理压力所造成的反应，即情绪、行为及生理等方面症状的缓解和疏导；三是改变个体自身的弱点，即改变不合理的信念、行为模式和生活方式等。

从理论上说，EAP 是组织"人性化"管理的一个组成部分。EAP 最大的作用就是无论是个体还是企业，通过实施 EAP 计划，都可以有效地预防各种劳资矛盾的发生，对于已发生的重大劳动关系事件可以给予有效的解决、处理措施。

（1）员工层面

如果组织所提供的这套援助计划，具有高度的保密性、实际的帮助性、可操作性和便利性的话，可以减轻不少来自家庭以及工作方面的压力，能够全神贯注地投入到自己的职业生涯中，充分发挥自己的创造力及工作热情。

EAP 能够帮助员工：优化人际关系、摆脱心理困扰、减少关系冲突、提高工作积极性、促进身心健康、消除不良嗜好、促进个人成长、提升个人绩效等。

（2）管理者层面

EAP 也是人力资源部门应对快速发展和变革带来不稳定因素的有效助手，

---

① EAP，有的也翻译为员工援助计划、员工帮助计划或员工辅助计划，个别组织为了突出人本观念，也叫员工关怀计划，笔者认为以上名称均略显狭隘，挂一漏万，只有员工支持计划才能更好体现 EAP 的精神实质。

它能帮助企业更好地应对业务重组、并购、裁员等组织变革和发展危机。EAP的实施，有助于发现员工的心理问题以及与之相关的组织气氛、企业文化和管理等方面存在的问题，这对企业的决策、管理、改进和员工开发是很有意义的。EAP还能提供裁员心理帮助、员工绩效沟通，有效降低员工和管理者的压力，预防过激事件的发生。

EAP能够帮助管理者：提升领导能力、缓解工作冲突、促进家庭和睦、降低工作压力、促进人岗匹配、提高部门生产力等。

（3）组织层面

通过实施员工援助计划可以更深入地了解员工的个人信息，有针对性地为员工排忧解难，保持员工良好的工作状态，并且更易于培养员工的忠诚度。

EAP能够帮助组织：节约用工成本、改善组织氛围、改进生产管理、提高员工士气、优化福利制度、加强组织绩效、提升组织形象、减少怠工缺勤、减少非正常离职、增强组织凝聚力等。

总之，EAP既对员工负责，也对企业负责，更对社会负责，是预防劳资冲突，构建和谐劳动关系的有效手段之一。

14.2　协商与调解

14.2.1　劳动争议协商

1. 劳动争议协商的含义

劳动争议协商通常是指发生劳动争议的双方当事人在平等自愿的基础上，通过自行协商，或请工会或第三方与用人单位进行协商，达成和解协议的一种争议解决方式。劳动争议协商适用于较为简单的个人和集体劳动争议，也适用于集体劳动合同争议。

虽然协商和解过程一般由争议双方自行完成，但考虑到劳动者相对于用人单位通常处于弱势地位，如果单纯由劳动者与用人单位进行协商和解，由于双方在地位上的不平衡性，通常很难达成和解协议，因此《劳动争议调解仲裁法》增加了劳动者请工会或者第三方帮助共同与用人单位进行协商的规定，目的是通过工会和第三方的加入，促成用人单位与劳动者能够坐下来协商，进而达成和解协议，充分发挥协商在处理劳动争议方面的作用。

2. 劳动争议协商的主要特征

作为争议双方自行解决纠纷的重要途径，劳动争议协商和解的特征包括自愿性、双方性、灵活性以及非选择性等。

（1）劳动争议协商必须出于当事人双方的完全自愿

没有内、外压力，自愿是劳动争议协商的基础和前提条件。协商的自愿性主要表现在：通过协商达到消除矛盾、解决争议的目的是当事人双方的共同意愿和要求，是双方主动的自觉行为，不受任何第三者和外界因素的制约和干扰；经协商达成的和解协议是双方意志的体现，由当事人自觉履行。当事人不愿协商或协商不成时，一方不能强迫另一方接受其不愿接受的条件；达成和解协议后，对于和解协议必须由当事人自觉自愿履行，一方不能强迫另一方履行和解协议；当事人不愿协商或者协商不成时，有权自主决定申请调解或仲裁，任何组织或个人无权干涉。

（2）协商应当建立在相互信任和尊重的基础上

在协商过程中当事人只有相互信任和尊重，才能坦诚相见、互谅互让，使争议得到圆满解决，双方满意。

（3）劳动争议的协商具有灵活性

争议双方可以在法律规定的范围内就争议事项进行协商，只要其协商的事项不违背法律法规的强制性规定即可。因此针对协商也没有严格的程序化规定，劳动争议发生后，当事人双方可即时就具体事项进行协调和商谈，在较短的时间内使争议得到妥善解决。

（4）协商不是处理劳动争议的必经程序

劳动关系当事人双方发生争议后，国家提倡通过协商和解的方式予以解决，但是协商并不是处理劳动争议的法定必经程序。

3. 劳动争议协商的原则

劳动争议协商的原则主要体现在以下几个方面：

（1）平等原则

在平等的前提下进行协商和解是劳动争议协商的重要原则和条件。

（2）自愿原则

自愿原则是指劳动争议的协商必须以双方当事人自愿为基础。

（3）合法原则

该原则是指劳动争议协商的当事人必须符合劳动法律的规定，与该争议有直接利害关系的劳动关系双方，即用人单位和劳动者。

4. 劳动争议协商的作用

（1）方便快捷、稳定事态

协商是劳动争议当事人为解决双方矛盾自愿进行商谈的行为。一方面有利于争议的及时解决；另一方面，达成的协议也易于执行。

（2）止诉息讼、缓解压力

劳动争议当事人如选择协商解决争议，不仅可以极大地缩短争议处理的时间，还可以减轻劳动争议仲裁机构和人民法院的压力，使这些机构能集中精力处理那些重大复杂的劳动争议案件，以更好地协调劳动关系、维护社会稳定。

（3）减少损失、经济合理

通过协商解决劳动争议，也是当事人双方解决争议最经济的方式。

14.2.2　劳动争议调解

1. 劳动争议调解的概念

劳动争议调解是指依照法律规定设立的劳动争议调解组织，对发生在本单位、本行业或本区域的劳动争议，通过引导、疏导的方法，促使双方当事人达成协议，从而使劳动人事纠纷及时得到解决的一种活动。

2. 劳动争议调解的特征

（1）自愿性

根据《劳动争议调解仲裁法》，劳动争议调解不是劳动争议处理的必经程序，当事人具有申请调解和直接申请仲裁的程序选择权。

（2）独立性

劳动争议调解是一种独立程序，在劳动争议处理的制度体系中与仲裁、诉讼等程序并列，但在实施主体、步骤设计以及工作方法等方面有明显的区别。调解的进行不以其他程序的存在为前提，同时在时序上较仲裁、诉讼先行。

（3）群众性

劳动争议的基层调节组织既不属于司法、仲裁机构，也不属于行政机关。

（4）自治性

劳动争议基层调解组织的自治性便是对劳动者这一地位的体现。

（5）非诉讼性

劳动争议调解与仲裁、诉讼活动不同，属于一种诉讼外制度。经调解达成的协议在未经司法确认时不具备法律强制力，如一方当事人反悔拒不履行义务，另一方当事人与调解机构都不能强制当事人执行。

3. 劳动争议调解的主体

劳动争议调解的主体，即参与劳动争议调解的双方当事人、劳动争议调解组织及调解员。劳动争议调解组织是劳动争议调解作用得到充分发挥的重要保障。

（1）劳动争议调解组织

我国《劳动争议调解仲裁法》规定，劳动争议调解组织由职工代表和企业代表组成。企业劳动争议调解委员会的职责主要包括以下三个方面：

①负责调解本企业内发生的劳动争议。《劳动争议调解仲裁法》规定，企业劳动争议调解委员会依法调解下列劳动争议：因确认劳动关系发生的争议；因订立、履行、变更、解除和终止劳动合同发生的争议；因除名、辞退、离职引发的争议；因工作时间、休息休假、社会保险、福利、培训以及劳动保护发生的争议；因劳动报酬、工商医疗费、经济补偿或者赔偿金发生的争议；法律、法规规定的其他劳动争议。

②负责监督调解协议的履行情况。在劳动争议的调解协议达成之后，企业劳动争议调解委员会可以通过回访和后续的跟进了解、检查、督促当事人执行调解协议的情况。当发现协议未被及时履行时，可适当采用说服教育的手段，督促双方当事人认真履行调解协议。

③负责建立劳动争议的预警防范机制。企业劳动争议调解委员会要在日常工作中积极宣传各项劳动法律法规和相关政策，注重劳动法制观念的渗透，使企业和员工明确自己在劳动问题上享有的权利及应履行的义务。

（2）依法设立的基层人民调解组织

《中华人民共和国人民调解法》规定，人民调解委员会是依法设立的调解民间纠纷的群众性组织。村民委员会、居民委员会设立人民调解委员会。企事业单位根据需要设立人民调解委员会。人民调解委员会由委员3~9人组成，设主任1人，必要时可以设副主任若干人。经人民调解委员会调解达成的调解协议，具有法律约束力，当事人应当按照约定履行。

（3）在乡镇、街道设立的具有劳动争议调解职能的组织

乡镇、街道设立的具有劳动争议调解职能的组织主要包括在小型非公有制企业和非正规就业人员比较集中、劳动争议多发的区、县、乡镇、街道、开发区、社区及行业设立的区域性、行业性劳动争议调解组织。乡镇、街道设立的具有劳动争议调解职能的组织主要有以下两项职责：

①指导、监督所辖区域内企业劳动争议调解委员会的工作。这包括对企业劳动争议调解委员会的劳动法律、法规和政策的指导，对工作方法的指导，对具体劳动争议调解的指导以及对劳动争议预防工作的指导。

②调解所辖区域内未建立企业劳动争议调解委员会的企业的劳动争议。根据当前的人力资源和社会保障相关法律法规及指导意见的要求，我国在乡镇、街道设立的劳动争议调解组织主要包括以下五种模式：第一，依托于乡镇、街道的劳动就业社会保障公共服务平台设立的调解组织；第二，依托于地方工会设立的调解组织；第三，依托于地方企业代表组织设立的调解组织；第四，地方司法部门所设立的调解组织；第五，由地方党委、政府主导，人力资源和社会保障等有关部门所设立的调解组织。

（4）调解员

《劳动争议调解仲裁法》第十一条规定，劳动争议调解组织的调解员应当由公道正派、联系群众、热心调解工作，并具有一定法律知识、政策水平和文化水平的成年公民担任。

4. 劳动争议调解的依据

进行劳动争议调解时，可从事实性依据和法律性依据两方面进行把握。

（1）事实依据

首先，劳动争议调解机构的调解工作，必须在调查核实有关事实的基础上，

依照国家劳动法律、法规调解劳动争议。其次，从效果的角度讲，虽然调解协议是双方自愿的，双方也可以处分自己的权利、自主协商，但调解目的的彻底达成还是要以事实为依据。

（2）法律依据

根据国家有关规定，调解委员会应在听取双方当事人对争议事实和理由的陈述，在查明事实、分清是非的基础上，依照有关劳动法律、法规，以及依照法律、法规制定的企业规章和劳动合同，公正调解。

5. 劳动争议调解的方法

劳动争议调解过程中可以使用的方法包括以下几点：

（1）主动疏导

在明确双方当事人之间争议的事实和主张后，调解人员有针对性地对双方进行疏导工作，从纠纷发生的原因和纠纷发生的过程上进行分析和调解，耐心疏导，帮助双方达成调解协议。

（2）分别调解

分别调解就是在劳动争议发生后，对争议双方当事人分别进行调解，通过单独调解的方式达到调解的目的。

（3）冷却处理

在劳动争议处理的实践过程中，很多当事人有着较为强烈的对抗情绪，无法冷静处理问题，不能正面陈述自己的观点和意见。此时劳动争议的解决往往陷入较为困难的境地，调解工作无法展开。此时，双方需要一段合理的时间来冷静思考，只有双方当事人冷静、明理，能够理性地思考并处理问题的时候，劳动争议调解工作才能够继续向前推进。

6. 劳动争议调解的基本程序

通常来讲，调解程序主要包括从申请调解到调解终结等五大步骤。

（1）申请调解

劳动争议发生后，当事人如果认为需要通过调解方式解决劳动争议，就应当向所在企业劳动争议调解委员会等调解机构明确提出调解申请，调解机构只有在接到当事人的申请后，才能考虑是否受理。申请调解是当事人双方平等享有的一项权利，任何人或组织不得对此项权利进行非法干涉、限制甚至剥夺。《劳动争议调解仲裁法》第十二条规定，当事人申请调解，可以书面申请，也可以口头申请。书面申请时，申请人或申请人所委托的非诉讼代理人应填写《劳动争议调解申请书》。进行口头申请的，调解机构应制作相应的申请笔录，并由申请人和笔录人共同签字确认。

（2）调解受理

申请人以书面或口头形式向企业劳动争议调解委员会等调解机构提出申请后，调解机构应当依法进行审查，然后根据不同情况，分别做出决定。调解机构审查，主要应从以下五个方面着手：

①审查申请调解的争议是否属于劳动争议，当事人是否向对应的调解组织提出申请；

②审查调解申请人是否合格，即必须是与劳动争议有直接利害关系的当事人；

③审查申请调解的劳动争议是否符合该调解机构接受申请的范围和条件；

④审查是否有明确的被申请人以及具体的调解请求和理由；

⑤审查申请调解的劳动争议是否已经经过仲裁裁决或法院判决，对未经过仲裁裁决或法院判决的，需征询对方当事人的意见，对方当事人不愿调解的，应做好记录，并通知申请人。对已经过仲裁裁决或法院判决的，调解委员会不应受理，应当告知当事人按照申诉办理。

调解机构应在规定的时间内做出受理或不受理申请的决定。对不受理的案件，调解机构应向申请人说明理由。

（3）调解前准备

为了保证调解工作的顺利进行，更好地推进劳动争议调解工作，调解人员应该在调解前做好充分的准备，以便正确、公正地处理劳动争议。调解前的准备工作一般包括以下内容：

①了解与争议有关的劳动法律法规、规章、政策，劳动者与用人单位签订的劳动合同，以及用人单位的相关规章制度；

②弄清争议的基本事实，即劳动争议产生的原因、发展过程、主要的利益矛盾等。这是劳动争议与纠纷调解应该了解的重要基础信息，要对此进行仔细的确认和调查，以便弄清事实真相；

③对调查中得到的材料进行综合分析研究，并结合有关的法律法规和劳动合同的约定，判断其中的是非曲直，确定双方当事人各自承担的责任，拟定调解方案和调解意见；

④召开调解员会议，通报调查情况，讨论确定调解方案，在公平公正的基础上确定调解意见；

⑤与劳动争议当事人谈话，进行有关劳动法律法规及政策的教育，通过有针对性的说服劝导，开展耐心细致的思想工作，为调解奠定良好的思想基础。

（4）实施调解

调解过程的具体实施一般包括以下几个步骤：组织召开调解会议；报告到会人员的基本情况，阐明申请调解的争议事项、调解纪律、当事人应持的态度；听取双方当事人对争议的陈述意见，进一步核准事实；调查人员公布核实的情况，说明调解组织对争议的调查结果和调解意见；征求双方当事人的意见；依据事实和法律及劳动合同的约定促使双方当事人达成协议，并且记录在案，当事人经核对之后签字确认。

对企业中发生的比较复杂的案件，由调解委员会主任主持召开劳动争议双方当事人参加的调解会议（发生争议的职工一方在 10 人以上，并有共同申诉理由的，应当推举代表参加调解活动）。有关单位和个人可以参加调解会议协助调解；简单的争议，可由调解委员会指定 1～2 名调解员进行调解。

（5）调解终结

调解终结的具体方式包括：

①当事人自行协调。在调解或仲裁的过程中，当事人双方可以自行协商达成协议，劳动争议调解随即结束。经企业劳动争议调解委员会调解达成协议的，应当制作调解协议书，调解协议书对双方当事人具有约束力，双方当事人应自觉履行。

②当事人撤回申请。如果当事人在调解过程中撤回自己的调解申请，调解委员会应当准许，并终结调解。

③当事人拒绝调解。在调解过程中，当事人有权拒绝调解，这时调解委员会应当尊重当事人的权利，终止调解。

④当事人在法定期限内未能达成调解协议。调解委员会调解劳动争议，应当自当事人申请调解之日起 30 日内结束。到期未结束的，视为调解不成。

劳动争议调解委员会调解不成的，应出具调解意见书并做好记录。在调解意见书上说明情况。调解意见书要写明当事人的姓名（单位、法定代表人）、年龄、性别、职务、争议的事实、调解不成的原因，调解委员会的意见；调解意见书由调解委员会主任签名、盖章，并加盖调解委员会印章。调解意见书一式三份（争议双方当事人、调解委员会各一份），及时送达当事人，告知当事人可以在规定的期限内向当地劳动争议仲裁委员会申请仲裁。《劳动争议调解仲裁法》第十四条规定，调解委员会调解劳动争议，应当自劳动争议调解组织收到调解申请之日起 15 日内结束。15 日内未达成调解协议的，视为调解不成，当事人可以依法申请仲裁。

14.3 仲裁与诉讼

14.3.1 劳动争议仲裁

1. 劳动争议仲裁的概念

劳动争议仲裁是指法律授权的专门机构，依法依据法律、法规的规定和劳动争议当事人的申请，以第三者的身份，对争议事项居中调解并做出判断和裁决的法律活动。

理解劳动争议仲裁的概念，需要把握以下几点：

①仲裁的对象是劳动纠纷，纠纷的种类有很多，如民事纠纷、行政纠纷、劳

动纠纷、人事纠纷等，其中只有劳动纠纷才属于劳动争议的受案范围。

②仲裁机构具有权威性和公正性。

③自愿提交。劳动仲裁是事后监督，不告不究。因此劳动争议当事人应当以书面或口头形式向劳动争议仲裁机构提出仲裁申请，仲裁程序才开始启动。

④判决结果具有法律约束力。劳动争议仲裁调解书和裁决书的内容对劳动争议当事人履行义务、承担责任具有制约作用，由法院按照一定的程序保障实施。

劳动争议仲裁包括两种形式，即仲裁调解和仲裁裁决。仲裁调解是指在仲裁员的主持下，双方当事人自愿协商、互让互谅达成协议解决争议的方式。仲裁裁决是指在仲裁调解不成的情况下，由仲裁员对案件做出具有法律约束力的判决的方式。

2. 劳动争议仲裁的特征

我国当前的劳动争议仲裁制度主要具有以下五个特点：

（1）劳动争议仲裁是诉讼的前置程序

协商和调解是在双方当事人自愿的原则下选择进行的，当事人也可以直接申请仲裁，但仲裁实行的是强制仲裁的原则，是诉讼的前置程序，即不经过仲裁处理，劳动争议当事人就无权向人民法院提起劳动争议诉讼。

（2）合理分配举证责任，特别强调用人单位的举证责任

为了保护劳动者的合法权益，我国的劳动争议仲裁制度合理地分配了举证责任，强调了用人单位的举证责任。

（3）部分案件实行有条件的"一裁终局"

为了防止一些用人单位通过恶意诉讼来拖延时间、提高劳动者的维权成本，《劳动争议调解仲裁法》在仲裁环节规定对部分案件实行有条件的"一裁终局"。这部分案件包括：①追索劳动报酬、工伤医疗费、经济补偿或者赔偿金，不超过当地月最低工资标准12个月金额的争议；②因执行国家的劳动标准在工作时间、休息休假、社会保险等方面发生的争议。发生这类争议时，劳动者在法定期限内不向法院提起诉讼，或者用人单位向法院提起撤销仲裁裁决申请被驳回的情况下，仲裁裁决为终局裁决，裁决书自做出之日起发生法律效力。

（4）处理案件迅速、及时，维权成本低

经济纠纷是引起劳动争议的重要原因，相比于用人单位，劳动者受维权时间和维权成本的影响更大。为了缩短维权时间、降低维权成本，我国的劳动争议仲裁制度做了相应的安排。如《劳动争议调解仲裁法》规定，劳动争议仲裁委员会自收到仲裁申请之日起5日内要给申请人答复，予以受理的案件要在受理申请之日起45日内做出仲裁裁决。这样的规定就保证了劳动争议案件能够迅速、及时地得到解决，保障当事人的合法权益。同时，《劳动争议调解仲裁法》第五十三条规定：劳动争议仲裁不收费，劳动争议仲裁委员会的经费由财政予以保障。如此直截了当的规定，卸下了维权劳动者肩上的包袱，减少了因高昂的费用而放

弃维权的可能。

（5）劳动行政部门在劳动争议仲裁中发挥主导作用

我国的劳动行政部门在劳动争议仲裁委员会及其工作中发挥着主导作用。劳动争议仲裁委员会主任由劳动行政部门的代表担任；仲裁委员会的办事机构由劳动行政部门劳动争议处理机构或者依法设立的劳动争议仲裁院充当；省、自治区、直辖市人民政府劳动行政部门对本行政区内的劳动争议仲裁工作进行指导；在实际工作中，劳动行政部门承担着主要的工作量。这一情况是由我国的特殊国情造成的，同时也与现行工会体制不能充分发挥工会在劳动争议仲裁工作中的作用有关。

14.3.2　劳动争议仲裁的基本程序

劳动争议仲裁程序是指在劳动争议仲裁的整个过程中，劳动争议仲裁委员会、劳动争议仲裁参加人及参与人所必须遵守的步骤、手续和方式。

1. 申请与受理

（1）仲裁时效

劳动争议的任意一方当事人应当在法律规定的仲裁时效内向劳动争议仲裁委员会提出仲裁申请，超过时限未提出申请的，则视为当事人放弃了申请仲裁的权利。设立仲裁时效的目的有两个：一是促使劳动争议的当事人及时行使仲裁申请权，以使自身的合法权益得到及时的保障；二是有利于案件的调查取证和审理，保证劳动争议案件及时依法解决，确保社会的和谐和经济秩序的稳定。

我国《劳动争议调解仲裁法》第二十七条对申请仲裁的时效做了明确规定：①劳动争议申请仲裁的时效期间为一年。仲裁时效期间从当事人知道或者应当知道其权利被侵害之日起计算。②前款规定的仲裁时效，因当事人一方向对方当事人主张权利，或者向有关部门请求权利救济，或者对方当事人同意履行义务而中断。从中断时起，仲裁时效期间重新计算。③因不可抗力或者有其他正当理由，当事人不能在本条第一款规定的仲裁时效期间内申请仲裁的，仲裁时效中止。从中止时效的原因消除之日起，仲裁时效期间继续计算。④劳动关系存续期间因拖欠劳动报酬发生争议的，劳动者申请仲裁不受本条第一款规定的仲裁时效期间的限制；但是，劳动关系终止的，应当自劳动关系终止之日起一年内提出。

（2）仲裁申请

在法律规定的仲裁申请时效内，劳动争议的任意一方当事人都可以向劳动争议仲裁委员会提出仲裁申请。当事人提出申请是启动劳动争议仲裁的第一步。劳动争议仲裁委员会受理争议案件实行"不告不理"的原则，即没有当事人进行申请，劳动争议委员会不会对劳动争议案件进行处理。劳动争议仲裁的方式包括书面申请和口头申请。

（3）仲裁受理

《劳动争议调解仲裁法》第二十九条规定：劳动争议仲裁委员会自收到仲裁申请之日起5日内，认为符合受理条件的，应当受理，并通知申请人；认为不符合受理条件的，应当书面通知申请人不予受理，并说明理由。对劳动争议仲裁委员会不予受理或者逾期未做出决定的，申请人可以就该劳动争议事项向人民法院提起诉讼。

2. 案件仲裁与准备

（1）处理时限

仲裁处理时限是指劳动争议仲裁委员会处理劳动争议案件的时间要求，即在法律规定的时间内做出仲裁裁决。《劳动争议调解仲裁法》第四十三条规定：仲裁庭裁决劳动争议案件，应当自劳动争议仲裁委员会受理仲裁申请之日起45日内结束。案情复杂需要延期的，经劳动争议仲裁委员会主任批准，可以延期并书面通知当事人，但是延长期限不得超过15日。逾期未做出仲裁裁决的，当事人可以就该劳动争议事项向人民法院提起诉讼。根据该法条的规定，劳动争议仲裁处理的最长期限为60天，这有利于案件的快速解决，及时保障当事人的合法权益，体现了劳动争议仲裁快捷性的特点。

（2）送达和通知

《劳动争议调解仲裁法》第三十条规定：劳动争议仲裁委员会在受理仲裁申请后，应当在5日内将仲裁申请书副本送达被申请人。被申请人收到仲裁申请书副本后，应当在10日内向劳动争议仲裁委员会提交答辩书。劳动争议仲裁委员会自收到答辩书后，应当在5日内将答辩书副本送达申请人。被申请人未提交答辩书的，不影响仲裁程序的进行。

（3）组建仲裁庭

根据《劳动争议调解仲裁法》以及《劳动人事争议仲裁办案规则》的相关规定，仲裁委员会应当在受理仲裁申请之日起5日内组成仲裁庭并将仲裁庭的组成情况书面通知当事人。仲裁庭由3名仲裁员组成，设首席仲裁员。简单劳动争议案件可以由1名仲裁员独任仲裁。仲裁庭应当在开庭5日前，将开庭日期、地点书面通知双方当事人。当事人有正当理由的，可以在开庭3日前请求延期开庭。是否延期，由仲裁委员会根据实际情况决定。

（4）决定回避事宜

在仲裁庭组成之后，劳动争议仲裁委员会要对仲裁员进行审查，要求与本案有利害关系的仲裁员进行回避。回避分为仲裁员主动回避和当事人申请回避两种。《劳动争议调解仲裁法》第三十三条规定：仲裁员有下列情形之一的，应当回避，当事人也有权以口头或者书面的方式提出回避申请：①是本案当事人或者当事人、代理人的近亲属的；②与本案有利害关系的；③与本案当事人、代理人有其他关系，可能影响公正裁决的；④私自会见当事人、代理人，或者接受当事人、代理人的请客送礼的。《劳动争议仲裁办案规则》第十五条规定：当事人提出回避申请，应当说明理由，在案件开始审理时提出；回避事由在案件开始审理后知道的，也可以在庭审辩论终结前提出；当事人在庭审辩论终结后提出的，不影响仲裁程序的进行，当事人因此对仲裁裁决不服的，可以依法向人民法院起诉或者申请撤销。被申请回避的人员在仲裁委员会做出是否回避的决定前，应当暂停参与本案的处理，但因案件需要采取紧急措施的除外。

3. 调查取证

在劳动争议案件中，争议的双方当事人之间，一方面在法律上享有平等的地位，另一方面隶属关系的存在造成了双方实际地位的不平等。因此，我国法律对劳动争议案件中的举证责任进行了特殊的规定。《劳动争议调解仲裁法》第六条规定："发生劳动争议，当事人对自己提出的主张有责任提供证据。与争议事项有关的证据属于用人单位掌握的，用人单位应当提供"。具体而言，"属于用人单位掌握管理"的材料包括：用人单位制定的规章制度、职工的档案材料、考勤记录、工资发放记录、缴纳社会保险费记录、福利待遇发放记录、劳动安全设施材料等。

4. 开庭审理

一次完整的劳动争议仲裁审理主要包括以下六个程序：开始阶段、庭审调查阶段、辩论阶段、调解阶段、休庭合议阶段以及裁决阶段。

5. 仲裁和解与调解

（1）自行和解

劳动争议和解是指当事人双方通过自行协商，最终达成解决劳动争议的协议，从而解决劳动争议的一种方式。我国《劳动争议调解仲裁法》第四十一条规定：当事人申请劳动争议仲裁后，可以自行和解。达成和解协议的，可以撤回仲裁申请。当事人自行和解是当事人对自己实体劳动权利的处分，但和解内容必须符合法律法规的规定。当事人和解后，申请人应当向劳动争议仲裁委员会提出撤诉申请。劳动争议仲裁委员会收到撤诉申请后，应当制作劳动争议仲裁决定书予以撤诉。当事人自行和解，只要符合法律的规定，仲裁机构都会予以批准。

（2）仲裁调解

我国《劳动争议调解仲裁法》第三条指出，注重调解是解决劳动争议的重要原则，在劳动争议仲裁的过程中，仲裁调解是劳动争议仲裁委员会处理劳动争议的重要方式。《劳动争议仲裁调解法》第四十二条规定：仲裁庭在做出裁决前，应当先行调解。调解达成协议的，仲裁庭应当制作调解书。调解书应当写明仲裁请求和当事人协议的结果。调解书由仲裁员签名，加盖劳动争议仲裁委员会印章，送达双方当事人。调解书经双方当事人签收后，发生法律效力。调解不成或者调解书送达前，一方当事人反悔的，仲裁庭应当及时做出裁决。

该条法律所说的先行调解是指，在劳动争议仲裁委员会受理案件后，在做出裁决之前，由仲裁员 1 人或仲裁庭主持双方进行协商，促使双方相互谅解，达成协议，以结束劳动争议仲裁的过程。先行调解是仲裁程序中的必经程序。仲裁调解不同于自行和解，自行和解是双方自行达成和解协议，而仲裁调解则是在第三方即仲裁委员会的主持、斡旋、劝导下达成的。

6. 仲裁裁决

仲裁裁决是劳动争议仲裁委员会处理劳动争议的最终解决方式。《劳动争议调解仲裁法》第四十五条规定：裁决应按照多数仲裁员的意见做出，少数仲裁员的不同意见应当记入笔录。仲裁庭不能形成多数意见时，裁决应按照首席仲裁员的意见做出。仲裁庭做出裁决后，应当制作仲裁裁决书，送达双方当事人。当事人对仲裁裁决不服的，自收到仲裁裁决之日起 15 日内可以向人民法院起诉，期满不起诉的，仲裁裁决书即发生法律效力。如一方当事人不执行的，另一方当事人可申请人民法院强制执行。

（1）对席裁决和缺席裁决

对席裁决是指仲裁庭在双方当事人及其代理人都到庭参加仲裁审理，进行充分陈诉与辩论，并查明争议案件事实的基础上做出的仲裁裁决。缺席裁决是指仲裁庭在非正常情况下做出的裁决，即仲裁庭在听取一方当事人的陈诉和辩论，并对未到庭一方当事人提交的书面材料进行审查的基础上，对争议案件做出的裁决。《劳动争议调解仲裁法》第三十六条规定，被申请人有下列两种情形之一的，劳动争议仲裁庭可以缺席裁决：①被申请人接到书面通知，无正当理由拒不到庭；②被申请人未经仲裁庭同意中途退庭。但是，如果被申请人委托了全权代理人，被申请人未出庭，而全权代理人出庭，不能进行缺席裁决。

（2）先行裁决和先予执行

《劳动争议仲裁调解法》第四十三条第二款规定：仲裁庭裁决劳动争议案件时，其中一部分事实已经清楚，可以就该部分先行裁决。先行裁决的目的是为了维护劳动者的合法权益，因为劳动争议案件中职工一方当事人一般处于弱势地位，特别是涉及工资和工伤补偿等方面的问题时，如果不能及时解决争议，将直接影响劳动者的生活。因此对案件中事实已经清楚的部分先行裁决。

所谓先予执行是指劳动争议仲裁委员会在审理劳动争议案件的过程中，因当事人一方的迫切需要，根据其申请，在做出判决前，裁定一方当事人给付另一方当事人一定的财物，或者立即实施或停止某种行为，并立即执行的措施。《劳动争议调解仲裁法》第四十四条规定：仲裁庭对追索劳动报酬、工伤医疗费、经济补偿或者赔偿金的案件，根据当事人的申请，可以裁决先予执行，移送人民法院执行。仲裁庭裁决先予执行的，应当符合下列条件：①当事人之间权利义务关系明确；②不先予执行将严重影响申请人的生活。劳动者申请先予执行的，可以不提供担保。

14.3.3　劳动争议诉讼

劳动争议诉讼是指劳动争议双方当事人不服仲裁裁决，就其争议事项向法院提起诉讼，由法院依法审理和裁判的诉讼活动。从我国劳动争议研究的现状来看，通常认为，劳动争议诉讼具有以下四个特征：一是，劳动争议诉讼当事人具有特定性。劳动争议诉讼当事人必须是具有劳动关系的双方当事人，即一方是用人单位，另一方是劳动者。二是，仲裁前置。劳动争议诉讼当事人在提起劳动争议诉讼之前，必须先经过劳动争议仲裁委员会仲裁，对仲裁裁决不服的，才能向法院起诉。当事人未经过劳动争议仲裁不得直接向法院起诉。三是，劳动争议诉讼标的具有特殊性。劳动争议诉讼解决的标的是劳动关系双方当事人之间发生的劳动权利和义务的争执。四是，劳动争议诉讼具有一些特殊的诉讼规则，并不完全与普通的民事诉讼相吻合。

在劳动争议诉讼过程中，法院要遵循合法立案、注重法院调解、及时并依法审理案件的原则。

14.3.4　劳动争议诉讼的程序

劳动争议诉讼的程序可以分为三个阶段：起诉与受理阶段、准备与调查阶段以及开庭与审判阶段。

1. 起诉与受理阶段

起诉是指公民、法人或其他组织认为自己的或依法由自己管理、支配的劳动权益受到侵害或与他人发生争议，以自己的名义请求人民法院行使审判权以保护自己合法权益的诉讼行为。《劳动争议调解仲裁法》规定当事人对劳动争议案件的仲裁结果不服的，可以自收到仲裁裁决书之日起 15 日内向人民法院提起诉讼。人民法院对当事人的起诉经过审查后，认为符合法定条件的，应当受理，并在当事人起诉的 7 日内立案；认为不符合起诉条件的，也应当在 7 日内裁定不予受理。劳动争议当事人不服人民法院做出的不予受理或驳回起诉的裁定的，可以自收到裁决书之日起 10 日内向有管辖权的上一级人民法院提起上诉。此阶段涉及劳动争议案件的管辖问题。

2. 准备与调查阶段

这一阶段的任务主要包括：送达起诉状副本和答辩状副本；告知当事人诉讼权利和合议庭组成人员；认真审核诉讼材料，调查收集必要的证据。

（1）送达起诉状和答辩状

送达起诉状副本和答辩状副本。人民法院应当在立案之日起 5 日内将劳动争议起诉状副本送达被告，被告在收到之日起 15 日内提出答辩状；被告提出答辩状的，人民法院应当在收到答辩状之日起 5 日内将答辩状副本发送给原告。被告不提出答辩状的，不影响人民法院审理。

（2）告知权利和组成合议庭

告知当事人诉讼权利和确定合议庭组成人员。人民法院对决定受理的案件，应当在受理案件通知书和应诉通知书中向当事人告知有关的诉讼权利和义务，或者口头告知。合议庭组成人员确定后，应在 3 日内告知当事人。

（3）审核资料和调查取证

认真审核诉讼材料，调查收集必要的证据。

3. 开庭与审判阶段

在劳动争议诉讼中，如果争议是因用人单位支付劳动者工资不当或由于工伤赔偿金、加班费等未及时足额发放而引起的，劳动者可以向受理争议诉讼的人民法院提出申请，要求用人单位及时支付应得的工资、赔偿金、加班费等。在劳动争议诉讼中，债权人提出申请后，人民法院应当在 5 日内通知债权人是否受理。人民法院受理申请后，经审查债权人提供的事实和证据对债权债务关系是明确、合法的，应当在受理之日起 15 日内向债务人发出支付令；申请不成立的，裁定予以驳回。债务人应当自收到支付令之日起 15 日内清偿债务，或者向人民法院提出书面异议。债务人在前款规定的期间内不提出异议又不履行支付令的，债权人可以向人民法院申请执行。人民法院收到债务人提出的书面异议后，应当裁定终结督促程序，支付令自行失效，债权人可以起诉。

参考文献

[1] 郑东亮，唐鑛. 劳动关系协调员基础知识 [M]. 北京：人民出版社，2014.

[2] 郑东亮，唐鑛. 劳动关系协调员（国家职业资格三级）[M]. 北京：人民出版社，2014.

[3] 郑东亮，唐鑛. 劳动关系协调师（国家职业资格二级）[M]. 北京：人民出版社，2014.

[4] 郑东亮，唐鑛. 高级劳动关系协调师（国家职业资格一级）[M]. 北京：人民出版社，2014.

[5] 唐鑛. 劳动经济学学科前沿研究报告 [M]. 北京：经济管理出版社，2013.

[6] 曲清，欧阳华，颜琴，等. 新编工会干部培训教材 [M]. 北京：中央文献出版社，2012.

[7] 贾俊玲. 劳动法与社会保障法学 [M]. 2 版. 北京：中国劳动社会保障出版社，2012.

[8] 唐鑛. 人事管理经济学 [M]. 上海：复旦大学出版社，2012.

[9] 唐鑛. 劳动关系管理概论 [M]. 北京：中国人民大学出版社，2012.

[10] 孙林. 企业管理常用劳动规章制度范本：条文检索与应用指引[M]. 北京：法律出版社，2012.

[11] 杨伟国，唐鑛. 人事管理经济学 [M]. 上海：复旦大学出版社，2012.

[12] 薛丁齐. 职工代表与职工代表大会操作指南 [M]. 北京：中央文献出版社，2012.

[13] 朱景文. 法理学 [M]. 北京：中国人民大学出版社，2012.

［14］唐鑛．战略劳动关系管理［M］．上海：复旦大学出版社，2011．

［15］唐鑛．企业劳动关系管理［M］．北京：首都经济贸易大学出版社，2011．

［16］伊兰伯格，史密斯．现代劳动经济学：理论与公共政策［M］．刘昕，译．10版．北京：中国人民大学出版社，2011．

［17］常凯．劳动法［M］．北京：高等教育出版社，2011．

［18］董保华．劳动立法的争鸣与思考［M］．上海：上海人民出版社，2011．

［19］国务院法制办公室．劳动人事法律法规规章司法解释大全［M］．北京：中国法制出版社，2011．

［20］王振麒．劳动争议处理［M］．上海：复旦大学出版社，2011．

［21］中华全国总工会组织部．全国工会工资集体协商培训教材［M］．北京：中国工人出版社，2011．

［22］秦中忠，闫晓燕．创建劳动关系和谐企业八件事［M］．北京：中国工人出版社，2010．

［23］唐鑛．战略劳动关系管理理论与实务［M］．北京：中国人事出版社，2010．

［24］曾湘泉．薪酬管理［M］．2版．北京：中国人民大学出版社，2010．

［25］刘继臣．共同的约定——集体合同与劳动合同［M］．北京：中国工人出版社，2010．

［26］北京市劳动和社会保障法学会．劳动合同、社会保险与人事争议［M］．北京：法律出版社，2009．

［27］冯同庆．劳动关系理论［M］．北京：中国劳动社会保障出版社，2009

［28］付亚和，许玉林．绩效考核与绩效管理［M］．2版．北京：电子工业出版社，2009．

［29］郭春宏．新法环境下的劳动合同管理与劳动规章制度建设［M］．北京：法律出版社，2009．

［30］林嘉．劳动法和社会保障法［M］．北京：中国人民大学出版社，2009

［31］李德齐．工会干部培训教程［M］．北京：中国工人出版社，2009．

［32］康芒斯．制度经济学［M］．于树生，译．北京：华夏出版社，2009．

［33］沈宗灵．法理学［M］．3版．北京：北京大学出版社，2009．

［34］孙健敏．人力资源管理［M］．北京：科学出版社，2009．

［35］余明阳，张慧彬．危机管理战略［M］．北京：清华大学出版社，2009．

[36] 王伟杰. 劳动合同法原理与应用 [M]. 北京: 中国人民大学出版社, 2009.

[37] 张旭东, 刘益民, 欧何生. 心理学概论 [M]. 北京: 科学出版社, 2009.

[38] 张建明, 等. 劳动标准与劳动监察: 政策与实务 [M]. 北京: 北京大学出版社, 2008.

[39] 唐鑛. 职位空缺的理论回顾、数据收集及决定因素 [M]. 北京: 经济管理出版社, 2008.

[40] 唐鑛. 劳动合同法实施条例及疑难问题解答 [M]. 北京: 京华出版社, 2008.

[41] 王全兴. 劳动法 [M]. 3 版. 北京: 法律出版社, 2008.

[42] 米尔科维奇, 纽曼. 薪酬管理 [M]. 成得礼, 译. 9 版. 北京: 中国人民大学出版社, 2008.

[43] 齐斌, 陈轶丹. 劳动争议经典案例及非诉劳动问题深度解析: 劳动合同法背景下的用人单位对策 [M]. 北京: 中国法制出版社, 2008.

[44] 石广先. 劳动合同法下的企业劳动规章制度制定与风险防范 [M]. 北京: 中国劳动社会保障出版社, 2008.

[45] 宋湛. 集体协商与集体合同 [M]. 北京: 中国劳动社会保障出版社, 2008.

[46] 郭宇强. 工会参与劳动争议处理实务操作手册 [M]. 北京: 人民日报出版社, 2008.

[47] 刘元文. 工会工作理论与实践 [M]. 北京: 中国劳动社会保障出版社, 2008.

[48] 黄任民. 工资集体协商代表工作指南 [M]. 北京: 中国工人出版社, 2007.

[49] 黎建飞. 劳动法案例分析 [M]. 北京: 中国人民大学出版社, 2007.

[50] 李国光. 劳动合同争议的仲裁与诉讼 [M]. 北京: 人民法院出版社, 2007.

[51] 中国就业培训技术指导中心. 企业人力资源管理师 [M]. 北京: 中国劳动社会保障出版社, 2007.

[52] 王全兴. 劳动合同法条文精解 [M]. 北京: 中国法制出版社, 2007.

[53] 周春生. 企业风险与危机管理 [M]. 北京: 北京大学出版社, 2007.

[54] 杨倩. 员工招聘 [M]. 西安: 西安交通大学出版社, 2006.

[55] 李新建, 孟繁强, 张立富. 企业薪酬管理概论 [M]. 北京: 中国人民大学出版社. 2006.

[56] 唐鑛. 党政领导干部竞争上岗演讲与答辩面试指导 [M]. 北京: 中

国人事出版社，2005.

[57] 常凯. 劳动关系学 [M]. 北京：中国劳动社会保障出版社，2005.

[58] 董保华. 劳动合同研究 [M]. 北京：中国劳动社会保障出版社，2005.

[59] 冯建. 企业劳动规章制度论 [M]. 北京：清华大学出版社，2005.

[60] 陈维政，余凯成，程文文. 人力资源管理与开发高级教程 [M]. 北京：高等教育出版社，2004.

[61] 程延园. 集体谈判制度研究 [M]. 北京：中国人民大学出版社，2004.

[62] 安鸿章. 现代企业人力资源管理 [M]. 2版. 北京：中国劳动社会保障出版社，2003.

[63] 苏海南，等. 中国标准体系研究 [M]. 北京：中国劳动社会保障出版社，2003.

[64] 曾湘泉. 劳动经济学 [M]. 上海：复旦大学出版社，2003.

[65] 郑桥. 劳资谈判 [M]. 北京：中国工人出版社，2003.

[66] 郑杭生. 社会学概论新修 [M]. 3版. 北京：中国人民大学出版社，2002.

[67] 唐鑛. 国家公务员录用心理素质测评 [M]. 北京：中国人事出版社，2002.

[68] 杨河清. 劳动经济学 [M]. 北京：中国人民大学出版社，2002.

[69] 《公民道德教育手册》编写组. 公民道德教育手册 [M]. 北京：新华出版社，2002.

[70] 程延园. 劳动关系 [M]. 北京：中国人民大学出版社，2002.

[71] 刘昕. 薪酬管理 [M]. 北京：中国人民大学出版社，2002.

[72] 安鸿章. 工作岗位的分析技术与应用 [M]. 天津：南开大学出版社，2001.

[73] 王益英. 外国劳动法和社会保障法 [M]. 北京：中国人民大学出版社，2001.

[74] 唐鑛. 国家公务员录用选拔面试方略 [M]. 北京：中国人事出版社，2001.

[75] 再就业培训教材编写委员会. 职业道德和经济法律知识 [M]. 北京：中国劳动出版社，2001.

[76] 唐鑛. 国际劳务合作教程 [M]. 北京：中国人民大学出版社，1997.

[77] 唐鑛. 劳动合同制操作指南 [M]. 北京：企业管理出版社，1997.

[78] 唐鑛. 新编劳动争议处理工作手册 [M]. 北京：企业管理出版社，1997.

［79］唐镳.合资饭店劳动人事管理［M］.北京:旅游教育出版社,1993.

［80］张金马.政策科学导论［M］.北京:中国人民大学出版社,1992.

［81］舒尔茨.人力资本投资:教育和研究的作用［M］.蒋斌,张蘅,译.北京:商务印书馆,1990.